臨床心理的援助

Clinical
Psychologist
Assistance

加藤豊比古・本宮幸孝・磯谷隆文 編著

八千代出版

執筆分担 (掲載順)

濱　聖司（日比野病院リハビリテーション科、広島大学大学院医歯薬学研究科 脳神経外科学研究員〔非常勤講師〕）

  第1章1.・コラム、第2章1.、第5章コラム、第16章コラム（脳梗塞〔脳卒中〕とリハビリ）

加藤豊比古（近畿大学教授）

  第1章2. 3.、第2章2. 3. 4.・コラム、第3章、第4章、第5章、第6章、第7章、第8章、第9章、第10章、第11章、第12章、第13章1.（2つの心のケアのあり方、日本の臨床心理的援助の歴史）・コラム・事例1、第14章、第15章事例、第18章1.

本宮幸孝（関西福祉科学大学教授）

  第6章事例、第13章1.（サイコセラピー）・2.（カウンセリング、行動療法）、第16章3.（心身症、アルコール依存症、睡眠障害）、第17章3.、第18章2.（臨床心理士、臨床心理士が働いているところ、産業カウンセラー）・3.（職場で同僚や上司がするカウンセリング的対応）・事例2

堀内麻美（医療法人爽神堂 そうしん堂レディスメンタルクリニック）

  第8章事例、第16章1.・2.（不登校、子ども虐待、薬物依存、強迫神経症）・3.（うつ病、躁うつ病、統合失調症、更年期障害）・4.・コラム（認知症）、第17章1.・コラム・事例

良原惠子（大阪府スクールカウンセラー スーパーバイザー）

  第13章2.（精神分析）、第15章3.・4.、第18章2.（スクールカウンセラーと子育て支援）・3.（教師がするカウンセリング的対応）・事例1

磯谷隆文（近畿大学非常勤講師）

  第13章2.（認知行動療法以下全て）、第15章1.・2.、第16章2.（ひきこもり）、第17章2.

山下和子（心のサポートルーム ラ・ヴィ）

  第13章事例2

中井太郎（大阪経済法科大学 学生相談室）

  第14章事例

はじめに

　臨床心理学やカウンセリングの本の数は、大変多いと思います。それは各著者が独自にいろいろな経験をしてきたことを伝えたいという願いで書かれています。フロイト、ユングの本を読んでも、読む人の性格によってポイントの読み方が異なり、自分の経験が加わるとさらに変わります。自分はフロイト派、ロジャーズ派、ユング派であるといっても、その人によって実際の臨床のやり方が大きく異なることがあります。さらに、新しい考えだといってこれまでの学派と決別して、別の方法を導入すると、もっと複雑なものとなっていくでしょう。しかし、これが臨床の歴史です。基本は基本として学びながら、修正をどう加えているのかをはっきりと意識できていることが大切です。完璧な方法も完璧な実践もないのですが、まずは「大きな失敗はしないこと」が大切であり、次にさらなる改善の方向を考え、修正を行っていくことが大切です。

　著者の１人である加藤は上記の思いを持ち、思い切って八千代出版の森口恵美子さんに出版の相談をしました。無理なお願いでしたが快く引き受けてもらい、すぐに各専門分野でのベテランや専門に研究をしている人たちに執筆を依頼しました。そして、対人サービスを行う教職課程や福祉職、また専門職を希望する大学生を対象に、「臨床心理的援助」というタイトルをつけました。本書の前半はその基礎として、一般心理学分野を含め発達の基本的研究を多く挙げ、後半は臨床心理的な援助の方法や実際例を多く挙げました。このことが他書と大きく異なると思っています。しかしひそかに、専門家と呼ばれている中堅の人たちが初心を思い出して読み返すのも面白いのではないかと思っています。

　本書が読者の対人サービスやカウンセリングなどの理解の一助となれば著者たちの喜びであり、著者たちもそのことを知り、さらなる改善を考える動機づけにしたいと思っています。当然のことですが、著者たちの成長を考え

ると、本書における不十分な点のご指摘やご批判やご助言を頂けることは幸いなことと思っています。遠慮なくご指摘ください。

著者代表　加藤豊比古

目　　次

はじめに　i

第1章　体と心の進化1（系統的発達） ················· 1
1. 大脳生理学の基礎──脳の進化　1
2. ヒトとしての発達　3
3. ヒトの養育の特殊性──社会・文化的影響　6

第2章　体と心の進化2（運動の発達） ················· 11
1. ヒトの脳　11
2. 乳幼児から見られる運動発達　18
3. 乳幼児健診における項目　22
4. 脳性麻痺　27

第3章　遺伝と環境・経験 ························· 29
1. 双生児法による研究　29
2. 遺伝か環境か　31
3. 事例から見る遺伝と環境　35

第4章　愛着の発達 ····························· 41
1. 動物の愛着実験　41
2. 愛着研究の歴史　42
3. 愛着の発達と分類　45
4. 愛着の欠如における影響　48

第5章　言葉の発達 ····························· 53
1. 言語の機能　53
2. 非言語的コミュニケーション　58
3. 乳幼児期の言葉の発達　60

第6章　知覚と認知の発達 …… 69
1. 感覚・知覚・認知　69
2. 知覚の発達　71
3. 対人認知　74
4. 知的行動の発達　77

第7章　学習行動 …… 87
1. 学習とは　87
2. 条件づけ　88
3. 学習理論　94
4. 学習行動の原理　97

第8章　記憶と忘却 …… 103
1. 記憶とは　103
2. 記　憶　104
3. 忘　却　109
4. 記憶の変容　111

第9章　知　能 …… 115
1. 知能の定義　115
2. 知能の構造　117
3. 知能検査　119
4. IQの変化　123
5. 創造性　125

第10章　人　格 …… 131
1. 人格の構造　131
2. 類型論　132
3. 特性論　135
4. 力動論　138
5. 環境的要因　141
6. 適応行動　142

第11章　自我の発達 ……………………………………………… 151
1. フロイトの精神性的発達（psychosexual development）　151
2. エリクソンの発達理論　156
3. マーラーの分離─個体化理論　162

第12章　対人関係・集団関係 ……………………………………… 167
1. 対人関係の発達　167
2. リーダーシップ　170
3. 道徳性の発達　176

第13章　臨床心理的援助の歴史と種類 …………………………… 181
1. 臨床心理的援助の歴史　181
2. 臨床心理的援助の種類　183

第14章　臨床心理的援助の技法 …………………………………… 195
1. 面接の基本的姿勢と心構え　195
2. 指導的・支持的な面接方法の場合　196
3. 一般的に共通する面接技法　200
4. 学派による特徴的な技法　202
5. 分析的立場で強調される技法　203

第15章　性格検査 …………………………………………………… 207
1. 質問紙法　207
2. 作業検査法　210
3. 投影法　212
4. 検査の方法　216

第16章　精神病理学の基礎 ………………………………………… 221
1. 乳幼児期の病気　221
2. 児童・青年期の病気　225
3. 成人期の病気　230
4. 老人期の病気　238

第17章　カウンセリング技法 ……………………………………… 245

1. 面接の進め方　245
2. 面接の流れ　250
3. カウンセリングの上達と連携　253

第18章　コミュニティ支援 ……………………………………… 259

1. コミュニティ心理学　259
2. カウンセリングに携わる人々　261
3. 領域別カウンセリング　266

主要人名索引　273
事項索引　275

第1章

体と心の進化1（系統的発達）

われわれ人間は、「ヒトとして生まれ、人間になる」といわれる。人間の体と心はいかにして進化してきたのだろうか。人間の脳の中にその進化の過程の一部が見られる。まず、脳の発生と進化について考える。直立二足歩行が可能となり、手と足の機能の分化が起きてくると、それを支配する大脳皮質の発達にも影響してくる。この章では、進化という視点から、ヒトとなっていった過程やヒトとしての発達をする場合の特徴を挙げて、いかにしてわれわれが変わってきたかを説明する。このことによって、人間の体と心への理解を深める一助としたい。

1. 大脳生理学の基礎──脳の進化

● 中枢神経系の進化

脊椎動物では、すべての動物種で神経管の構造が見られ、その一部が膨らんで脳が形成される。脳は大脳、小脳、脳幹からなる比較的単純な構造であり、その基本的な構造・配置は、魚類からヒトに至るまで保たれている。このうち、魚類は生存本能にかかわる脳幹が非常に大きな割合を占め、爬虫類では大脳辺縁系が拡大して外界刺激と本能的行動が直結するようになる。その後、哺乳類になると、大脳が大幅に拡大され、大脳皮質が発達してくる。

大脳新皮質の神経細胞は嗅覚以外の神経線維とも結びついたので、哺乳類に進化してから大脳新皮質は大幅に拡大し、嗅覚以外のさまざまな多くの情報が脳に取り込まれるようになった。さらに、大脳辺縁系も、嗅覚以外の感覚に対応するようになって喜怒哀楽のセンターとなり、記憶力も向上し、哺乳類らしい感情も生まれていった。

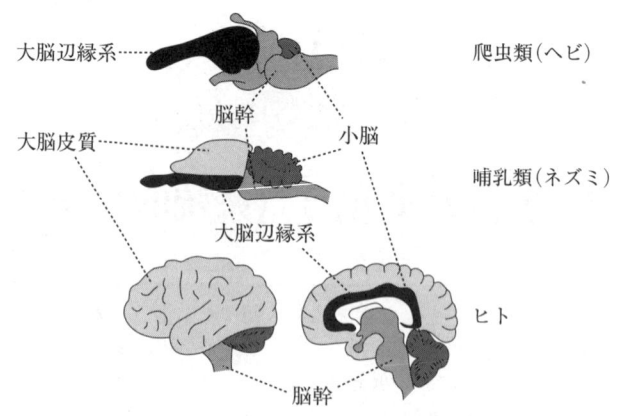

図 1-1　**脊椎動物の脳**（ニュートンムック，2008：pp. 134-135
河田・稲瀬，2004：p. 15 から一部改訂）

　爬虫類から進化した初期の哺乳類は、昼間の恐竜からの危険から逃れるために夜行性になった。夜の暗闇で生活するためには、視覚、聴覚、嗅覚など、さまざまな感覚情報を統合する必要があり、情報の統合にかかわる連合野が発達し、結果として脳の発達を引き起こした。さらに、類人猿からヒトに進化する過程で、大脳皮質の中で、手指や手のひらを担当する部分に隣り合う場所にある、顔面・舌・唇の運動や感覚にかかわる部分が拡大して表情が豊かになり、その周りの部分が拡大されて、言語の表出をつかさどる「ブローカの中枢」（ブローカ〔Broca, P. P.〕による発見）と呼ばれる運動性言語中枢となり、その後、聴覚に関する部分に隣り合う部分も拡大されて、言語の理解をつかさどる感覚言語中枢「ウェルニッケ中枢」（ウェルニッケ〔Wernicke, K.〕による発見）に発展した。これによって、自分の意思を言語によって他者に伝える能力が出現し、ヒトの「心」を生み出す基礎となった。さらに、ヒトでは前頭葉の前側を占める前頭連合野がとくに発達し（大脳皮質に占める割合はヒトで30％、ネコで2～3％でネズミにはない）、「脳の中の脳」ともいうべき最高次の中枢に位置してヒトの知性を特徴づけた。

● **脳の情報処理からみた古皮質と新皮質**
　脳に入力された情報は、最初に大脳の古皮質（大脳辺縁系）で粗い意味づけ

が行われる。たとえば草むらで柔らかくて細いものが、ゴソゴソと動いた感じがした場合、古皮質ではヘビであると判断して逃げようとする行動が選択され、同時に「怖い」「嫌だ」という情動反応が表出される。古皮質でのこのような反応は、危険の予測や逃避行動に必要なものであり、動物以外に進化したヒトでも保存されている。しかし、古皮質で行われた素早くて粗い意味概念の把握は、その後、新皮質が時間をかけて、緻密な情報処理を行って検証していく。上記の例では、新皮質が再検証した結果、「誰かがロープを動かしただけ」という結果に至って、安心することになるかもしれない。新皮質で行われる情報処理は、まず目標を設定し、それを実現させるように処理方法（algorism：アルゴリズム）を構築してから行われる。このアルゴリズムは記憶され、再度必要になった際には変更を加えながら再利用され、変更されたアルゴリズムが再記憶される。このように、脳は進化の過程で得た古皮質、新皮質の二重構造を情報処理の階層性として用いている。

　以上、脳の進化について述べた。次節では、ヒトの発達について言及する。

2．ヒトとしての発達

● 直立二足歩行

　哺乳類は四肢が長く、強大化し、前肢と後肢を使っての専門の前進移動運動器となり、早く走ることができる。また、肺や心臓などの機能も優れ、長時間の前進移動が可能になった。ヒトは哺乳類の前肢が上肢にあたり、後肢が下肢にあたり、前進移動運動は下肢が専門的につかさどることになり、上肢は移動に関して直接的な関係はなくなった。上肢の手は、拇指が他の4本の指の前に回り、物をつかむことができ、また指紋によりすべり止めができて、確実に物を「つかむ」「つまむ」「回す」などができるようになった。ヒトは直立二足歩行をして、環境に働きかけ、より良い環境を作るようになった。また、直立二足歩行は、筋肉の微妙な働きや平衡感覚、視覚が優れ、さらに中枢神経系が極度に発達していることを示す。そして、直立することで、口は退縮して小さくなり細かな動きができ、咽喉は共鳴箱の働きをして音が

> コラム

脳死：人間が「死」を判定することについて

　救命救急治療の進歩により、呼吸・循環機能が保たれていながら、脳機能が失われた患者が見られるようになってきた。わが国での年間脳死患者数は全死亡者数の約1％程度とされているが、正確な実態は不明である。この状況下で臓器移植医療が開始された1968年に、アメリカハーヴァード大学の特別委員会が、死の新しい基準として"不可逆的昏睡"の定義を発表し、その後、さまざまな議論を経て、アメリカでは全脳死、イギリスでは脳幹死が採用されている。わが国でも、1969年から脳死判定基準について議論が開始され、アメリカ同様に、脳死とは"脳幹を含む全脳の機能が不可逆的に停止するに至ったと判定されたもの"と定義され、概念としては全脳死を採用している。

　諸外国では一般に法律で「脳死は死である」という大まかな定義のみを提示して、どのようなものを脳死とするかは医師、ないし学会の裁量に任されている。しかし、わが国では、脳死判定の方法まで、実質上細かく法で規定されている。また、わが国では多くの国とは異なり、"脳死は人の死である"という普遍的定義は採用されていない。臓器移植を前提とする時のみ脳死が人の死とされ、それ以外の場合には今まで通り"心臓死が人の死である"とされ、2つの死の定義がある点も、世界に類を見ないものである。また、脳波も欧米では脳死判定に必須とされていないが、わが国では必須との立場をとっている。

　イギリスでは、意識と呼吸の能力の不可逆的喪失が死であるとする概念から脳幹死が採用され、脳幹が機能していなければ上行性脳幹網様体賦活系が障害されるので、意識は維持できるはずがないので、孤立した大脳に意識は存在し得ないと主張される。また、脳幹死の条件を満たした例に回復した例がないということも強調される。

　一方、大脳の運動性の出力は、3番目以降の脳神経と、脳幹を経由して脊髄へと下降する四肢への運動性下降路しかないので、脳幹が完全に障害されると、大脳は運動性の出力手段を断たれるので、大脳皮質機能の喪失を単なる臨床的無反応から推測することには無理があり、脳波によって大脳皮質機能の消失を確認することは全脳死の概念からは妥当なこととともとれる。

　脳死の診断において、単一の徴候・検査で100％正確に脳死を診断できるものはなく、偽陽性、偽陰性が1例でもあったこと自体で、その検査の価値がなくなるわけではない。脳死の診断は、必ず複数の徴候・検査の積み重ねで行う必要がある。脳波検査においても電気的無活動（electrocerebral inactivity；ECI）が脳死の脳波所見とされるが、脳死判定を行う場所は機器が多く、電気的環境が不良でアーチファクトの混入に対する対策も必要である。そこで、脳波計の内部雑音（2～3μV程度）を超える脳由来の波がないことを平坦脳波とする、と定義されている。また、脳波は、脳の活動が全く見られない、ということを、家族に目に見える形で理解・受容を得てもらうための一助としての役割もある。

●参考文献
園生雅弘　脳死　日本臨床神経生理学会 認定委員会(編)　モノグラフ 臨床脳波を基礎から学ぶ人のために　2008　pp. 193-201.
横田裕行　脳死判定の現状：脳死下臓器提供との関連から　神経救急：見落としがちな神経疾患を中心に　Clinical Neuroscience（月刊 臨床神経科学）　Vol. 27, No. 8.　中外医学社　2009　pp. 866-869.

共鳴するようになり、さまざまな音色を出すことができ、また音の分節化ができるようになった。さまざまな音が出せるということは、さまざまな物の区別をしてそれに合う音、つまり言葉が生まれたということである。そして弁別（区別）がさらに複雑化し、認識や思考といわれるように体系化し、他者との複雑なコミュニケーションも可能になり、「言語」といわれる体系が創り出されるようになった。これらのことは、他の動物と大きく異なる点で、文明や文化を築くようになったといえる。

　しかし、直立することでさまざまな問題も生じた。四足歩行の動物は腹部の内臓が背骨にぶら下がるようになるが、直立すると重力の関係で内臓が垂れ下がるようになり、「胃下垂」になりやすい。また、脳溢血、痔、腰痛、ぎっくり腰になりやすく、出産の場合も骨盤に重力がかかり産道が前にねじれ、一般に難産になる。これらは文明病といわれ、進化の副産物といえる。

● **生理的早産説**

　ポルトマン（Portmann, A.）は比較動物学の視点からさまざまな哺乳動物の発達的特徴を分析し、身体構造の特殊化の度合い、脳髄の発達度、誕生時の心身の状態、妊娠期間、1胎ごとの子の数などを調べ、哺乳類を2つのタイプにわけた（表1-1）。

表1-1　哺乳類の2つのタイプ

	身体の組織構造	脳髄の発達	妊娠期間	1胎ごとの子の数	出生時の状態	形態
離巣性	高度に特殊化	進む	50日以上	1～2匹	成熟	成熟体と同じ
留巣性	特殊化していない	遅い	20～30日	5～20匹	無能な状態	成熟体と異なる

離巣性の動物には、サル、ウマ、シカ、クジラなどが、留巣性の動物には、イタチ、ウサギ、リス、キツネなどがいる。ヒトの場合、このどちらにも該当しない。ヒトの脳髄の発達は進み、妊娠期間が40週と長く、1度に1人が生まれ離巣性の特徴を持つが、身体の組織構造は特殊化しておらず、出生時は無能な状態で生まれ、身体の比率も大人と異なり4頭身で、留巣性の特徴を併せ持つ。しかし、新生児も1年を経ると、歩行ができ言葉も少し話し、「巣立っていく」離巣性の状態となる。そのためポルトマンは人間の新生児の場合「生理的早産」であり、生後1年で離巣性の動物が胎内で果たす発達であるため「子宮外の胎児期」とも呼んだ。人間の赤ちゃんは養育者に全面的に世話を受け1年が経過すると、歩き出し話し始めるなど飛躍的な発達をとげる。これは脳の発達にも関係しているが、養育者という人間が大切にかかわることで発達するともいえる（詳しくは第4章「愛着の発達」で述べる）。

● 発達の順序性

頭、眼、胴、腕、脚、生殖器、内臓諸器官など同じ順序で発達する。なお、ある器官や機能には臨界期（critical period）があり、胎児の器官の正常な発達に危機が起きると永続的な機能障害が生じる。出生後、お座り、ハイハイ、歩きと運動能力は定型的に増加する。発達は連続的である一方、漸進的ではない。学齢時前に語彙が急に上昇し、身体的発育と心理的機能にはスパート（急騰）があり、青年前期には身長、体重、生殖器官の大きさの急激な増加がある。図1-2は古いものだが、スキャモン（Scammon, R. E.）による発育速度の違いを示したものである。

3. ヒトの養育の特殊性——社会・文化的影響

● 個体の生存と種の保存

種として生命を絶やさないように、次の世代へと伝えられる仕組みの中心が生殖である。そしてそこに親と子が存在する。系統発生的に下位の動物では親と子は存在しても、親子関係といえるようなものはない。たとえば、魚類は多くの卵を産んで、育てることなく子どもをそのままにし、親は役割を

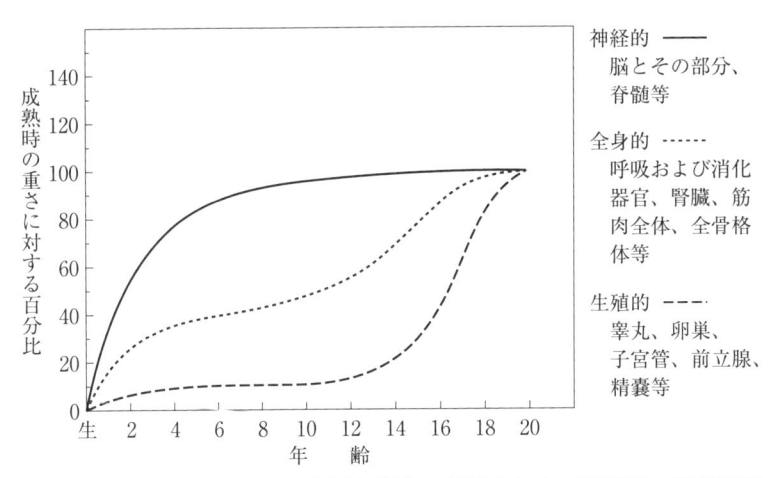

図1-2　人体における3つの主要な器官の種類すなわち組織型の発育速度曲線（村田，1983）

果たして死んでいき、卵が孵化して稚魚となってもほんの少しだけが成長する。しかし、系統発生的に上位であるヒトの場合は、先に挙げたポルトマンのいう離巣性の動物の特徴を示すが、すぐには巣から離れることができず無能な状態（実際は有能な面が多い）であるので、子どもは未熟な期間中は大切に養育される。そのようにして、ヒトの場合は個体の生存と種の保存をはかるのである。

● 養育の仕方を学ぶ

系統発生的に高等な動物では、養育という行動が生物学的な仕組みで行われるが、環境や経験により大きく影響を受けることがある。

『スポック博士の育児書』はアメリカで大流行した。日本でも数多くの育児書があり、養育者は子育ての仕方を本を通して学ぶという現象が起きている。松田道雄の『育児の百科』は1967年から99年で160万部売れたという。人間では親としての行動がその人の経験にゆだねられる程度が大きく、一定の社会・文化的枠組みの中で、両親、近親者、仲間などを通して、また本やテレビを通じての学習や、行政による支援や介入もある。

近年は「子育て支援」をする自治体も多く、父親の育児参加を呼びかける

だけでなく、地域が遊びなどの協力をする場合もある（詳しくは第18章で述べる）。また子どもを大切にするという反面、「虐待」や遺棄という行動をとる親がいる。

✤ 親子関係の長期化

　人間の親としての行動は、社会的・文化的に学習されてきたものである。すなわち養育期間の中で親は子どもに社会や文化を教えることになる。人間の養育期間は、必然的に他の動物と比較ができない程長くなる。他の動物では、生殖能力ができると一人前になり、巣やテリトリーから出て行くことになる。しかし、人間、とくに近代文明社会の中では一人前の大人として社会に参加するために必要な知識や技術が増大するにしたがい、親による養育期間はますます延長されるようになった。また、欧米では子どもたちは独立して親から離れていくが、日本では子どもが就職をしても独身でいる場合は親と同居し、親に食事や洗濯などの世話をしてもらう男女が決して少なくない。親はそれを認めてもいる。また、子どもが老いていく親の世話をするのも他の動物にはないことである。

　このように養育期間が長期化され濃密な関係となり、近年社会環境の変化も加わり、親が子どもを虐待し、看病疲れによる年老いた親への虐待、また子どもが親へ暴力を振るう家庭内暴力など、親子関係の問題が増加している。

●引用・参考文献

Carlson, N. R.　泰羅雅登・中村克樹（監訳）　カールソン神経科学テキスト：脳と行動　原書8版　丸善　2006
岩田誠（監修）　図解雑学　脳のしくみ　第3版　ナツメ社　2006
岩田誠（監修）　プロが教える脳のすべてがわかる本　ナツメ社　2011
河田光博・稲瀬正彦　カラー図解　人体の正常構造と機能Ⅷ　神経系（1）　日本医事新報社　2004
小林登（編）　小児科診断学　文光堂　1980
松田道雄　定本　育児の百科（下）1歳6ヶ月から　岩波文庫　2009
松下正明（総編集）　脳と行動　臨床精神医学講座　第21巻　中山書店　1999
マッセン, P. H.　今田恵（訳）　児童心理学　岩波書店　1972
村田孝次　教養の心理学　三訂版　培風館　1983
ニュートンムック　ここまで解明された最新の脳科学　脳のしくみ　ニュート

ンプレス　2008
高橋道子・藤崎眞知子・仲真紀子・野田幸江　子どもの発達心理学　新曜社　1993

第2章

体と心の進化2（運動の発達）

> 第1章では、人間が進化してきた過程と特徴や問題点を説明したが、第2章から第12章までは人間個人の発達を考えることにする。この章では運動の発達がどのようになされていくのかを考えてみたい。まずは、ヒトとしての脳の発達について概略を述べる。次に新生児や乳児から見られる特徴的な運動の発達、とくに手や足などの運動の発達を見ていき、いわゆる養育者に絶対的な依存をしている「赤ちゃん」の段階から、自分で物を上手に操ることや、養育者から離れることができてある物をとりに行くなど目的を明確にした行動ができるようになり、少しずつ自立できていく過程を考えていくことにする。

1. ヒトの脳

●胎児の脳の発生と成長

受胎後18日齢から神経系の発達が始まる。胚の外胚葉（1番外側の層）の背の一部が厚くなり、板のようになって、神経板ができる。神経板は吻一尾方向の長軸に沿って、左右の端が互いに丸まり、21日齢までに融合して管状の構造物（神経管）を形成し、28日齢までに神経管は完全に閉じる（図2-1）。神経管は神経

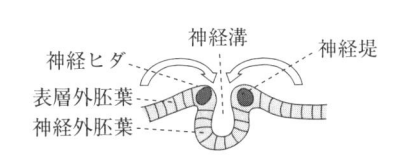

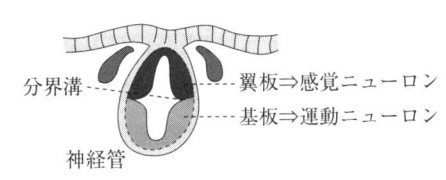

図2-1 **神経管の形成**（河田・稲瀬，2004：p.76から一部改訂）

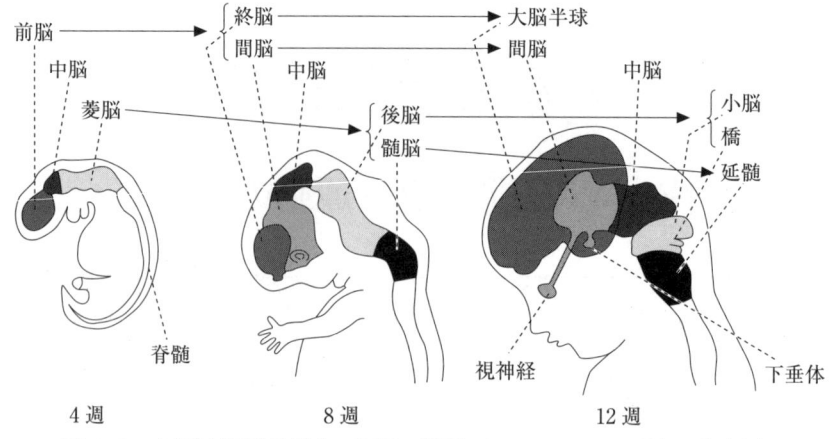

図 2-2　中枢神経系の発生 （河田・稲瀬，2004：pp. 76-77 から一部改訂）

上皮細胞で構成され、その細胞が増殖して神経管が長く厚くなり、3つのふくらみ（前脳、中脳、菱脳）が形成され、その後、それぞれのふくらみから脳の各部位が形成される（図2-2）。

●ヒトの脳の一般的な構造

　神経系は中枢神経と末梢神経から構成される。中枢神経は脳と脊髄からなり、脊髄は対応する脊椎によって頸髄、胸髄、腰髄、仙髄に区分される。脳は頭皮、頭蓋骨で覆われた腔の中で、水（髄液）の中に漂う形で存在し、左右一対の大脳半球と、その中心付近から下方に伸びる管状の脳幹、そして、大脳半球の下面、脳幹の後方にある小脳からなる（図2-3）。末梢神経は脳神経（主に顔面や頸部に分布する12対の神経）、脊髄神経、自律神経（交感神経と副交感神経）からなる。末梢神経は体の内外で生じた刺激や興奮の情報を中枢神経に入力し、中枢神経からの司令を末梢組織や臓器に運動神経を経由して送る。よって、神経系は全身に張り巡らされた情報ネットワークといえる。

　神経機能を主につかさどるニューロンは、細胞体、樹状突起と軸索からなる（図2-4）。軸索は神経線維とも呼ばれ、通常1つの神経に1本存在し、神経体の興奮を遠心性に伝え、終末に至るとシナプスという間隙をはさんで、他の神経細胞の樹状突起に興奮を伝える。樹状突起は1つの神経細胞に多数

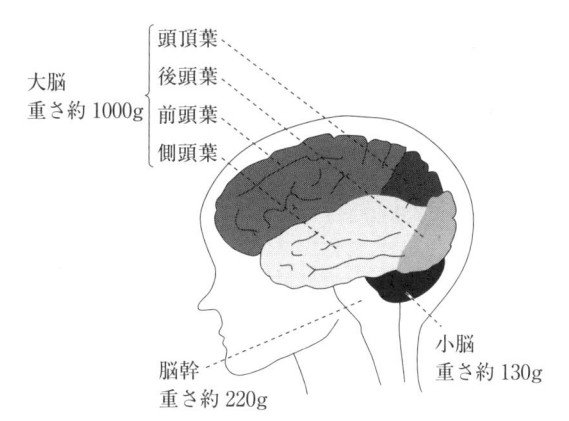

図 2-3　脳の基本的構造（岩田，2006：p. 19 から一部改訂）

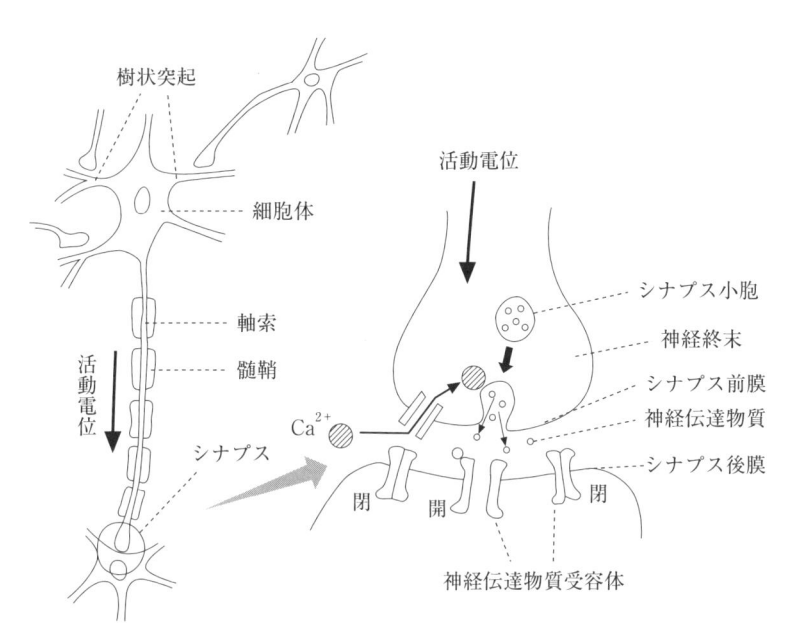

図 2-4　ニューロンとシナプスの構造（河田・稲瀬，2004：p. 10, 12 から一部改訂）

存在し、他の神経細胞の神経終末が多数、ここに終わり、シナプスを形成している。神経体から送られた電気信号が神経終末に至ると、その内部にある小さな袋（シナプス小胞）の中にある神経伝達物質（「アミノ酸」「モノアミン」「ペプチド」など）がシナプス間隙に放出され、隙間の対岸にある、受け側である樹状突起にある受容体が受け取ることで、受け手の神経細胞に興奮が伝えられる。

● 脳の各部位の機能

① 大脳半球：　左右にわかれた大脳半球は、脳梁という神経線維の束で結合されて、情報交換が行われている。左右の大脳半球は、それぞれ反対側の身体を支配しているので、右（左）大脳半球は左（右）側の視野、感覚情報を取り入れて、左（右）側の筋肉を動かす。左右にわかれているのは、哺乳類全般に見られる構造で、人間の場合は左右で異なる機能を発揮している。左半球は大部分の人で優位半球といわれ、言語機能、論理的思考や計算などが行われる。また、右半球は注意機能（障害されると注意が散漫になったり、左側の視野にあるものが認識できない左半側空間無視になる）や空間的な構成能力にかかわっている。

② 大脳辺縁系：　大脳半球の内部にある大脳辺縁系は進化的に古いことから古皮質と呼ばれ、主に喜怒哀楽などの感情、本能的な衝動（逃避行動な

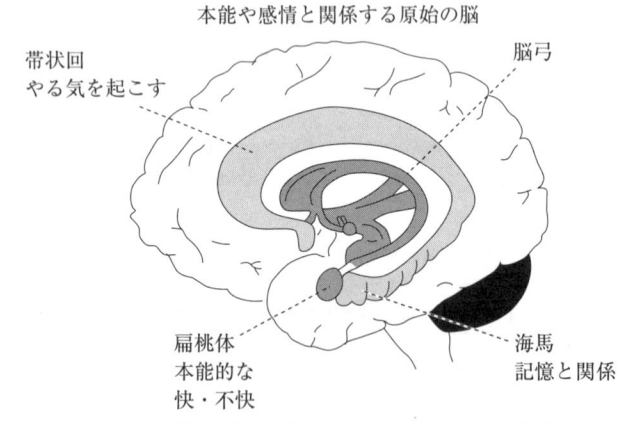

本能や感情と関係する原始の脳

帯状回
やる気を起こす

脳弓

扁桃体
本能的な
快・不快

海馬
記憶と関係

図 2-5　大脳辺縁系（岩田，2006：p. 27 から一部改訂）

ど）や記憶にかかわる（図2-5）。

③　大脳基底核：　大脳半球の奥にある神経細胞の大きな塊（核）は基底核と呼ばれ（図2-6）、入力部、出力部と介在部があり、運動野と連絡して運動に必要な筋肉の働きを整え、姿勢を安定させ、運動の開始と停止を調節している。また、前頭連合野や頭頂連合野、あるいは前頭眼窩野や帯状皮質との連絡もあり、認知機能や情動にもかかわる。大脳基底核内の神経回路に入った情報は、神経伝達物質のγ-アミノ酪酸（GABA）によって抑制、グルタミン酸によって興奮され、そしてドーパミンでバランスが調整されている（図2-7）。大脳基底核の障害によって発症する病気には、パーキンソン病など運動減少・筋緊張亢進型と、ハンチントン病やバリスムなど運動亢進・筋緊張減少型がある。

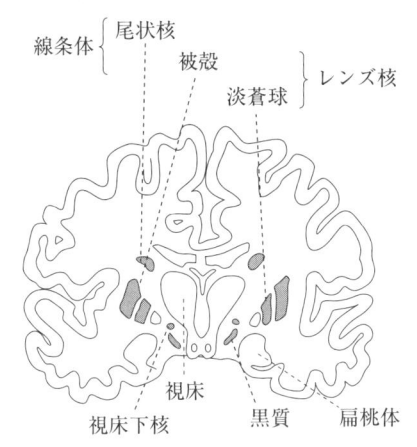

図2-6　大脳基底核の部位（脳の前額面）（岩田，2006：p. 29から一部改訂）

④　脳幹：　脳幹は心臓の動きや呼吸の調節を行う中枢が延髄にあるので、生命中枢と呼ばれている。また、大脳皮質からの司令を脊髄に送り（下行路）、末梢からの感覚情報を大脳皮質に伝える（上行路）神経線維も通っている。さらに、顔面から頸部の感覚と運動を調節し、咀嚼、発声や、嗅覚・視覚・聴覚・平衡覚などにかかわる神経核があり、左右12対の脳神経が出入りする。また、脳幹内の全長にわたって網様体があり、視床を介して大脳皮質と連絡して、睡眠と覚醒のレベルを調整している。

⑤　間脳：　脳幹の上には視床、視床上部（松果体など）、視床下部からなる間脳がある。視床は身体中の感覚情報を集め、適切に処理して大脳皮質へと伝え、痛みなど、さまざまな感覚を生じさせる。また、大脳皮質で処理された情報をとりまとめて他の部位に振り分ける働きもあり、感覚情報を飛行

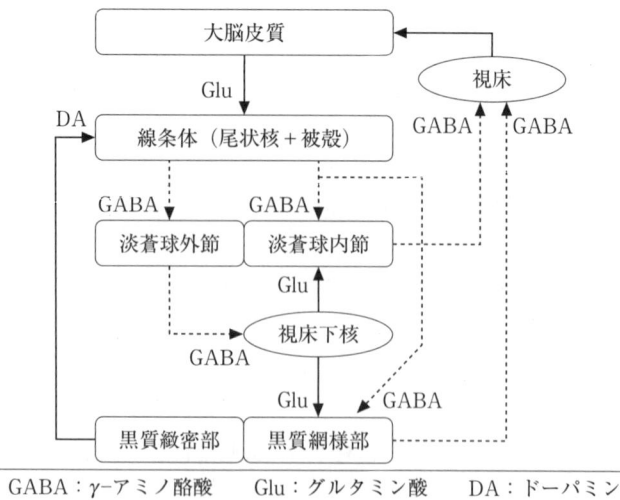

```
                    ┌─────────────┐
                    │   大脳皮質   │◄──────────┐
                    └──────┬──────┘           │
                        Glu│         ┌───視床───┐
              DA           ▼      GABA│     ┊GABA
             ┌──► 線条体（尾状核＋被殻）◄┄┄┄┄┄┄┄┤
             │   ┌────┴──────┬──┘             ┊
             │ GABA         GABA              ┊
             │   ▼            ▼               ┊
             │ ┌──────┐   ┌──────┐            ┊
             │ │淡蒼球外節│   │淡蒼球内節│┄┄┄┄┄┄┄┄┄┄┤
             │ └──┬───┘   └──────┘            ┊
             │    │         Glu▲              ┊
             │    │   ┌──────┐ │              ┊
             │    └──►│視床下核│─┘              ┊
             │    GABA└──────┘                ┊
             │         Glu│    ┊GABA          ┊
             │   ┌──────┐ ▼  ┌──────┐         ┊
             └───│黒質緻密部│   │黒質網様部│┄┄┄┄┄┄┄┄┄┘
                 └──────┘   └──────┘
```

GABA：γ-アミノ酪酸　　Glu：グルタミン酸　　DA：ドーパミン
実線：興奮性伝達　　破線：抑制性伝達

図 2-7　大脳基底核の神経回路の模式図（脳の前額面）（河田・稲瀬, 2004：p. 61 から一部改訂）

機にたとえると管制塔の役割がある。その他、運動野と連絡して運動を調節し、脳幹網様体からの線維を受けて意識水準や覚醒レベルを調節し、大脳辺縁系や扁桃体と連絡して記憶や情動にも関与している。松果体は、メラニンを合成し、日内リズムや下垂体からの性腺刺激ホルモン分泌を調節する。視床下部は大脳皮質や辺縁系などと連絡し、体温調節、血糖調節、浸透圧調節、食欲（摂食中枢と満腹中枢）など、生命の維持に不可欠な機能の中枢が存在し、また、下垂体からのホルモン産生も調節し、自律神経系・内分泌系の統合中枢として体内環境の恒常性を維持している。

⑥　小脳：　小脳は発生の古い順に原小脳（内耳の前庭器から頭部の位置と傾きの情報が入り、身体の平衡を保つ）、古小脳（脊髄から深部感覚が入って、姿勢を維持する）、新小脳（大脳皮質の運動野から橋を介して入力し、運動を円滑化する）にわけられ、身体のバランスを保ち、運動をスムーズにする。

⑦　大脳皮質：　大脳の表面は大脳皮質と呼ばれ、進化の過程でシワ（脳溝）を作ることで表面積を増やし、大きな脳溝によって前頭葉、頭頂葉、側

頭葉、後頭葉の4つにわけられる（図2-3）。

　前頭葉は1番大きく（皮質の約3分の1）、1番後方に運動の指令を出す一次運動野がある。一次運動野には身体各部の支配局在（ペンフィールド〔Penfield, W.〕のマップ：図2-8右）があり、手足や口など、細かく、複雑な動きを必要とする部位が広い面積を占める。

　中心溝の後方（頭頂葉の最前方）には、全身の皮膚、関節や筋からの感覚情報が視床を経て入力される一次体性感覚野がある。この部位にも体部位局在があり、触覚、温痛覚や関節の動き等を認知し、運動野に働きかけて運動を制御する。その他、後頭葉内側面には一次視覚野があり、眼球の網膜からの視覚情報が入力され、側頭葉の上側頭回内側面にある一次聴覚野には聴覚情報が入力される。

　感覚野と運動野を除いた大脳皮質領域を連合野と呼び、隣接する一次感覚野からの情報を受け取って分析してさまざまな情報を統合し、一部は記憶し、また、以前の記憶に基づいた行動計画を立てるなど、高次脳機能に携わって

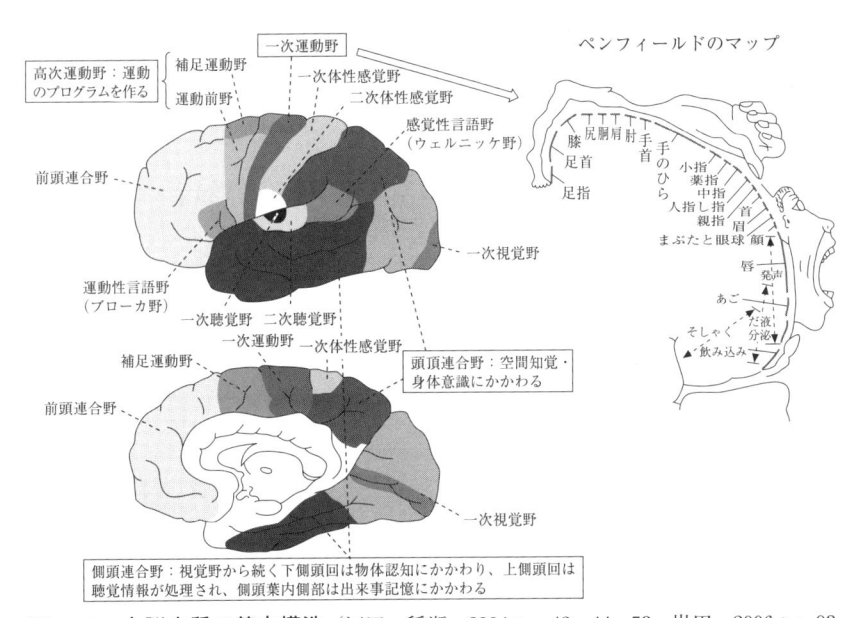

図 2-8　大脳皮質の基本構造（河田・稲瀬，2004：p. 42, 44, 53　岩田，2006：p. 93から一部改訂）

いる。一次感覚野に近い部位では1種類の感覚情報を受け取るが、一次感覚野から離れるにつれて、より多くの感覚情報を受け取るようになるので、遠位の感覚連合野では幾種類かの知覚や記憶に関係し、複数の感覚情報を統合することが可能となる。このうち、前頭連合野は前頭葉の運動野より前方の領域で、背外側部は遂行機能（目標を設定し、そのための計画を立て、実際の行動を効果的に遂行する能力）にかかわり、その障害によって考えを柔軟に切り替えることができなくなり、失敗した動作を何度も繰り返したり、その場に合った行動ができなくなる。また、前頭連合野の眼窩部や腹内側部は、性格、社会性、感情表出にかかわり、この損傷によって性格変化等が出現する。各連合野は、連合線維によって大脳半球内で、そして交連線維によって左右の半球間で連結され、情報のやりとりがなされ、それらが統合される。

　言語中枢も大脳皮質に存在する。言語の表出にかかわる中枢である運動性言語野（ブローカ野）は下前頭回後部にあり、言語理解にかかわる感覚性言語野（ウェルニッケ野）は上側頭回後部にある。運動性言語野と感覚性言語野は連合線維である弓状束で結ばれている。

2. 乳幼児から見られる運動発達

　ほぼ生後1年頃までに、首が座り、お座りができ、歩き出すといった粗大運動が発達し、その後しだいに微細で分化した運動が発達していく。このような運動発達は、次のような原則に従っている。

　① 頭から足へという方向： 首が座り、頭を自由に動かし、次いで肩や腕を動かし、座るようになり、起立、歩行へと進む。

　② 近位部（体幹に近い側）から遠位部（体幹に遠い側）への方向： まず肩の運動からはじまり、上腕、前腕、手、指へと進む。

　③ 全体的運動から分化した運動： はじめは粗大運動が主であるが、しだいに分化した微細な運動ができるようになる。

● 粗大運動

　新生児の運動機能は、脳幹や脊髄レベルの働きが中心となる。そのため表

2-1にある自動歩行（脇を抱え床に足を立たせると歩くようにステップをとる）、吸啜反射（唇に触れるとオッパイを吸うようにする）、モロー反射（背臥位にある乳児に体位の変換など刺激を与えるとあたかも抱きつくような姿勢をとる）の原始反射が多く見られる。これらの反射のほとんどは成長とともに消失していく。しかし大人になっても残っているものもある。たとえば、パラシュート反応（お座りができると、空中で腹位に支え、上体を少し前傾させると、両上肢を外展伸展し体を支えようとする動きが見られる）、膝蓋腱反射や咽頭反射などである。

生後3～4カ月になると、橋、延髄以下の機能が主導的に運動を制御している臥位の段階から中脳の成熟による中脳レベルの働きが中心となる。首が座り（定頸）、顔を右や左や正面に向け、座位をとれて平衡がとれるようになる。4～5カ月には発達途上の一過性の反射面では、ランドー反射（乳児の胸腹部を支え、空中で腹位をとらせると、数秒間頭部、躯幹、下肢が伸展する。次いで頭部を軽く押さえ、前屈させると、躯幹と下肢の筋緊張はとれて、体全体が屈曲する）や、頸起立反射（頭の回転に伴って、肩、躯幹、骨盤がこの順序の同方向に回転する）などが見られる。座位への発展がなされ、あわせて大脳皮質との連絡がつき始めることを示す。それによって姿勢における立ち直りができることからバランスがとれ、高次化が進み、感覚系、運動系の協応も進んでいく。

乳児期後期になるとしだいに大脳レベルが中心になって働くようになる。脳の各部の相対的な比率は成熟脳に近づく。とくに前頭葉と後頭葉の長さは乳児期後半に急速に成長すること、脳回転は広くなり、脳溝の数はさらに増加する。大泉門は12カ月から18カ月頃までにほぼ閉鎖していく。脳の重要

表2-1　主な原始反射、姿勢反射の発現と生理的消長（鈴木他，1980を筆者一部変更）

反射	正常発現時期	正常消長時期
自動（automatic walking）歩行	生下時	1カ月
吸啜（sucking）反射	生下時	1カ月
モロー（Moro）反射	生下時	3～4カ月
手掌（palmar）把握反射	生下時	6カ月
頸起立（neck righting）反射	4～5カ月	1～2年
ランドー（Landau）反射	4～5カ月	1～2年
パラシュート（parachute）反応	9～10カ月	存続

な連合野での髄鞘形成が進み、中脳、間脳、そして辺縁系の機能は高い水準にまで達して、下位の機能は大脳皮質に統合される。反射としては、9～10カ月からパラシュート反応が見られる。引き続き12カ月にはひとり立ちができ、15カ月にはひとり歩きができるようになる。

さらに幼児期では、2歳頃には走ったりでき、3歳になると両足でジャンプしたり、片足立ち、足を交互に出して階段を上ったり、三輪車を漕いだりできるようになる。その後片足跳びができ、5～6歳でスキップができるようになる。

図2-9は、少し古いが、ハイハイからひとり立ちをして歩くまでの様子を示したものである。現在では、1歳程度で歩行ができる子どもが多いといわれる。

● 微細運動

微細運動の発達には、協応動作（coordination）の発達と、反射的共同（synkinesia）の消失が前提となる。物をつかむ動作は、新生児期の把握反射でも見られるが、意志的に物をつかむのは生後3カ月頃からである。

はじめ固く握った拳であるが、やがて手指を動かし、次いで両手を絡み合わせ、自分の目に近づけたり遠ざけたりして、自分の手を見る。これをハンド・リガード（hand regard）という。手と目の協応の始まりであり、自分の身体との出会いといえる。4カ月では手に触れたもの、近くのものは握り、振ったり眺めたりする。5カ月頃になると、手を伸ばしてしっかりとつかもうとする。

つかむ動作といっても、はじめは手と指の分化ができておらず、いわゆるわしづかみである。6カ月になると親指と人差し指が90度まで開いて物をとれるようになる。図2-10は、小鈴をつかむようになる3つの段階を示している。手指の微細な運動ができるようになり、1歳半頃には、スプーンを使い、コップを持って水を飲んだり、3、4個の積木を積み上げたり、鉛筆などを持ってなぐり描きなどができるようになる。図2-11はなぐり描きから円が描けるようになるまでを示している。3歳頃になると、積木を10個積み、ボタンを外し、箸を使うようになり、4歳頃には積木を3個使ってト

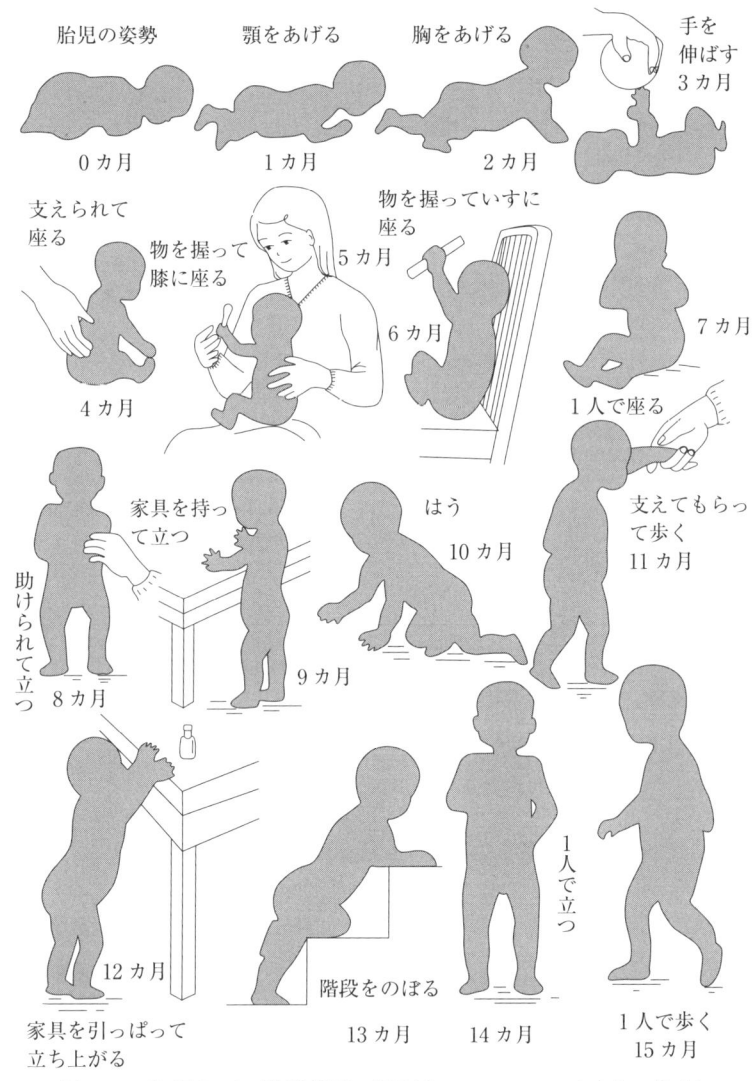

| 胎児の姿勢 | 顎をあげる | 胸をあげる | 手を伸ばす 3カ月 |

0カ月　　1カ月　　2カ月

支えられて座る　　物を握って膝に座る　　物を握っていすに座る 5カ月　　6カ月　　7カ月

4カ月　　　　　　　　　　　　　　　1人で座る

助けられて立つ　家具を持って立つ　はう　　支えてもらって歩く
8カ月　　9カ月　　10カ月　　11カ月

家具を引っぱって立ち上がる　階段をのぼる　1人で立つ　1人で歩く
12カ月　　13カ月　　14カ月　　15カ月

図2-9　歩行までの発達経過（早坂他，1998：p.34をもとに作成）

ンネルを作ったり、円を描いたりもできるようになる。5歳では人物の絵で頭、胴、手足などが描け、四角形を描き、6歳頃には自転車に乗り、三角形を描くようになり、ひも結びもできるようになる。ひも結びは、ひもで輪を

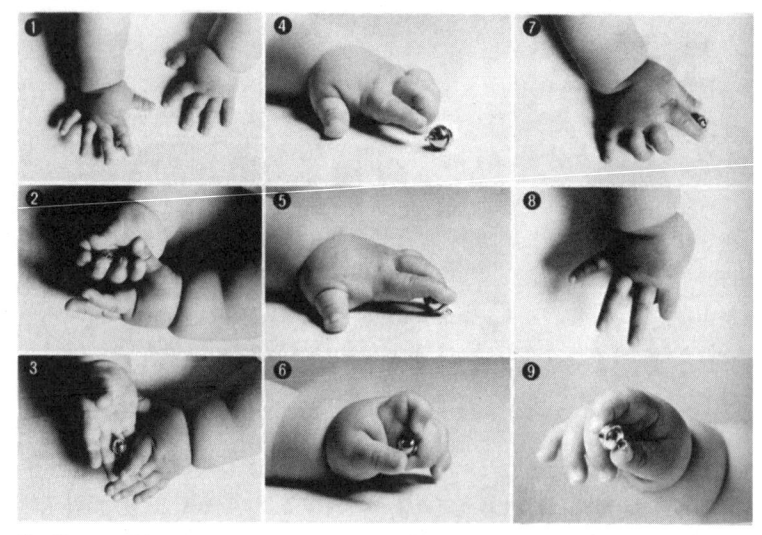

①～③は7カ月児
① 机上の小鈴へ到達したところ
② 小鈴を上からわしづかみして上へむける
③ 手のひらを開閉してつかんだ小鈴を見る

④～⑥は9カ月児
④ 人差し指を伸ばして机上の小鈴へ到達したところ
⑤ 人差し指でかきよせるように小鈴をつかむ
⑥ つまんだ指先を少し持ち上げ、人差し指を立てるように屈曲させて小鈴をいじる

⑦～⑨は11カ月児
⑦ 人差し指と親指でやや上から小鈴をつまもうとする
⑧ 人差し指と親指による上からの把握に移る
⑨ 人差し指と親指を伸展させて指尖で把握する

図2-10 小鈴をつかむ3段階（田中・田中，1982：p.18）

作り、向こうに回しこちらに戻すなどのイメージ（表象）をするメンタル・ローテーション（mental rotation）が必要である。つまり指の器用さだけでなく知的能力が必要となる。

3. 乳幼児健診における項目

小児における発達に節があるように、もっとも異常が発見されやすい月齢をkey month（critical month）という。次のような条件にあたる時期である。①お座り、つかまり立ち、歩行などのチェックしやすい運動発達の1つがあ

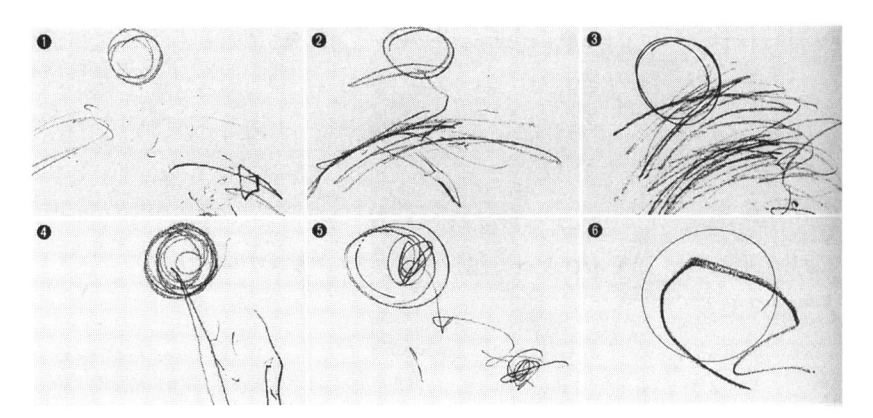

① 11カ月児、なぐり描きの前のたたきつけて描く段階であり、まだモデルへの接近は見られない
② 12カ月児、横のなぐり描きからかるく1次元的なタッチをしてくる
③ 13カ月児、横のなぐり描きの可逆がたかまり、密度もたかくなり、そのいきおいで何度も往復させて横ぎってくる
④ 15カ月児、たてに接近
⑤ 18カ月児、外に描いていた円錯につなげて、それをモデルの中にも描く
⑥ 20カ月児、モデルに沿って円になりはじめる

図2-11　なぐり描きから円錯画 (田中・田中, 1982：p.158)

り、しかもその発達がその月齢では最低75％以上が達せられている月齢。②脳の成熟、反射の成熟から見て、ある発達段階が半ば過ぎ、次の段階に大部分が入る。たとえば原始反射が消失して中脳レベルの反射が出現する時期。③知能・精神発達をテストする簡単な方法があり、大部分の小児ができる月齢。

それでは、key month を見てみよう。

◆満4カ月

① 首の座り： 3カ月児で首が座っていなくても異常ではないが、4カ月児では脳性麻痺、知的障害、ミオパチー（筋肉が委縮し細くなる症状）が疑われる。

② 原始反射： 自動歩行、モロー反射、頸起立反射の消失傾向につき、1つでも達成できていないと、脳障害が疑われる。

③ 追視テスト： 1mの距離からペンライトの光を見させて、次にその光が左右の瞳孔の中心にあるかどうかを見る。瞳孔に左右対称に光が映らな

い時は、斜視が疑われる。追視の反応が悪いのは視力障害もあるが、知的な遅れが疑われ、運動発達も遅れている場合がある。視力障害があって追視しない場合、眼球振盪、角膜混濁、眼底の異常が見られることが多い。重症度は以下のように判定される。1カ月以下では、光を見せても少しも見ない。1〜2カ月では、光を固視するが追わない。2カ月では、光をわずかに追視する。3カ月では、光を180度近く追視する。5〜6カ月では、上下左右ともによく追視する。

④　聴力テスト：　ガラガラなど音の出るおもちゃを鳴らせて反応を見たり、名前を呼んで振り向くかを見る。敏感に反応するようであれば、難聴はないといえる。知的障害で音に対する反応が鈍い場合、それ以外に生活習慣や運動発達の遅れも見られる。重症度は以下のように判定される。2カ月以下では、音を聞かせても反応しない。2〜3カ月では、音を聞かせると少し反応する。4〜5カ月では、音に対して相当反応する。6カ月以上では、音に対してはっきりと反応する。

● 満7カ月

①　お座り：　できないと脳性麻痺、知的障害、ミオパチーが疑われる。

②　視性立ち直り反射（optical righting）：　中脳間脳レベルの反射で、お座りしている乳児を左右にゆっくり倒すと身体は傾斜しても目を開き顔は垂直位となる反射。閉眼でも見られ、これは迷路性立ち直り反射という。できない場合、神経の成熟の遅れを疑う。

③　顔に布をかけるテスト（cloth on the face test）：　親指側の指を使って片手でさっと取り除き、片手を押さえると反対の手でつかむ。重度知的障害では反応はしない。発達段階は以下のようである。3〜4カ月では布をかけても少しも反応しない。4〜5カ月では体を反ったりしてもがく。5カ月では手を持っていくがとらない。5〜6カ月では両手でとる。6カ月以上では片手でさっととる。

④　手を伸ばして物をつかむ（顔に布をかけるテストで可）：　できないと知的障害が疑われる。

⑤　いろいろな音に対する反応：　できないと難聴、知的障害が疑われる。

● 満10カ月

① つかまり立ち： つかまらせて立っているのは少し発達が遅れていて、つかまらせても立てないのはさらに遅れ、脳性麻痺、知的障害、ミオパチーが疑われる。

② パラシュート反応： 緊張が強い乳児は出現しないことがあるが、他の発達が正常であれば様子を見る必要がある。できなくて、しかも手の開き具合がおかしいまたは手の開きに左右差があると、脳性麻痺、片麻痺、脳障害が疑われる。

③ ニギニギ、バイバイなどの真似（mimic movement）： できないと知的障害が疑われる。呼んで振り向かないと難聴、知的障害が疑われる。

● 1歳6カ月

間脳支配から大脳支配の優位に代わる時期である。

① 歩行： 20〜30 m以上歩けないのは遅れている。最初の1歩が前に出ると、次に下肢が引きずられるようにほぼ同じ横断面に着地するハイガード歩行が歩きはじめから長い間続くのは発達が遅れていて、脳性麻痺、知的障害、ミオパチー、脳の障害が疑われる。なお、ハイガード歩行から次の段階は、伸展していた下肢が歩く時に徐々に屈曲し、挙上していた上肢が途中で下降するミドルガード歩行となり、さらに発達すると、上肢は下に降り上下肢の協調運動が見られるローガード歩行へと進む。

② 積木を積む： 積めないのは全体的に発達が遅れていて、しかも上手く積めないのは知的障害、脳性麻痺を、一方の手しか使わないのは片麻痺が疑われる。

③ なぐり描き： はじめ手を回外し指全体で鉛筆を持つ回外持ち（supinate grasp）、次に手が回内し4、5本の指で持つ回内持ち（pronate grasp）に、そして中指、人差し指、親指の3指でつかむ3点持ち（tripod grasp）がある。しかし、なぐり描きができれば良い。

④ 意味ある単語を最低1ついう、絵本の絵を指差しできる： できないと知的障害、難聴が疑われる。

> コラム

1歳半児健診と3歳児健診

母子保健対策

区分	結婚	妊娠	出産	1歳	1歳半	3歳
健康診査等		妊産婦健診	乳幼児健診 ・先天性代謝異常検査 ・新生児聴覚障害検査		1歳半児健診	3歳児健診
保健指導等	・保健師等による訪問指導等 ──────────────▶ ・妊娠の届出及び母子健康手帳の交付 　　　　・乳幼児発達相談指導事業 ───────▶ 　　・子どもの心の健康づくり対策 ─────────▶ ・遺伝相談モデル事業 ───────					

1歳半児健診： 乳児から幼児期への心身ともに急速な発達をとげるこの時期を順調に過ごせるよう小児科医・歯科医による健診、歯科衛生士による虫歯予防・歯磨き等の歯科保健指導、栄養士による食事指導、心理相談員による心理相談、保健師による育児相談を行う。

健診では、歩行、マンマなどの単語を話す、欲しい物を指差しする、なぐり描きをする、スプーンを使うなどの発達が進んでいるか、またひきつけや身体的に重い病気にかかったかなどを尋ねる。もし該当する場合、精密検査やフォローアップ（経過観察）をしながら様子を見る。言葉の遅れや何らかの心理的な心配がある場合、地域によっては幼児教室などがあり、遊戯療法（第13章参照）や訓練的なことをすることがある。そして次の3歳児健診で様子を調べる。

3歳児健診： 小児科医・歯科医による健診、尿検査・身体測定を行い、保健師・栄養士・心理相談員・歯科衛生士により個々に応じた保健指導を行う。また、必要に応じて眼科医・耳鼻科医による二次健診を行い、異常が疑われる時には、専門機関に紹介して精密検査を実施し、継続して指導援助を行う。また、専門施設を紹介し、訓練的なことや遊戯療法などを受けることになる。

●引用・参考文献
岩堂美智子・松島恭子（編）　コミュニティ臨床心理学　創元社　2001
津守真・稲毛教子　乳幼児精神発達診断法0才〜3才まで　大日本図書　1978
植村勝彦・高畠克子・箕口雅博・原裕視・久田満（編）　よくわかるコミュニティ心理学　ミネルヴァ書房　2007

4. 脳性麻痺

　病変はあっても進化の様相はさまざまである。心をはじめ、進化の様相への援助のためには、病変を知ることは大切である。

　脳性麻痺（cerebral palsy；CP）は、受胎から新生児期までの間に生じた大脳の非進行性病変に基づく、永続的で変化し得る運動および肢位の異常である。2歳までにその症状は現れる。臨床的特徴として、①姿勢の異常、②反射の異常、③筋トーヌスの異常がある。脳性麻痺の疑いがあるのは、妊娠中・周産期の異常、新生児期の異常が2つ以上合併していることと、以下の訴えがある場合である。①妊娠中の感染症、②不正出血、切迫流産、③重症妊娠中毒症、④仮死や遷延分娩などの分娩障害、⑤低出生体重児、⑥重症黄疸、⑦新生児期のけいれん、哺乳障害、無呼吸およびチアノーゼ発作、無欲状、低体重、頻回の嘔吐などの症状、⑧その他、妊娠中、周産期、新生児期に脳障害をきたすと考えられる種々な原因、である。

　親から首が座らない、体の片側を動かさない、歩かない、座れないなどの

表2-2　脳性麻痺の型別の症状

	特徴
アテトーゼ型	ある行動をしようとする時や心理的に緊張している時に、他の部位にも力が入り、自分の意志にかかわりなく動く。
痙直型	手足の筋肉が硬く、強く収縮し、自分の意志にかかわりなく、急に動いたり伸びたりする。
失調型	手や足それぞれの筋肉は容易に動かせるが、それらの筋肉の協調が上手くとれず、姿勢や四肢の運動のバランスが上手くとれない。
硬直型	手足が硬直し、曲げ伸ばしをしようとしてもなかなか動かない。

表2-3　麻痺が現れる部分

四肢の麻痺	全身の麻痺で上下肢の障害が同程度
片麻痺	体の片側で手足の麻痺であるが、下肢よりも上肢の障害が重い
両麻痺	上下肢に障害が出るが、上肢よりも下肢の麻痺が重い
対麻痺	下肢の両側に出る麻痺で、上肢には障害はない

訴えが2歳までに出されることが多い。脳障害の程度により運動麻痺の現れ方が異なる。また、精神や知的発達にも障害が見られることもあり、てんかん、情緒障害、言語障害、視覚異常、歯の障害、知覚異常などを伴うこともある。表2-2は、型別の症状をまとめたもので、表2-3は麻痺が出る部分を示したものである。脳性麻痺は、出生1000人に対して1.5～2人に起きる。なお、脳性麻痺は進行しない障害であるが、筋肉や骨の発達に偏りが生じたり、疲労や摩耗、それに伴う神経系の障害が生じて、二次的に障害が見られ悪化することがある。

●引用・参考文献

Carlson, N. R.　泰羅雅登・中村克樹(監訳)　カールソン神経科学テキスト：脳と行動　原書8版　丸善

Clinical Neuroscience（月刊 臨床神経科学）　Motor system：What's classic and what's new?　Vol. 27, No. 7.　中外医学社　2009

江藤文夫　高次脳機能障害のリハビリテーション　Ver. 2.　Journal of clinical rehabilitation 別冊　医歯薬出版　2004

早坂泰次郎・長谷川浩・柏木哲夫(編)　精神保健　系統看護学講座 12　医学書院　1998

石浦章一　遺伝子が明かす脳と心のからくり：東京大学超人気講義録　羊土社　2004

岩田誠(監修)　図解雑学 脳のしくみ　第3版　ナツメ社　2006

河田光博・稲瀬正彦　カラー図解 人体の正常構造と機能Ⅷ 神経系（1）　2004

小林登(編)　小児科診断学　文光堂　1980

前川喜平　写真で見る乳児健診の神経学的チェック法　南山堂　1980

中村隆一・齋藤宏・長崎浩　基礎運動学　第6版　医歯薬出版　2003

ニュートンムック　ここまで解明された最新の脳科学 脳のしくみ　ニュートンプレス　2008

Peter Duus　半田肇(監訳)　神経局在診断：その解剖、生理、臨床　第3版　文光堂　1988

田中昌人・田中杉恵　子どもの発達と診断 1. 乳児期前半　大月書店　1983

田中昌人・田中杉恵　子どもの発達と診断 2. 乳児期後半　大月書店　1982

津守真・稲毛教子　乳幼児精神発達診断法 0才～3才まで　大日本図書　1978

第3章

遺伝と環境・経験

　人間の発達は、「氏か育ちか」と表現されるように、家柄や家系などの遺伝的な要因を強調する立場と、学習や経験などの環境的な要因を強調する立場にわかれて議論が展開されてきた。しかしながら、人は長い進化の過程で組み込まれてきた生得的な資質を活かしつつ、環境世界の変化に適応しながら発達している。そのため、この議論は「氏か育ちか」では収束できないことがわかってきたのだ。
　人間の行動や心の働きはどのようにして獲得されていくのだろうか。本章では、遺伝的要因や環境的要因に関してどのように説明できるのかを、これまでの基本的で代表的な研究を取り上げながら考えていくことにする。

1. 双生児法による研究

　遺伝的要因と環境的要因は相互に依存関係を持つため、本来、二分法的に論じることはできないが、人格の形成におけるそれぞれの観点から少し考えてみることにする。人格の形成における遺伝的要因の役割と環境的要因の役割について、互いがどこまで影響を及ぼすのかを調べる場合、双生児法による研究がわかりやすいだろう。
　一卵性双生児は1個の受精卵がその発生の初期に分離して2つの個体になったもので、遺伝学的には同じ個体とされる。二卵性双生児は遺伝学的には同じ親から生まれた普通の兄弟と同じと見なされる。そのためこの両者の差により、ある特性では遺伝的要因が大きいか環境的要因が大きいかが見られる。ストリックバーガー（Strickberger, M. W.）は一卵性双生児と二卵性双生児を対象に、種々の身体的特性や精神的特性を比較した。図3-1はそれら

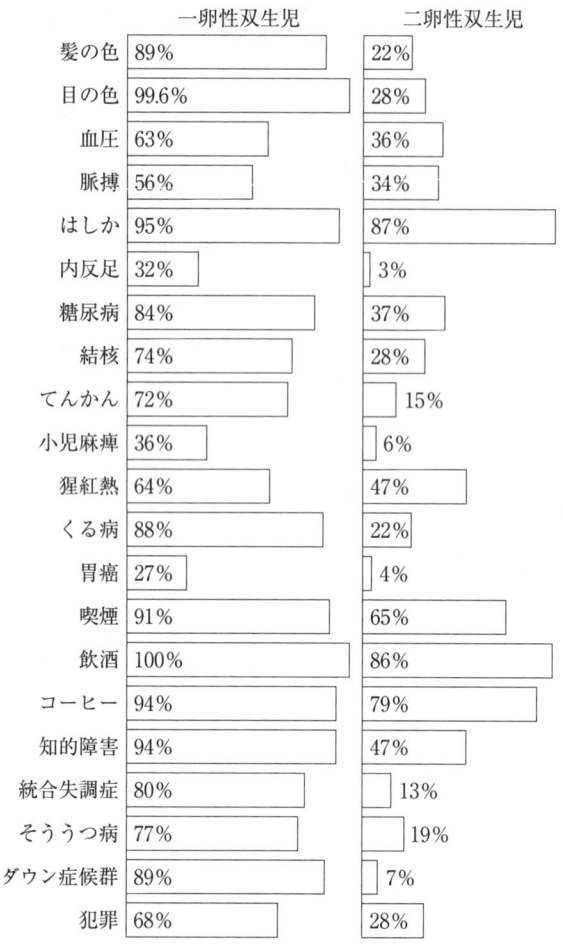

特性	一卵性双生児	二卵性双生児
髪の色	89%	22%
目の色	99.6%	28%
血圧	63%	36%
脈搏	56%	34%
はしか	95%	87%
内反足	32%	3%
糖尿病	84%	37%
結核	74%	28%
てんかん	72%	15%
小児麻痺	36%	6%
猩紅熱	64%	47%
くる病	88%	22%
胃癌	27%	4%
喫煙	91%	65%
飲酒	100%	86%
コーヒー	94%	79%
知的障害	94%	47%
統合失調症	80%	13%
そううつ病	77%	19%
ダウン症候群	89%	7%
犯罪	68%	28%

図 3-1 さまざまな特性と疾患についての一卵性双生児と二卵性双生児の間の一致ないし類似の百分率 (村田, 1983)

を示したものであるが、これを見ると大部分の特性において一卵性双生児のほうが二卵性双生児よりも類似度が高く、遺伝的要因が大きいと考えられる。

● **ゲゼルの成熟優位説**

　ゲゼル (Gesell, A.) は 25 年にわたり 1 万人に及ぶ乳幼児の心的機能を調べ

乳児の発達段階を区分したことで有名であるが、同時に一卵性双生児における研究にも余念がなかった。中でも、生後46週の一卵性双生児に対して行った、図3-2で見られる、階段のぼりの研究は、彼の主張する成熟優位説の裏づけとなったのだ。

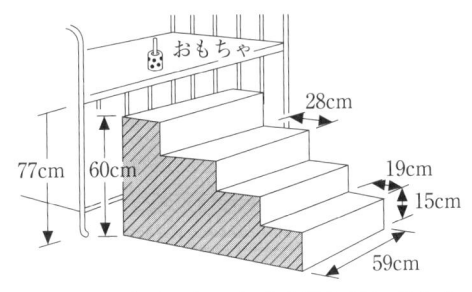

図3-2　ゲゼルらによる実験に用いられた階段（大山, 1974）

　Tちゃんには46週から6週間の間、毎日10分階段のぼりの訓練をさせたのだが、この間Cちゃんには何もさせなかった。訓練を終えた6週間後、Tちゃんは26秒で階段をのぼれたが、Cちゃんは45秒かかった。このテスト後、つまり52週から2週間だけCちゃんに訓練をさせて、Tちゃんには何もさせないでいた。そうすると、Cちゃんはわずか2週間の訓練にもかかわらず10秒で階段をのぼることができた。Tちゃんと比べてCちゃんの訓練が効果的だったのは、Cちゃんがこの訓練をするにあたって十分な成熟状態にあったからである。ゲゼルは成熟による心身の準備状態をレディネス（readiness）と呼んだ。そして彼はこの結果から、成熟を待たずに早期に訓練をすることは無意味であり、学習にはレディネスが不可欠であるとする成熟優位説を主張した。

2. 遺伝か環境か

● 遺伝的要因と環境的要因の影響

　遺伝的要因を重視した見解としてゴダード（Goddard, H. H.）によるカリカック家系の研究が挙げられる。この研究で知的障害と遺伝との関係が見いだされた。ゴダードによると、マーチン・カリカックは知的障害を持つ女性と結婚しているが、後に離婚をして知的障害のない女性と再婚している。家系図をたどっていくと、知的障害のない女性との間に生まれた子どもには異常

者はいないが、知的障害の女性との間に生まれた子どもや子孫488人の中には、健常者は46人、知的障害者は143人で、その他にも問題を持った人が多くいたとした。

　環境的要因を重視した見解は、学習優位説ともいわれている。これを主張した人物に行動主義のワトソン（Watson, J. B.）が挙げられる。彼は極端な環境論者であり、条件づけを行うことで人間の感情や行動などを意のままに統制できると考えていた。「私に1ダースの健康でよく育った乳児と、彼らを養育するための私自身が自由にできる環境とを与えてほしい。そうすればそのうちの1人を無作為に取り上げて訓練し、私が選ぶどのような型の専門家にでも育てることを保障しよう。その才能、好み、傾向、適性、先祖の民族に関係なしに、医者、法律家、芸術家、大商人、そう、乞食やどろぼうさえも……」と豪語している。

● 相互作用説

　現在では、上記の例のように単純に遺伝あるいは環境が互いに独立したものととらえるのではなく、相互に影響して人間の成長に作用し合っていると考えられるようになった。この考えを相互作用説と呼ぶ。

　ジェンセン（Jensen, A. R.）は遺伝と環境が相互に作用するが、それぞれの特性により素質が環境的要因から影響を受ける感受性のレベルによって異なると考えた。つまり環境的刺激の量があるレベル（環境閾値）以下であれば、素質の持つ可能性が十分に引き出せないという。図3-3はそれらを示したものである。特性Aは身長のようなもので、いかなる環境条件下でも素質がほぼそのままに現れ、遺伝にほぼ完全に規定されている場合である。特性Bは知能

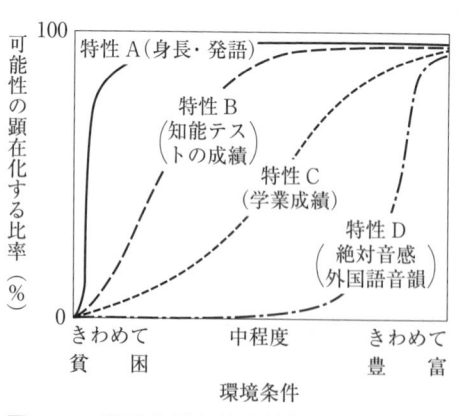

図3-3　環境と遺伝的可能性実現度との関係（Jensen, 1968）

テストで測定される知能などで、特性Cは学業成績などで知能よりも環境要因の良し悪しに影響される。特性Dは絶対音感のようにきわめて良好な環境条件下ではじめて現れるものとしている。

ジェンセンは、バート（Burt, C.）やシールズ（Shields, J.）、ニューマン（Newman, H. H. et al.）ら、ユール・ニールセン（Juel-Nielsen, N.）らの一卵性双生児の知能に関する研究から、遺伝と環境について計量遺伝学の観点から統計処理を行った（表3-1）。ドレジャーとミラー（Dreger, R. M. & Miller, K. S.）、シューイ（Sheuey, A. M.）、コールマン（Coleman, J. S.）、ヒーバー（Heber, R.）、ベイリー（Bayley, N.）やブロンフェンブレンナー（Bronfenbrenner, U.）などの白人と黒人の子どものIQの差の研究や、その他多くの研究を引用した（村田、1983）。その結果、彼は知能の80％は遺伝で決定されると主張し、黒人のIQは白人のIQよりも15ほど低いと指摘した。この報告に対して、多くの反論がなされた。ライトとスミス（Light, R. J. & Smith, P. V.）は、ジェンセンが用いた資料についての統計処理を行うと遺伝的要因の寄与は63％であ

表3-1　知能に及ぼす遺伝と環境の相関（大山，1974）

対象			組数	相関係数
親との間	成人として		374	.49
	子どもとして		106	.56
祖父母との間			132	.33
双生児間	一卵性	一緒に養育	95	.92
		別々に養育	53	.87
	二卵性	同性	71	.55
		異性	56	.52
きょうだい間		一緒に養育	264	.53
		別々に養育	151	.44
おじおばとの間			161	.34
いとこ間			215	.28
他人間	養父母との間		88	.19
	一緒に養育された子との間		136	.27
	別々に養育された子との間		200	-.04

注）相関係数は1.00が完全な正の、-1.00が完全な負の相関、0は無相関。

り、遺伝するとはいえず、また遺伝的係数算定の基礎資料が少数の白人の双生児のみを対象としているなどの不備を指摘している。

> コラム

遺伝病（代表的な病気を挙げる）

　遺伝子（DNA）は遺伝形質を親から子どもに伝える。遺伝病とは、遺伝子に微細な異常があって発症する病気をいう。ヒトの染色体は全部で46本（23対）であって、同じ形同じ長さのものを相同染色体という。1対の遺伝子の1つは父親から、もう1つは母親からもらい、これを対立遺伝子と呼ぶ。1つの遺伝子のみが異常な場合に発現する遺伝病を優性遺伝病といい、両方そろって異常な場合に発現する遺伝病を劣性遺伝病と呼ぶ。また、遺伝子異常が突然変異に出現することもある。遺伝子の異常による障害として代表的なものを以下に挙げておく。

　ダウン症：　常染色体が1本多いために起きる障害。21番目の染色体が3本になることから、21トリソミーと呼ばれることもある。ダウン症の人は、特有の顔つきで、身体各部に小奇形が見られ、知的障害を伴っている。

　クラインフェルター症候群：　女性染色体が1本多いXXYとなるものが主で、外見は男性であるが第2次性徴が遅れたり、あまり男性らしい体つきに発育しない。知的障害を伴うこともある。

　ターナー症候群：　性染色体がX1本しかないために、外見は女性であるが第2次性徴が発現せず、思春期の身体発育が見られないために低身長になる。知的障害を伴うこともある。

　フェニールケトン尿症：　通常に、たんぱく質を分解してアミノ酸を作る途中にフェニールアラニンという物質ができるのだが、これを分解してチロシンに変える酵素があるおかげで蓄積されることはない。しかし、この酵素が欠乏している場合、フェニールアラニンが蓄積して、脳の発達を妨げる危険性がある。この酵素不足のことをフェニールケトン尿症という。知的障害を起こす可能性もあるが、治療によって予防することができる。

　ハンチントン病：　常染色体優性遺伝病で、遺伝子が第4染色体上にあり（遺伝子座4p16.3）、中年期以降に発症する。大脳基底核の一部が変性し、さらに大脳皮質の神経細胞も侵される。発病初期には、自発性の減退、いらだちが出る。症状は、周囲から踊っているような付随運動（顔をゆがめる、手足を不規則に振る、体をよじりながら歩く）が起き（睡眠中には起きない）、自分の意志では止めることはできない。さらに、被害妄想や感情鈍麻、痴呆、抑うつ、興奮などの精神症状を伴う。特定疾患に指定される。治療は、ハロペリドールが有効だが、完治はしない。精神症状がひどくなると入院が必要。

ジェンセンはこのように遺伝と環境の相互作用説を唱えているが、そもそも遺伝と環境の概念自体が独立して成立しないために、人格の形成の説明として不十分といわざるを得ない。なぜなら遺伝子が機能するためには生きることのできる環境が必要であり、環境のみの生活はあり得なく、厳密な遺伝の概念規定には多くの困難が伴うためである。

3．事例から見る遺伝と環境

● アヴェロンの野生児

1789年11月19日、フランス南部のアヴェロンの森で当時推定11～12歳の裸の少年が猟師に捕らえられた。この少年は粗暴で、臆病で、落ち着かず、機会を見ては脱走しようとし、また自分の意にそむく人には噛みついたりもした。当時の大精神医学者で精神病者の解放運動をはじめて行ったピネル（Pinel, P.）は、この少年を単なる重度の精神遅滞児であると診断した。しかし、ピネルの教えを受けたことのある28歳の青年医師イタール（Itard, J. M. G.）は、少年が過ごしてきた生活の条件が要因であると考えた。少年の身体の無数の傷痕や、さすらいを求める強い欲望や、社会生活や習慣に対する嫌悪が見られることを指摘し、「この少年は教育も受けず人間の集団から離れて、1人で生活をしていたため重度の精神遅滞児のように見える」とイタールは主張した。そして彼はこの少年に5年間いろいろな訓練を試みた。

はじめはピストルの音にさえ振り向こうとしなかった少年が、ビクトールと自分に与えられた名前と、「いいえ」という言葉を聞き分け、その意味も理解できるようになった。しかしいくら訓練を受けても、少年は音声をなかなか出せず、母音と子音しか発音できず、文章の言葉は話せなかった。

話し言葉の訓練はあきらめ、イタールは文字を媒介としたコミュニケーションを試みた。鍵、はさみ、ハンマーなどの略画を壁にかけ、その下に実物を吊すという見本合わせ（matching）を試みた。少年は正しく実物をかけることができた。しかし略画を文字に代えると、実物との対応はできなかった。そこで、赤い円、青い三角、黒い四角の形を板に張りつけ、それぞれに打っ

た釘に、同形、同色の厚紙をかける訓練をさせた。

そうした線図形の弁別ができるようになると、次に2インチ四方の厚紙にアルファベットを1字ずつ印刷したものを用いて、文字の弁別にとりかかった。文字の弁別ができるようになると、牛乳（LAIT）という単語を教えるのに次のように教えてみた。朝牛乳をもらおうと待っている少年に、LAITと4文字を並べた板を見せ、イタールが牛乳のコップをとって飲む真似をして見せた。それから、板からはずした4文字を少年に与え、一方の手でそれを指さし、片方の指で牛乳の入った水差しを持った。少年が正しく4文字を並べた時に、牛乳を飲ませた。5、6回訓練をすると、自分から机の上に正しく並べられるようになった。このようにして、名詞、形容詞、動詞などの文字を若干表現できるようになった。またこの過程で、少年ははじめて涙を流すようになり、周囲の人の模倣をしたりと訓練の意図を超えて人間的な面が見られるようになったのだ。

イタールはこの少年に対する以上のような訓練や教育の結果を、当時の内務大臣に報告した。

● インドの狼少女（wolf-children）

野生児の報告はこの他にも多くあるが、1920年10月17日にインドのオオカミの洞窟で発見された2人の少女（年少のアマラと年長のカマラ）の例がある。彼女たちははじめ近所の人たちからジャングルに化け物がいて、人間みたいな手足を持つが、恐ろしい顔を持っているといわれ恐れられていた。

アマラは捕らえられた後すぐに死んでしまったが、カマラはインドの東部のミドナブールで孤児院を経営していたシング牧師（Singh, J. A. L.）夫妻に約9年間世話を受けた。この少女は、四つ足になって走ったり、吠え声をたてたり、食物をなめて食べたり、腐った肉を食べたりしていた。

人間の社会に戻された後、5年かかって両足で歩けるようになり、簡単な言語、たとえばシング夫人をマーと呼び、空腹や喉が渇くとブーブーといったり、ママいらっしゃいという意味のマーエロ、人形が箱の中にあるという意味のバグ・プー・フォーなどとしゃべったりした。しかし9年後にカマラも尿毒症のため死亡した。シング夫妻はこの少女に体系的な訓練はしなかっ

たが、この少女は徐々に人間らしさを獲得していったといえる。

　このような野生児の報告は、人間社会が歴史的に蓄積した文化の影響を受けないで外的環境下での成長のケースとして、人間の発達における文化的環境の影響の重要性を知ることができる。また1度身につけた動物の生活様式を、人間社会における人間の行動様式に変えることの困難さと、人間が他の動物と異なり、人間独自の特徴を持つことを強調できる。

　実はこの報告に対してこれまでに多くの疑問が出されている。第1に、獣と生活をともにした人間の子どもが獣の生活様式を持ったとされているが、そのようなことは実際に起こり得るのものだろうか。狼少女と呼ばれたこの子どもたちは、たとえば、自閉症児（ベッテルハイム〔Bettelheim, B.〕の指摘）や先にも述べたような精神遅滞児、あるいは何らかの理由で捨てられ食べ物を盗みながら生活してきた子どもではないか、という見解が挙げられているのだ。また、3、4カ月の乳児では母親の顔の識別ができ、愛着をオオカミに示すことは困難である。もし仮にオオカミが養育したとしても、オオカミは子どもが成長すると巣穴から追い出して独立させる習性があり、何年間も養育をすることはない。さらには、四足歩行をしていたとしても、人間の二足歩行の進化からいうと重心が脊椎骨にあるので、二足歩行よりも四足歩行のほうが速く走れるはずはない。報告者自身の売名行為や報告内容の誇張や虚偽が見られる、との指摘もある。ただし、内容の真偽を問わず、この報告が乳幼児期の養育に関する研究に大きな貢献をしていることは、間違いなく評価できるだろう。

●能力の発達における養育環境の意義

　藤永保（藤永他. 1987）は、約1年9カ月間、戸外の小屋に放置された後、救出された6歳児（F）と5歳児（G）の姉弟の例を次のように報告した。

　救出時には2人ともつかまり立ちしかできず、発語はなく、排泄のしつけもされておらず、姉弟が互いに関心を向け合うことがないなど、心身ともに遅れていて、Fは1歳半、Gは1歳レベルと診断される状態であった。母親は子どもを抱いて乳を飲ませた記憶はなく、「くえっ」といったような短い言葉以外は話したことはないといった。父親は板の間にころがされている2

人の汚れに耐えかね、時々バケツで水をかけて流すなど、劣悪な養育状態であった（これは適切な養育が欠ける状態で母性的養育の剥奪〔maternal deprivation〕といえる）。発見後、施設で保護をされてから1週間で歩き出し、保母に愛情を示し始めると言葉の発達が急激に加速され、感情表出面でも著しい変化が生じた。その後13年にわたる養護の過程で、施設職員や保母との交流や治療的な働きかけがなされ、徐々に社会的、情緒的、知的にも発達し、同じ年齢の子どもの成長に追いついた。報告書によれば、Fは高校3年生で学業とクラブ活動に専念していた。Gは中学時代には陸上競技に熱心に取り組み、マラソンで頑張り、体育局長に選ばれ、推薦で高校に入学していた。自信も芽生え、それをきっかけに成績も向上していった。

このことは、野生児が人間的な環境から隔離され、野生の習慣により人間の行動様式に変えることの困難や、人間の能力発達はある時期を越えると取り戻せないという臨界期があると考えられていたが、時間や労力はかかるが、適切な人間的な環境を与えることで、発達を取り戻せることを示唆しているといえるだろう。

スキールズ（Skeels, H. M.）らは、生後7カ月～30カ月のアメリカの孤児院の子ども25名のうち13名を、知的障害者施設の女子寮に「お客様」として移し、様子を観察した。女子寮の少女たちは、赤ん坊の側に絶えずくっつき、赤ん坊が起きている時には誰かが遊び相手になっていたという。赤ん坊が移された期間は6カ月～52カ月とさまざまであったが、女子寮に移ってから乳幼児の知能指数は著しく上昇していることがわかった。最高の者は58点も上昇しており、最低の者でも7点、13名中9名は20点以上の上昇であった。一方孤児院に残っていた12名は、1名を除いて全員知能指数が低下し、45点も低下した者がいた。さらにこの子どもたちの21年後のデータを見ると、知的障害者施設の女子寮で世話された経験を持つ13名全員が、自分のことは自分ででき、何らかの施設に収容された者は1人もいなかった。学歴は平均して高校課程を卒業した。また13名中11名が結婚し、うち9名が子どもを持った。一方、孤児院に残っていた12名では、半数が小学校3年生の課程さえ修了できず、5名は何らかの施設に入所していた。2名が結婚し

たが、そのうち1人は離婚した。

このように乳幼児に対して、絶えずかわいがる、声をかける、世話をするなどの応答性のある環境作りにより、知能の変化とともに、発達をも促進させるといえ、逆に応答性が低い環境では発達を促進することは難しいといえるだろう。

●引用・参考文献

ブルーナー，J. S.　鈴木祥蔵・佐藤三郎(訳)　教育の過程　岩波書店　1963

藤永保他　人間発達と初期環境　有斐閣　1987

ヘロン，H. & ミラー，G. A.　戸田壹子・新田倫義(訳)　心理学の認識：ミラーの心理学入門　白揚社　1986

イタール，E. M. & セガン，E. O.　大井清吉・松矢勝宏(訳)　イタール・セガン教育論　世界教育学選集　明治図書　1983

Jensen, A. R.　How mach can we boost IQ and scholastic achievement? Harverd Educational Review, 39, 1968, pp. 1-123.

村田孝次　教養の心理学　三訂版　培風館　1983

大山正(編)　心理学の基礎　大日本図書　1974

リーバート，R. M.，パウロス，R. W. & マーマー，G. S.　村田孝次(訳)　発達心理学　上巻　新曜社　1984

スキールズ，H. M.　乳幼児期に対照的な生活経験をした子どもの成人後の状態：追跡研究　1966. (Skeels, H. M.　Adult status of children with cintrasting early life experiences: A follow-up study.　Mongr. Soci. Res. Child Developm., 31, Whole No. 105, 1966.)

シング，J. A. L.　中野善達・清水知子(訳)　狼に育てられた子：カマラとアマラの養育日記　福村出版　1977

梅本堯夫・大山正(編著)　心理学への招待：心の科学を知る　新心理学ライブラリー 1　サイエンス社　1993

内山喜久雄　知能　新福尚武(編)　講談社精神医学事典　講談社　1984

ジング，R. M.　中野善達・福田廣(訳)　野生児の世界：35例の検討　福村出版　1979

第4章

愛着の発達

　乳幼児は養育者との関係性の中で成長していくものであり、決して1人で育つようなことはない。乳幼児と養育者におけるコミュニケーションが重要であることは周知の事実であろう。しかしながら、身体的な接触や情緒的なコミュニケーションが子どもの心理的な安定にどのような影響を及ぼすのかについては、考えられる機会も少ないのではないだろうか。
　ここでは、動物を使った実験や、子どものさまざまな養育状況から、子どもがどのように育っていくのかを見ていくことにする。養育環境の条件を変えていくことで、子どもへの影響がどれほど変わるのかを考えたい。

1. 動物の愛着実験

　動物の情動に関する実験を行うことは非常に難しいとされていたが、ハーロー（Harlow, H. F.）は赤毛ザルを用いて以下のような実験を行い、動物の愛情について説明した。ハーローは生後6〜12時間のサルの赤ん坊を4匹ずつAとBの飼育部屋に入れ、各部屋にはそれぞれ2つの代理母親（mother surrogate）を置いた。代理母親の一方は、木をゴムスポンジで覆いその上から木綿の厚いタオルで包み、後ろから電球の熱が与えられた柔らかくて暖かい布で作られており、もう一方はむきだしになった針金で作られていた。Aの飼育部屋では、布の代理母親に哺乳ビンをつけていて、針金の代理母親は哺乳ビンをつけていなかった。Bの飼育部屋では、逆に針金の代理母親に哺乳ビンをつけていた。図4-1は針金と布の代理母親の写真である。AとBどちらの飼育部屋のサルの赤ん坊も、それぞれの代理母親からミルクを飲んでいたが、どのようにして時間を過ごしていたのかを調べると、両条件とも

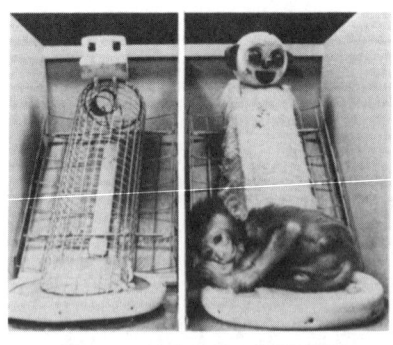

図4-1　針金と布の代理母親

図4-2　代理母親不在時での開放室での反応

に布の代理母親に抱きついている時間が針金の代理母親と過ごす時間の約10倍であったのだ。165日この様子を調べていたが、やはりサルの赤ん坊は布の代理母親と過ごす時間が多かった。このことは親が子どもに心地良い身体的な接触を与えることの重要性を示しているといえるだろう。

また、開放された6×6×6フィートの飼育部屋に動くクマのおもちゃを入れた場合、子ザルは布の代理母親にしがみついて怖がっていたことが発見された。しかし、布の代理母親がいない場合は、図4-2に示すようにうずくまり、声を出したり、体を揺すって怖がっていた。心地良い触れ合いは、情動の発達においても影響が出てくると理解できるだろう。

2. 愛着研究の歴史

●アナクリティック・ディプレッション

スピッツ（Spitz, R.）は、母親から引き離された6カ月から12カ月の乳児を観察してその影響を研究した。母親と離され乳児らは、徐々に泣きやすくなり、気難しくなり、体重が減少し、睡眠障害が起きるなどさまざまな異変が見られた。分離から3カ月以上経つと、周囲への状況に対する反応が減退し、もはや泣いたり叫んだりしなくなり、運動が緩慢になり、うつろな目つきをし、無表情になってくることが確認された。スピッツは乳児のこのよう

な反応性の減退した状態をアナクリティック・ディプレッション（anaclitic depression：委託抑うつ）と名づけた。

　これは、満6カ月から9カ月頃までに母親と幸福な人間関係を保っていた乳児が突然母親から離され、しかも母親代わりの人物が与えられなかった場合に生じるのである。母性的養育を失う前に、少なくとも6カ月以上良い母子関係にあった乳児のみがこの種の抑うつ状態に陥るのだが、母性的養育の再獲得があると比較的すみやかに抑うつが解消するようだ。また、アナクリティック・ディプレッションは、成人のうつ病者における、抑うつ気分、人への無関心、食欲不振、不眠症状などと多くの類似点が見られるのである。

● ホスピタリズム

　アナクリティック・ディプレッションに対して、誕生後から母性的な養育を与えられなかった乳児は、ホスピタリズム（hospitalism）と呼ばれるより重篤な問題を懸念された。ホスピタリズムとは、乳児院に収容された子どもらは、死亡率が高く、心身ともに発達が遅れる傾向があることを指摘した用語である。当初、この原因は医学上の管理不足にあると考えられていたが、スピッツらにより、初期の母子関係の欠如から生じていることが理解された（施設入所が問題であるかのような誤解を与えやすいので、現在はホスピタリズムと呼ばれることは少なくなり、これらの問題については次に述べる母性的養育の剥奪と考えられるようになった）。

● ボウルビィの研究

　以上のような身体的接触や安定した母子関係の結びつきが心身の発達においていかに重要であるのかを示した研究は、ボウルビィ（Bowlby, J.）らの母性的養育の剥奪と愛着の研究へと発展していった。ボウルビィは、WHOの要請を受け「母性的養育の剥奪（maternal deprivation）」という考えから、母親から離された乳幼児の心身の反応とその影響に関する研究をまとめて『乳幼児の精神衛生（*Mental Care and Mental Health*）』を1951年に刊行した。これは、①1930年代から現れたホスピタリズム、里家（foster home）、養子、孤児院などにおける乳幼児の精神衛生とその発達を調べた直接観察、②心理的な問題を持った青年や成人についてその幼児期の生活史を調べる回顧的研究、

③幼児期の喪失体験によって悪影響を受けたと思われる子どもの生活を調べる追跡的研究などから、心身の発達への影響などを調べたものであった。この報告によって、親子の情緒的接触が重要視され、劣悪な施設や病院などの改善がはかられるようになったのだ。

1970年代にボウルビィは、乳幼児と養育者における持続的な温かい関係から生じる絆のことを愛着（attachment）という概念で説明した。愛着は、安全、安心、保護への欲求に基づいているため、未熟で脆弱な乳幼児期の子どもは、本能的に自分の養育者に対して愛着を持ちやすいのである。不安や苦痛を除いて欲しいと訴える乳幼児に対して、養育者がそれに応えてやることで乳幼児に安心感が得られ、しだいに愛着は形成されていく。愛着は両者の相互作用から生まれるものであるため、母子がともにいる時間の長さに比べて、ともに行った活動量のほうが大きな影響力を持つといわれている。

愛着は、子どもと養育者の間の情動的な調子（emotional tone）と定義されており、養育者へのすがりつき、吸啜、叫喚、喃語、呼びかけ、身体的接触と追随などの行動で示されている。生後1カ月までにこのような行動を示すようになり、求める相手を自らに引きつけるようになる。なお、結びつき（bonding）という語は、母親の子どもに対する感情と関連しており、愛着とは異なる現象である。

ボウルビィは愛着行動の根拠をダーウィンの進化論やローレンツ（Lorenz, K.）の提唱した刷り込み（imprinting）の研究（小ガモは生後数時間内にはじめて見たものを親と見なして後追いなどをする）に求めており、愛着を適応上の行動と考えて、進化のプロセスを通して人間の赤ちゃんも特定の個人を求めていくとした。

● 分離への反応

ボウルビィは3カ月以上母親から分離された子どもにおいて予測できる一連の行動を次のように説明している。

母親から分離された子どもは泣き叫び、母親を呼び求め、失った母親を探すなど、分離されたことに抗議（protest）をする。どれだけ抗議をしても母親が戻ってこないと、その望みを失ってしまったかのように絶望（despair）

をする。絶望のまま母親が戻ってこない状態が続く場合には、母親からの脱愛着（detachment）が生じて、子どもは母親をあきらめ、情緒的に自分自身を母親から分離し、別の人が親切にしてくれるとその人になつくようになる。脱愛着になると、子どもは戻ってきた母親に対して無関心を装い、あたかも「よそのおばちゃん」であるかの認識を示す。この過程には母親に対する両価的（アンビバレント）な感情が含まれているため、本心では母親を求めていながらも、母親が自分を捨てたことに怒っていたり、母親が再びどこかへいってしまうのではないかと恐れていたりするのだ。

● ボウルビィ以後の愛着研究

エインズワース（Ainsworth, M. D. S.）はボウルビィの観察を発展させ、愛着を形成する時期の養育者と子どもの相互交渉が、子どもの現在と将来の行動に影響を及ぼすことを示した。彼の研究によれば、養育者が一緒にいると子どもに探索行動が現れて愛着は抑えられるのだが、対照的に、養育者がいない時には好奇心が極度に抑えられ愛着行動は強められたのであった。このことからエインズワースは、愛着が不安を減じる作用を持つことを確認し、養育者が安全基地（secure base）になることで子どもの探索的な行動を促すことが理解された。なお、ウィニコット（Winnicott, D.）は移行対象（transitional object）という考えを提唱しており、子どもはぬいぐるみや毛布などの無生物対象を抱いて安心し、それらを安全基地として機能させながら探索行動をとることを指摘した。

3. 愛着の発達と分類

● 愛着の発達

第1段階は、誕生から生後8週〜12週の間で、前愛着段階（preattachment stage）と呼ばれる。新生児は母親のいる方向を見定め、180度以上の視野で母親を目で追い、母親の声のする方向を見て、母親の声に合わせて律動的に動く。1カ月からは母親との見つめ合いが起き、2カ月では母親と一緒にいる時にバブリングが見られるようになる。また見知らぬ状況下で母親にしが

みつく反応が増える。

　第2段階は、生後8週〜12週から6カ月の間で、発達中の愛着 (attachment in the making) と呼ばれる。この時期は周囲にいる1人かそれ以上の人に愛着を持つようになる。母親の声を聞けば落ち着き、抱き上げてもらうことを見越した姿勢をとり、母親への選択性が高まるようになる。

　第3段階は生後6カ月から24カ月で、明確な愛着 (clear-cut attachment) と呼ばれる。この時期は母親から離れた時に泣くか、他の苦痛信号を示す。しかしながら母親のところに戻ったり、時には母親を見るだけでも泣き止むことができる。母親と喃語をまねるかかわりをし、首を振って「イヤイヤ」をし、見た物を後でまねる延滞模倣や、ごっこ遊びなどの象徴的な遊びをするようになる。

　生後6カ月頃から乳児は養育者と見知らぬ人の区別をし始め、8カ月頃から人見知りが生じるようになり、見知らぬ人を回避する傾向が見られるようになる。見知らぬ人を怖がるという行動の背景には、養育者を愛着対象と認知していることが示されている。

　第4段階は生後25カ月以上で、母親との情緒的な結びつきが増して関係性が著しく成長をする。慣れたところで、後から母親が戻ってくることの保証が与えられると母親との分離に対して不安を示さずに耐えることができ、人見知りが減弱し、他者と協調して遊ぶこともできるようになるのだ。

◆ 愛着の質の測定

　愛着対象への接近は、不安や恐れ、緊張というストレスがある場面で顕著に現れる。エインズワースらは、9カ月から18カ月の乳幼児が養育者に対して形成している愛着の質を測定するためにストレンジ・シチュエーション法 (strange situation procedure) を開発した。これは、実験室場面という状況の新奇性、見知らぬ人の同室、母親からの分離、1人ではじめての場面に置かれるという一連のストレスを操作的に乳児に与え、愛着対象への愛着行動を引き起こそうとするものである。表4-1はその条件場面を表すエピソードを示す。

表4-1 ストレンジ・シチュエーション法のエピソード（Ainsworth & Wittig, 1969　高橋他, 1993）

エピソード	登場人物	所要時間	状況の概要
1	母・子・実験者	30秒	実験者が母子を実験室へ導入し退出する
2	母・子	3分	母は子に働きかけない。子は探索的に活動する
3	ストレンジャー・母・子	3分	ストレンジャーが入室し、最初の1分はだまっている。次の1分は母と話す。残り1分は子に働きかける。最後に母にそっと退出してもらう
4	ストレンジャー・子	3分あるいはそれ以下[1]	1回目の母との分離場面。ストレンジャーは子に合わせて行動する
5	母・子	3分あるいはそれ以上[2]	最初の母との再会場面。母は子に働きかけなぐさめる。それから再び遊ばせようとする。バイバイといって母は退出する
6	子	3分あるいはそれ以下[1]	2回目の母との分離場面
7	ストレンジャー・子	3分あるいはそれ以下[1]	ストレンジャーが入室し、子に合わせて働きかける
8	母・子	3分	2回目の母との再会場面。母が入室し、子に働きかけ抱き上げる。ストレンジャーはそっと退出する

注) 1) 子がひどく泣いたりした場合には短くする。
　　2) 子が再び遊びはじめるのに時間がかかる場合には延長する。
　＊ストレンジャーとは、この実験場面で乳児がはじめて会った見知らぬ女性である。

● 愛着の質の分類

　ストレンジ・シチュエーション法における母親との分離、再会エピソードでの子どもの行動に基づき、愛着の質は次のように分類される。
　① 安定型愛着：　はじめての場面であるにもかかわらず、母親がいることで安心し、活発に探索を行う。ところが、母親がいなくなると、ぐったりして泣き出し、探索が低下して母親を求める行動を盛んに示す。母親が戻っ

てくるとうれしそうに迎え、また活発な探索や遊びを再開する。

　②　不安定―回避型愛着：　母親が部屋を出ていってもぐずらず、また母親が戻ってきてもうれしそうな様子を示さず、母親の存在に対して無関心である。また、母親が接近や接触を求めるとそれを回避する。

　③　不安定―抵抗／両価的愛着：　母親に対する両価的（アンビバレント）な行動をとる。母親との分離に強い不安を示し、再会後に接近や接触を求めるが、機嫌がなかなか治らず、探索への回復が見られない。また、母親をたたく、ける、なぐる、押すなど、怒りを伴った反抗を激しく示す。

　④　非体制型／無方向型の不安定型愛着：　①から③のどれにも適合しないグループとして分類される。愛着行動を示した後に、突然回避したり、動きに方向性がなく、親がいる時だけ理由もなくつまずく、スローモーションの動作、突然に脅えた様子を見せるなどの行動が見られる。

　①は安定した（secure）愛着を形成している子どもであるが、他のグループは愛着が不安定（insecure）である。安定した愛着を持っているということは、愛着対象が利用可能であるということ、つまり養育者が子どもの接近性を求める気持ちに敏感にかつ強い意図を持って応答していることになる。また、愛着システムが非常に活性化される時、慰めや安心感への欲求にも同じように応答してくれるだろうという確信を持っているのである。一方、不安定な愛着を形成している子どもは、養育者の応答に対して不安を持っている。愛着対象である養育者が子どもの心の状態をどのように感じ、適切な応答をしているかどうかが愛着の質の分類の鍵を握るが、これは乳児の気質との相互作用であることも忘れてはならない。

4．愛着の欠如における影響

● 母性的養育の剥奪

　ボウルビィは、乳幼児と母親ら養育者との人間関係が親密でしかも継続的であることが、乳幼児の発達の基礎と考えた。この関係が欠けている状態を、彼は母性的養育の剥奪と呼んだ。この問題は、①情緒面としては、温和な雰

囲気に欠け、強い肯定的・否定的感情が与えられない、②社会面としては、養育者からの温かな養護、いわゆるマザーリング（mothering）の量や質、継続性が劣る、一般的な社会的刺激も少ない、③感覚面では、視覚・聴覚などの刺激が少ない、などの状態から起きやすくなっている。

● 初期の母子分離の影響

ヤロウ（Yarrow, L.）らは、乳児期における子どものマザーリングと10歳時の子どもの性格と社会的な特徴との関係を調べるために、53人の養子を対象に、10年間の追跡調査をした。

次のような3つのグループに分けて比較をして調査を実施した。病院から直接養家にいき、母親との分離を経験しなかった子どもたち。一時養母に預けられ、それから生後6カ月以前に養家にいった子どもたち。生後6カ月たった後に、養母から分離され新しい養家に移った子どもたち。結果は、10歳の時には、早期に分離を受けなかったグループと分離を受けたグループとの間には、対人的および社会的適応に差がなかった。しかし対照的なのは、生後6カ月を過ぎて最初の養母から分離を受けたグループの子どもは、10歳の時には、さまざまなレベルで人との関係を形成する能力が著しく低かった。このことから、生後6カ月までは愛着が形成されているとはいいにくいが、それ以後はきわめて重要になるといえるだろう。

● 分離不安障害

1歳未満の乳児期には、人見知り不安が正常な発達段階として現れる。これは進化の過程で生存上の意味から形成されたものである。また、入園や入学した子どもがいくらかの分離不安を示すことも正常であるといえる。しかしながら、愛着対象からの分離状況において、不適切で過剰な不安が生じる場合、DSM-Ⅳ-TRの診断基準では次のうち、3つ以上の項目で該当すれば分離不安障害（separation anxiety disorder）と考えられる。

① 家庭または愛着を持っている重要人物からの分離が起きる、または予測される場合の反復的で過剰な苦痛。

② 愛着を持っている重要人物を失う、またはその人に危険が降りかかるかもしれないという持続的で過剰な心配。

③　厄介な出来事によって、愛着を持っている重要人物から引き離されるのではないかという持続的で過剰な心配（迷子になる、誘拐されるなど）。

④　分離に対する恐怖のために、学校やその他の場所へいくことについての持続的な抵抗または拒否。

⑤　1人で、または愛着を持っている重要人物がいないで家にいること、またはその他の状況で頼りにしている大人がいないことに対する持続的で過剰な恐怖または抵抗。

⑥　愛着を持っている重要人物が側にいないで寝たり、家を離れて寝ることに対する持続的な抵抗または拒否。

⑦　分離を主題とした悪夢の繰り返し。

⑧　愛着を持っている重要な人物から引き離される、または分離が起きる、または予測される場合の、反復する身体症状の訴え（頭痛、腹痛、嘔吐等）。

アメリカでは分離不安障害は、小児期青年期早期で4％の有病率とされる。男女差はなく、多くは7～8歳に発症する。また、他人から観察されることを恐れ、社会的交流に対して顕著な不安と回避を示す子どもは社会恐怖 (social phobia) とされる。不安が分離に向けられていることが重要であるが、広汎性発達障害や統合失調症などはこの疾患の結果生じたものといえ、パニック障害などはパニック発作によって無力になることの恐怖であり、うつ病性障害で分離不安障害の基準を満たす場合、2つの病名が併存することになる。

●引用・参考文献

Ainsworth, M. D. S. & Wittig, B. A.　Attachment and exploratory behavior of one-year-olds in a strange situation. In B. M. Foss (Ed.)　Determinants of infant behavior.　Vol. 4. London: Methuen.　1969　pp. 111-136.

ボウルビィ, J.　黒田実朗(訳)　乳幼児の精神衛生　岩崎学術出版社　1976

ハーロー, H. F. & メアーズ, C.　梶田正巳・酒井亮爾・中野靖彦(訳)　ヒューマンモデル　黎明書房　1985

ヒルガード, E. R.(編)　成瀬悟策(監訳)　アメリカ心理学史　誠信書房　1983

リバート, R. M., パウロス, R. W. & マーマー, G. S.　村田孝次(訳)　発達心

理学　下巻　新曜社　1981
小此木啓吾・深津千賀子・大野裕(編)　改訂　心の臨床家のための精神医学ハンドブック　創元社　2005
サドック, B. J. & サドック, V. A.　井上令一・四宮滋子(監訳)　カプラン臨床精神医学テキスト：DSM-Ⅳ-TR 診断基準の臨床への展開　第2版　メディカル・サイエンス・インターナショナル　2004
高橋道子・藤崎眞千子・仲真紀子・野田幸江　子どもの発達心理学　新曜社　1993
大山正(編)　心理学の基礎　大日本図書　1974
プライアー, V. & グライサー, D.　加藤和生(監訳)　愛着と愛着障害　北大路書房　2008

第5章

言葉の発達

　人間はさまざまな知識を身につけながら環境に適応していき、よりよく生きようとする。そして、集団生活を営む人間がよりよく生きるためには、他者とのコミュニケーションが欠かせないはずである。多くの場合、他者とのコミュニケーションは言語によってなされるが、身ぶり、視線、他者との距離のとり方など、非言語的になされることもある。まずは、言語、非言語を問わず、いかにして言葉というものが成り立っているのかを紹介する。

　また、コミュニケーションの手段以外にも、何かを考える時や、行動を起こす時、それを止める時にも言葉を用いることがある。さらには言葉が出ない、あるいは出せないという時もあるだろう。言葉について基本的な視点から考えていきたいと思う。

1. 言語の機能

　言語の機能は主として、①伝達機能、②概念形成の機能、③行動調整機能の3つが考えられている。

● 伝達機能──動物と人間の比較から

　人間は頭で考えたことや心に感じたことを伝え合ったり、外部から取り入れた情報を交換する時などに、話したり聞いたりして、分かち合って理解し合う。他者に自分の感情やいろいろな情報を正確に伝達しようとする場合、言葉を使用するのが1番だとされている。言葉を使用するコミュニケーションの方法は、他の動物と比較して人間の最大の特徴として挙げられる。

　フリッシュ（Frisch, K. von）は、ミツバチの巣箱の外壁の一部をガラス張りにしてミツバチの行動を観察した。この観察から、ミツバチは戸外で蜜を貯

えた花の群落を見つけた後、蜜を吸って巣箱に戻り仲間にその蜜のある場所を正確に伝達できることを発見したのだ。彼は蜜の在り処の伝達方法を次のように説明した。

① ミツバチは巣箱に帰ると、巣箱内にある巣板の上で垂直方向に8の字を書くようにダンスする。ダンスをするミツバチが向いている方向と、垂直線とのなす角の大きさは、巣箱と太陽を結んだ直線と巣箱と蜜源を結んだ直線のなす角度と一致するので、どの方向に蜜源があるのかを示していることになる。

② 蜜源が近いほどダンスの回転数は早くなるので、箱から蜜源までの距離も伝達される。

③ 自分の体に付着した花粉によって、蜜源の花がどのような種類のものであるかを伝達する。そのため、蜜源に向かって飛んでいる仲間が、道中で他の種類の花に出会ってもその蜜を吸おうとはしない。

このようにしてミツバチは音声を用いずに、ある種類の蜜がどの方向でどれだけの距離のところにあるのかということを、仲間に伝達することができる。ミツバチには高度な言語性があるといえるが、その行動は蜜源についての情報伝達に限定されており、遺伝的に規定されているため他の情報伝達へ変更はできない。

その他にも精巧なコミュニケーションを持った動物は多くいるが、動物と人間のコミュニケーションと比べると決定的に次のような違いが挙げられよう。

① 動物のコミュニケーションは本能的に定められており、経験や学習によって伝達内容を変更したり修正したりすることができない。

② 動物のコミュニケーションは種族保存や生命の維持のために行われる。たとえばミツバチは蜜のある場所を知らせることに限定され、人間のようにつまらない情報から何か伝達できるわけではない。

③ 動物のコミュニケーションにはお互いに伝え合うという関係が少なく、ほとんど一方通行のものである。そのため、互いに学び合い、さらに活かしていくというものではない。

● 概念形成の機能

　言葉によるコミュニケーションをスムーズに行うためには、言葉の意味を正確に理解できなければならない。たとえば、われわれは全く馴染みのない外国の言葉に出会った時、それぞれの言葉がどのような意味を持つのかを理解しようとするだろう。つまり、記号の解読（decode）を行おうとする。一方でわれわれの言葉に馴染みのない相手にいいたいことを伝えるには、こちらの示そうとする言葉を理解してもらう必要がある。つまり相手に記号を理解させるための記号化（encode）をしなければならない。記号を解読することは記号を概念に変えることであり、記号化することは概念を記号に変えることといえるだろう。言葉を理解するにしても、理解させるにしても、まずはそのもとになる概念を獲得することがコミュニケーションの始まりとなるのだ。

　概念を形成する基礎には、表象（representation）と象徴（symbol）が必要とされる。表象は外界の事象や対象などを心の中に内在化させること、つまりは心の中のイメージとして置き換えることである。象徴は、人の心の中に内在化された表象を何らかの形で外界に表すことである。言葉、記号、動作などがこれにあたる。たとえば、小さな子どもが泥水をコーヒーに見立てておままごとをするのは、コーヒーの表象を泥水に置き換えるという象徴機能（symbolic function）を持っているからである。言語記号によって表現される表象は、後で説明する「象徴的表象（symbolic representation）」といい、象徴機能と同じ意味にあたる。

　ブルーナー（Brunner, J. S.）は表象の機能を個体発生の順序に、①行為的（enactive）、②映像的（iconic）、③象徴的（symbolic）の３つの段階にわけた。

　①　行為的表象：　もっとも原初的な表象であり、外界についての経験を表象するのに、自己の習慣的な行為のパターンとして知っていることである。たとえば、ビンのふたの開け方を、手の動かし方として覚えているようなことである。

　②　映像的表象：　行為ではなく映像やイメージによって思い浮かべる表象。たとえば、ネコをイラストや絵本でなどの視覚的な描写から知ることで

ある。これは、具体的な性質の知覚に依存しているため、事象の表面的な特徴だけを取り扱うことになる。

③ 象徴的表象： ある事象をそれとは全く別個に表すため、前者に比べて非常に高度で抽象的な表象である。言語記号がその代表的なものだといえるだろう。たとえば、「ネコ」という言葉は、それを表す単なる記号にすぎず、行為的にも映像的にも実物との間に共通性や類似性を持っておらず任意関係にある。このような記号が体系をなすことによって、事象や対象のすべてをもっとも組織的かつ効率よく表示することができるのである。

表象の機能は、以上の①から③の順序で新しい手段が段階的に獲得されていく。これらの表象はそれぞれ独自性を持ちながら互いに関連し合っており、2つの表象の間の葛藤が認知的成長を促進する役割を果たすこともあるのだ。

人は相手に何かを理解してもらおうとする時、高度な思考活動を行い論理的な概念を生み出そうとする。そのためには、ここで説明した表象や象徴の機能は欠かせないものになってくる。論理的な概念は言葉によって抽象化されることになるが、その過程において重要なのはメッセージの発信者がいったい何を伝えたいのか、明確にその概念を形成させることである。概念とコミュニケーションは相互に深く影響し合っている関係にあるといえるだろう。

● 行動調整機能

人間は自分の行動を調整するために意識的に言葉を用いる場合がある。たとえば、われわれ人間はジャンプする時に「いち、に、さん」といったり、ブツブツとひとりごとをいいながら物事を考えたりして行動に移る。このような例の他にも、複雑な状況や情報の整理を言語機能が助けていることは多くあり得るだろう。思考活動がより適切な行動調整を行うためには、言語機能からの影響を考えなければならない。この関連について重要な見解を示したのがヴィゴツキー（Vygotsky, L. S.）とルリア（Luria, A. R.）であるが、ここではルリアの研究から説明することにする。

① 言語による行動解発機能と行動抑制機能： 1歳半の子どもに、「お手手をたたいて」という言語命令をすると、容易にその行動を起こす。しかし、靴下を履こうとしている1歳8カ月～2歳0カ月の子どもに、言語命令

で脱ぐようにいうと、言語教示によって始められた行為（靴下を履く）を変えるどころか、かえって履く行為を強めることになる。この発達段階の子どもは、行為が優勢なので、大人のように行動解発機能を獲得はしていても行動抑制機能はまだ成立していないといえる。

　単純な言語教示に反応できても、「ランプがついたらボールを押すように」という高次の言語教示に対しては、2歳児の反応は混乱したものになる。図5-1のように、言語教示によって統制されていない運動が、ランプの消えている間にも不規則的で頻繁に生じている。つまり教示の効果がランプの点灯とは無関係に起きてしまっているのだ。しかもランプの点灯を信号として理解していないために、抑制的に作用して反応の停止を引き起こすこともあった。この時期の子どもには、未来の刺激（ランプがついたら）の言語的シンボルと、未来の応答運動（ボールを押す）の言語的シンボルとを結びつけることの難しさが理解された。

　②　言語による自己行動調整機能：　3～3歳半のとくに幼稚園で言語の訓練を受けていた子どもの場合、ランプがつく度に「ひとつ」あるいは《tu》といって同時にボールを押しなさいと教示すると、図5-2のように正しく反応することができた。このことは言語的応答が運動的応答よりも優勢になってきていることを明らかにしており、運動反応が言語反応によって統制および調整される可能性をも示している。そのため、「ひとつ」という言

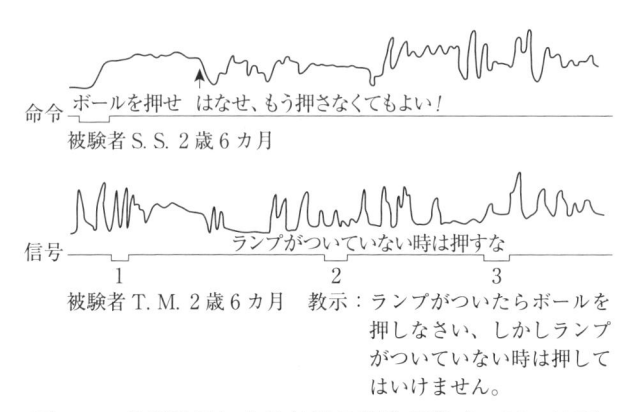

命令　ボールを押せ　はなせ、もう押さなくてもよい！
被験者 S. S. 2歳6カ月

信号　　　　　　　　ランプがついていない時は押すな
　　　　1　　　　　2　　　　　3
被験者 T. M. 2歳6カ月　教示：ランプがついたらボールを押しなさい、しかしランプがついていない時は押してはいけません。

図 5-1　言語教示による幼児の運動反応（ルリヤ, 1969）

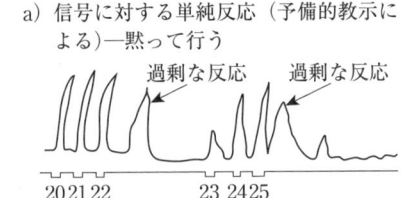

a) 信号に対する単純反応（予備的教示による）―黙って行う

b) 上と同じ―「ひとつ」という言葉を伴わせて行う

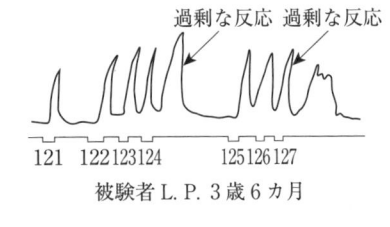

c) 上と同じ―再び黙って行う

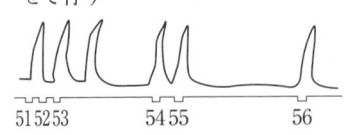

被験者 L. P. 3歳6カ月

図5-2 子どもの補足的言語応答の助けによる運動反応の調整（ルリヤ，1969）

語反応を伴わせないと正しい運動反応がとれなくなってしまう。また、言語反応による行動調整の課題をさらに複雑にすると3歳児では行動調整ができなくなる。たとえば、「ランプがついたら2回ボールを押しなさい」という課題は解決できなかった。これには「2」という数についての概念を持たないことが関係しているので、代わりに「ひとつ、ふたつ」という言語反応を用いると正しい運動反応をすることができた。しかしこの場合も再び「2」に置き換えてしまうと、言語の意味面が作用しなくなり正しい運動反応がとれなくなった。以上のようなルリヤの研究から、3歳をすぎた子どもは言語の自己行動調整が言語―意味的面へと移行するようになり、複雑な働きは望めないものの言葉が行動の組織化をもたらすようになることが理解された。

2. 非言語的コミュニケーション

言語的コミュニケーション（verbal communication：VC）と非言語的コミュニケーション（nonverbal communication：NVC）の区別では、シンボルとして言語を用いるか否かという考えがあるが、非言語的コミュニケーションの定義は多様なため機能面からすると有効なわけ方とはいえない。

エクマンとフリーセン（Ekman, P. & Friesen, W. V.）は非言語的なコミュニ

ケーションの起源、用法と記号化の特徴から次のような分類を試みている。

① 対象固有的（intrinsic）記号化： 記号によって伝えようとする指示物（referent）と記号との距離がもっとも短く、極端な場合には記号は指示物そのものである。人差し指で「これ」というように欲しい物を指す、相手の肩を軽くたたいて「元気を出してね」と示すなどである。

② 映像的（iconic）記号化： 指示物のある側面をそのまま生かすものであり、記号と指示物は近似している。たとえば、絵画や写真、両手をクロスさせダメの合図をするなどである。

③ 恣意的（arbitrary）記号化： 指示物と記号は何ら近似することなく、距離は最大である。言葉は、それが示す指示物自体とは何ら近似した形態をなしていない。たとえば親指を立ててグッドを意味させること、野球のブロックサインなどである。これらの記号化は言語まで拡張でき、対人的コミュニケーション全般までに適応できる。

● **準言語的（paralanguage）コミュニケーション**

言語的コミュニケーションに随伴する側面として、音響的、音声的な特性や時系列的パターンの形成的属性の果たす役割も大きい。たとえば、マール（Mahl, G. F.）によると、発語の乱れ（言い誤り、不自然な繰り返し、文脈には関連性のない音声、文章の修正、吃音、間投詞が多くなるなど）は感情的な動揺を示すという。これは日常経験からも理解することができる。緊張場面を振り返ってみると、その時に話された言葉の意味だけでなく、上記に示した動揺などで相手の心境を察することが可能ではないだろうか。

● **視 線 活 動**

多くのメッセージは視覚情報として入ってくる。ケンドン（Kendon, A.）によると、視線活動は相手に注意を向け、伝達する用意のあることを知らせる働きを持っている。恋人同士が目を見つめ合う、詐欺師がていねいにしかも真剣に相手を見るなどがこれにあたる。さらに、視線活動は感情表出を中心とする対人的態度の表出（対人関係における接近や回避などの感情表現）、自分の働きかけに対するフィードバックを求めることを含む情報収集、そして会話の流れを調整する機能を挙げている。たとえば、つまらない話をされて視線

を外す時や、怒りを表す時にじっと見つめるなどである。

● パーソナル・スペース

われわれは相手によって適切な物理的距離をとる。たとえば、恋人同士では肩が触れ合う程度にくっついているが、嫌な人や緊張する人の場合には物理的に距離をとって近づこうとしない。ホール（Hall, E. T.）は対人間の距離を次のような4段階にわけている。

① 密接距離： 相手の存在が明確にとらえられ、密度の濃い接触が可能で、0～45cmぐらい。これは体温や体臭が感じられる距離である。

② 個体距離： 相手を視覚的にとらえ、比較的容易に接触できる距離。また他者との間に一般的にとられる距離（なわばりともいえる）で、45～120cmぐらいである。

③ 社会距離： 仕事上のコミュニケーションに伴う距離で、120～360cmぐらいである。

④ 公衆距離： 相手との関与は低く、大学で講義や演説などでの距離で、360～750cm以上である。

ホールによると、日本人は基本的に接触を好まず、「間」を重視し、空間の中央を特別視しているというが、性格や男女によってその基準は異なることもある。

3. 乳幼児期の言葉の発達

● 発語までのプロセス

言葉を発する生後1年までの間に3つの段階があるといわれる。

① 生後10～12週では呼吸と一緒に「ゴロゴロ」という音声を発している。これはクーイング（cooing）といわれる。1カ月頃から、「バアバアバ」などという喃語（babbling）を楽しそうに発し、発語器官の運動と感覚の繰り返しを持った発声遊びとなる。3カ月頃になると、喃語が単なる発声ではなく母親に何かを訴えるような「社会的な喃語」となる。この頃には母親などが乳児の微笑みや発声に、また乳児が母親からの話しかけや微笑みに相互に

タイミングよく応答するので社会的であるといえる。4カ月前後になると、喃語が子音と母音に分化してくる。

② 生後6～7カ月頃からは「バ (ba)、バ (ba)、バ (ba)」など母音と子音の構成がはっきりし、しかもリズムよく発せられる基準喃語（canonical babbling）が見られる。

③ 発声を繰り返し、咽喉と口腔の構造が変化して、母音や子音、鼻音、舌音などの多様な音が出るようになる。これによって生後8カ月から満1年頃にはジャルゴン（jargoning：自分だけの言葉で、たんに単語だけでなく文章的なしゃべり）が現れる。「ムニャムニャ」と何をいっているかわかりにくいものの、母語にある音節や単語の特徴を備えているため言葉を話して何らかのコミュニケーションをとっているように見える。

発語の初期には、ある言葉が特定の意味を持つのではなく過度に拡張されて用いられやすい。また、はじめて見た名前の知らない対象を自分の言葉で呼ぶという「般用（generalization）」が起きる。これは、外界を知覚し学習する時に、類推（analogy）によって新しい情報を既知の情報に関連づけて導入する傾向を持っていることを示している。岡本はN児が「ニャンニャン」という語が記号として成立し、般用され、限定されていく過程を表5-1のように示した。第3段階で「ニャンニャン」が特定の対象に結びつけられるようになった後に、第4段階では「ニャンニャン」が四足獣一般と毛の材質というの2つの共通の特徴に基づいて汎用されてくる。「ニャンニャン」でいろいろなものをいい表していたのが、第5段階ではスピッツの毛の材質的類同性だけに使われて使用範囲が縮小される。共通特性を持つさまざまな対象に「ニャンニャン」を汎用した経験が繰り返され、しだいに自分の音声で外界を表現する手段との代表的対応関係を発見したといえる。

表5-2はアメリカの子どもの言葉の発達を示したものである。新生児は号泣するだけであるが、生後8週目になり、喉を鳴らしたり、声として発する音が母親への反応として自発的に起きる。これに対して母親の応答により乳児の発声が強化される。2歳頃までには、子どもは環境と相互作用を持ち、自分の体からの反応を経験し、自分の活動に対する目的意識を持ち始める。

表5-1 「ニャンニャン」の記号化過程（岡本, 1962　高橋他, 1993）

段階	CA 年月	N児の〔発声〕と（対象または状況）	
1	0:7	〔ニャンニャン〕〔ニャーン〕（快的状態での哺語）	
2	0:8	〔ニャンニャン〕〔ナンナン〕（珍しいものやうれしいものを見つけて喜んで） （種々の対象に対して）	
3	0:9	〔ニャンニャン〕（桃太郎絵本の白犬）←（白毛の玩具のスピッツ）	
4	0:10 0:11 1:0	〔ニャンニャン〕（動物のスピッツ） （猫）←（犬一般） （虎）（ライオン）（白熊）	（白毛のパフ）→（紐のふさ（黒）） ↓（白い毛糸・毛布）→（白い壁） （白毛のついた靴）
5	1:1 1:2 1:4 1:5 1:6	〔ナーン〕（猫）〔ナンナン〕（犬） 〔モー〕（牛） 〔ドン〕（自宅の犬の名ロン） 〔ゾー〕（象） 〔バンビンチャン〕（バンビー） 〔ウンマ〕（馬） 〔クンチャン〕（熊）	
6	1:7 1:8	〔クロニャンニャン〕（黒白ブチの犬） 〔ネコ〕（猫）〔ワンワン〕（犬） 〔オーキニャンニャン〕（大きい白犬） 〔クマニャンニャン〕（ぬいぐるみの熊） 〔シュピッツ〕（実物のスピッツ） 〔プチ〕（近所のスピッツの名）	〔ニャンニャンクック〕（白毛の靴） 〔ニャンニャンチョッキ〕 （白毛糸のチョッキ）
7	1:9 1:10 1:11	〔プチノヤネ プチニアゲルワ〕 　（プチのだからプチにやろう──白毛の靴を持って） 〔ワンワンデショウ〕（戸外の犬の鳴声を聞いて） 〔オーキイ ワンワンワンワンユワヘンワ〕（大きい犬が鳴かずに通るのを見て） （隣人よりケーキをもらって）　（絵本のロバを指して） N児〔ダレガクレタノ？〕　N児〔コレ　ナニウマ？〕 母〔しのはらさん〕　母〔ろばさん〕 N児〔ワンワンイルシノハラサン？〕　N児〔ロバウマ？〕	

　生後2年の終わりには、ママゴトなどの象徴遊びを始めるようになる。

● **幼児の遊び場面での談話──自己中心的談話・外言・内言**

　ピアジェ（Piaget, J.）は6歳の幼児の遊び場面からの談話を機能的に分類し、次のように整理した。

　① 反復：　幼児は情報伝達を目的とせずに、話すこと自体を楽しみ繰り返す。

表5-2 正常な言葉の発達（ラター＆ハーソブ，1982）

年齢および発達段階	獲得される理解力	獲得される表現力
0～6カ月	大きな音や突然の音に反応して驚く。音源へ眼や頭部を動かす。人の話を聞いているように見え、反応して微笑むことがある。警告、怒り、親しみを持った声を認識する。自分の名前を聞いて反応する。	泣き声以外の音声を出す。空腹と苦痛に対して異なる泣き声を出す。快感を示すような音声を出す。喃語を発す。
7～11カ月 言葉に興味を示す段階	選択的に聞いている様子を示す。興味を持って音楽や歌を聴く。「ダメ」「熱い」、自分の名前を認識する。絵の説明を聞いて、1分程度注視する。他の音に気をとられずに人の話しを聞く。	自分の名前を聞くと音声を発する。発語の抑揚をまねる。ジャルゴンを使う。顔を振って嫌を示すように身ぶりを使う。間投詞を用いる（アー、アー）。言葉遊びで、「イナイイナイバー」をする。
12～18カ月 単語段階	鐘の音、イヌの鳴き声、母親や父親の声などを大きく識別する。身体部分、一般的な物体の名称を理解。いくつかの物体や絵の中から、ボール、リンゴ、イヌなどを識別する。18カ月までに150語まで理解する。	単語を使用する。18カ月までには20語ぐらいを使用する。長いジャルゴンの反復の中に、意味ある単語を時々はさんで、玩具や自分や他者に話しかける。発話の約25％が理解可能、すべての母音が明瞭に発音される。最初または最後の子音がしばしば省略される。
12～24カ月 2語伝達段階	簡単な指示に反応する「ボールちょうだい」。命令に反応して行動する「こっちおいで」。代名詞を理解する「わたしに」「あなたに」。複文を理解し始める「お店に行ったらキャンディーを買おうね」。	2語文を使用する。「ママ、ボール」遊びの中で周囲の物音を模倣する。「モー」「ウーンウーン」自分のことを名前で呼ぶ。代名詞を使い始める。3語文以上からなる電報のような発話を使用する「みんな、行った、ボール」。発話の26～50％が理解可能。言葉で要求をする。
24～36カ月 文法形成段階	身体の小さな部分の名称を理解する「ひじ」「まゆ」。家族の名前の種類を理解する「おばあちゃん」「おじいちゃん」。大きさを理解「小さいの」「大きいの」。たいていの形容詞を理解する。行為の目的を理解する「どうして食べるの」「どうして寝るの」。	文法的な機能語「できる」「だろう」などを含む正式な文章を使用。行動をする前に意図を話す。他の子どもに会話するが、実際的には一方的に話しているよう。ジャルゴンや反響言語が徐々に見られなくなる。語彙の増加。2歳で270語、3歳で895語。話していることは50～80％理解可能。pmbを明瞭に発音する。言葉の音調が乱れることがある。
36～54カ月 文法的な発達段階	前置詞を理解「～の下」「～の後ろ」。多くの単語を理解、3歳で3500語、4歳で5500語。因果関係を理解「お腹がすいたらどうする」「寒い時はどうする」。類推を理解「食べ物は食べるもの、牛乳は……もの」。	n,w,ng,h,t,d,k,gを明瞭に発音できる。過去を話す。複数形、否定形、疑問形など広範囲な文法形式を用いる。誇張など言葉遊びもできる。話している90％は理解可能。しかし単語の中の音の並びを間違えることもある。単語を定義できる。12音節からなる文章を正確に復唱できる。
55カ月以降 真の意思疎通段階	数、速度、時間、空間の概念を理解する。左右を理解。抽象的な語句を理解。事物を意味によって分類できる。	物語をし、概念を共有し、代案を検討するために言葉を用いる。文法上の間違いを自発的に訂正する。f,v,s,z,l,r,thほとんどの子音の発音を明瞭にする。話している言葉の100％理解可能。

> コラム　失語症について

　失語症とは、大脳半球の特定の部位が損傷を受けたことによって、獲得した言語機能が失われることをいう。失語症は、右利き者の約97.5％、左利き者の約70％が左大脳半球損傷で出現する。言語は、理解と表出、つまり他人が話した言葉を聞いたり書いたり文字を読むことによって理解すること（理解）と、自分の思っていることを、言葉を話したり文字を書いたりして相手に伝えること（表出）にわけられる。表出はブローカ（Broca, P. P.）によって発見された前頭葉の言語中枢（ブローカ中枢）、理解はウェルニッケ（Wernicke, K.）によって発見された側頭葉の言語中枢（ウェルニッケ中枢）とされ、古典的な Wernicke-Lichtheim の図式として言語理解のために使われている（図）。運動性言語野が障害された運動性失語症では、言語の理解ができるが、言葉を発することができなくなり、感覚性失語症では、理解ができず、発語は見られるが言葉が崩れてしまい、意味がなくなってしまうので、意思の伝達は難しい。しかし、ヒトの言語機能は、左右大脳半球と皮質下がネットワークを形成して営まれることがわかってきて、最近ではこれらブローカ中枢とウェルニッケ中枢の両者をつなぐ連合線維が存在することも明らかになっている。さらに、補足運動野では発語の開始と進行に重要な役割を果たしていて、この近傍の病変で超皮質運動性失語症が出現する。頭頂・側頭皮質は単語と意味を結びつけるのに重要な働きをしていて、この近傍の病変では超皮質感覚性失語症が生じる。ただ、実際の臨床場面では、運動性失語症でも理解が障害される場合があり、症状がオーバーラップすることが多く、きれいに分類されることは少ないと思われる。

　失語症に対するリハビリには、①聴覚からの刺激によって言語処理を促通する「刺激法」、②損傷を受けていない神経回路を再構築させる「ルリアの機能再編成アプローチ」、③ジェスチャー等の代用手段をフルに使用してコミュニケーションの成立という実用面に重点を置く「PACE訓練」、④失語症があっても歌が歌える患者がいることから、右大脳半球に主座を置くプロソディー（言葉の抑揚、リズム、アクセント）を重視した訓練「Melodic Intonation Therapy（MIT）」、⑤言語機能の階層構造が構築されてきた過程をもう一度たどることで、音声言語の再構造化を行おうとする「全体構造法」、⑥障害の軽いモダリティを行って正しい反応を生産し、重度障害でアクセスできなくなった能力を改善させようとする「遮断法」、⑦健常者が言語操作を行う際の情報処理過程を想定した上で、失語者の損傷されている過程を同定し、それぞれに対して訓練していく「認知神経心理学的方法」など、さまざまな種類がある。失語症を有した患者は、自身の思いが伝えられないので精神・心理的に不安定になりやすく、付き添う家族の心労も大きくなる。そこで、訓練によって何らかの代償手段を獲得して意思伝達能力を向上させることはきわめて大切になっていく。

第5章 言葉の発達 65

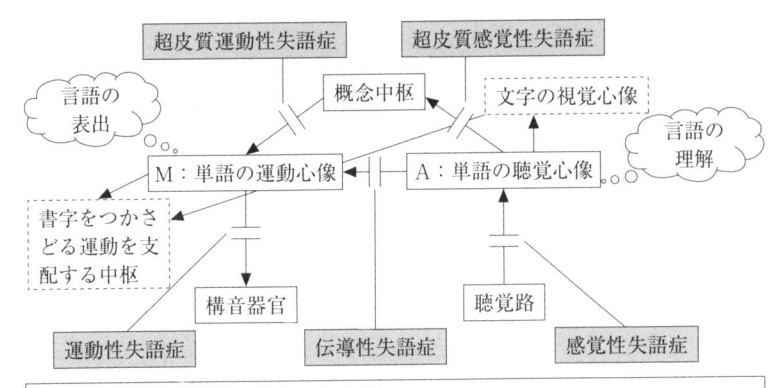

```
                超皮質運動性失語症    超皮質感覚性失語症
                        │           │
   言語の              概念中枢      文字の視覚心像
   表出      ┌─────┤           ├─────┐   言語の
            │                             │   理解
         M：単語の運動心像 ←─→ A：単語の聴覚心像
            │                             │
   書字をつか ←┤                             │
   さどる運動を                              │
   支配する中枢                              │
            ↓           ↓           ↓
         構音器官      伝導性失語症   聴覚路
            │                             │
         運動性失語症                 感覚性失語症
```

Wernicke-Lichtheim の図式（1885年）
解剖学的基盤に立って作成された有名な図式。今なお、失語症を理解する上で、基礎になる。聞いた文字は、言語に置き換える部分（A）を経て、概念中枢に運ばれ、思考過程を経て M に運ばれ、話したい内容を言語に置き換え、構音器官に伝わって言葉を発する。文字を見て理解する場合は、視覚情報を置き換える部分が追加される（点線）。理解する過程が損傷を受けると、言語の理解ができなくなり、感覚性失語症という状態になる。また表出する過程が損傷されると、言語を発することができなくなる（運動性失語症）。A から M に至る経路が損傷を受けると、言葉の復唱ができなくなる（伝導性失語症）。復唱がある程度可能だが、言語理解と表出が困難になる場合は、言語理解の心像よりも高位レベルでの損傷になり、超皮質感覚性失語症と超皮質運動性失語症、という状態になる。

●参考文献
江藤文夫　高次脳機能障害のリハビリテーション　Ver. 2.　Journal of clinical rehabilitation 別冊　医歯薬出版　2004
松下正明(総編集)　脳と行動　臨床精神医学講座 第21巻　中山書店　1999
小野内健司・武田克彦　神経疾患のリハビリテーション：update　Clinical Neuroscience（月刊 臨床神経科学）Vol. 27, No. 9.　中外医学社　2009

---

② 独語：　子どもは絵を描きながら、自分が好きな絵のイメージを言葉にし、声を出して考える。

③ 集団独語：　人のいるところだけで生じ、そこにいる人は談話誘発の刺激となるが、その人の話を聞くことを期待はしていない。

④ 適応的報告：　聞き手に影響を与え、聞き手から何らかの反応を期待しながら行われる。

⑤ 批判：　聞き手に対して感情的な評価を行い、嘲笑やけなし言葉が多

い。

⑥　命令・要求・威嚇：　遊びの中で、誰かに自分にとって望ましい反応や役割を能率よくとらせる。

⑦　質問：　応答を求めていることが、応答に対する反応によって確証される時に質問といえる。

⑧　応答：　相手の質問に答えて適応的に報告がなされる。

　またピアジェは幼児の話す言葉の機能分析を行い、自己中心的談話（egocentric speech）と社会性談話（socialized speech）を区別した。自己中心的談話は、自他の未分化な未発達の精神構造から生じる談話をいい、社会性談話は社会化された精神構造を基礎とする。そのため自己中心的談話は社会的に未熟な幼児期において支配的だが、年齢とともに消滅していくとされる。

　ヴィゴツキーは、子どもが絵を描いている途中でこっそりと青鉛筆を隠し、子どもがどのような反応を示すかを調べた。すると子どもは、普通の場合よりも2倍もひとりごとをいうようになった。このことから、子どものひとりごとは「問題解決するための言葉」であると考えた。そして社会的な伝達手段としての言葉を外言（external speech）と呼び、自己の思考の手段としての言葉を内言（inner speech）と呼んだ。ピアジェが幼児のひとりごとを自己中心的談話と呼んだことに対して、ヴィゴツキーは自己中心的談話は社会性談話の未発達なものではなく、やがて思考の中心となり論理的な課題を解決する内言と同じ機能を果たしながら、社会的言語行為の形態と特質を持つ過渡期の言語行為であり、言語の中心的機能を果たすようになると反論した。5〜6歳になると、言語は社会的な手段としてのものと、他方自己に向けられた思考活動の手段としてのものに、それぞれが発達していくのである。後にピアジェもヴィゴツキーの考えを認めたといわれている。ヴィゴツキーの内言に関する研究は、ルリアによる言語の調整機能についての研究へと引き継がれていった。

●引用・参考文献
　大坊郁夫　対人行動としてのコミュニケーション　対人行動学研究会（編）

対人行動の心理学　誠信書房　1986
藤永保　言語と思考　東洋(編)　思考と言語　講座心理学 8　東京大学出版会　1975
ホール，E. T.　日高敏隆・佐藤信行(訳)　かくれた次元　みすず書房　1970
ルリヤ，A. R.　松野豊・関口昇(訳)　言語と精神発達　明治図書　1969
村田孝次　幼児の言語発達　培風館　1975
野田雅子　乳幼児のことば：その発達と障害の指導　現代心理学ブックス　大日本図書　1984
岡本夏木　Verbalization process in infancy (1): Transpositive use of sounds in development of symbolic activity.　Pyschologia, 5, 1962, pp. 31-40.
ラター，M. & ハーソブ，L. A.(編)　髙木隆郎(監訳)　最新児童精神医学　ルガール社　1982
サドック，B. J. & サドック，V. A.(編)　融道男・岩脇淳(監訳)　カプラン臨床精神医学ハンドブック：DSM-Ⅳ-TR 診断基準による診療の手引　第 2 版　メディカル・サイエンス・インターナショナル　2004
園原太郎(編)　認知の発達　培風館　1982
高橋道子・藤崎眞知子・仲真紀子・野田幸江　子どもの発達心理学　新曜社　1993
内田信子　世界を捉えるしくみ：象徴機能の発生とことばの獲得　内田信子(編著)　発達心理学　日本放送出版協会　2002

第6章

知覚と認知の発達

人間を取り巻く環境は日々めまぐるしく変化をしている。その環境に適応していくため、人間はものを見て、感じて、さまざまな生活パターンを生み出していく。しかし、同じ人間であってもすべての人が同一の見方や感じ方をすることはあり得ない。文化や生活環境の違いによっては、当然ものの見え方や感じ方が異なり、その意味づけが異なってくるのだ。同一の個人においてですら、子どもの頃に楽しくて仕方のなかった公園への興味が薄らいでいくように、ものの見方や感じ方は変化をする。ここでは、まず、ものの見方や感じ方を左右する感覚や知覚とは何か、そして近年著しく研究分野が広がっている認知について、発達的な視点を入れながらその基本的な特徴などを考えることにする。

1. 感覚・知覚・認知

● 感覚・知覚・認知とは

感覚（sensation）は刺激→受容器→求心性神経→感覚中枢という感覚系のみの興奮によって規定された外部からの刺激を受容する過程である。視覚、聴覚、嗅覚、味覚などがこれにあたり、たとえば音の刺激であれば、それが「聞こえるか聞こえないか」という働きになる。知覚（perception）は、感覚器官を通して、目の前の対象が何なのかを把握する機能である。刺激によって受容器が興奮し、そのインパルスが求心性神経によって大脳皮質のそれぞれの中枢に伝達されることによって生じている。知覚は過去の経験の痕跡から規定され、さらに言語中枢や思考の中枢などからも影響を受けている。たとえば音の刺激であれば、「何の音か、どんな音か」などを把握する働きになる。知覚の働きは感覚よりもさらに複雑なものといえる。認知（cognition）

とは、他の感覚系や運動系からの影響をより多く受け、より多くの過去経験からの影響によって規定され、言語や思考の影響がより多く考えられる過程をいう。広義には、知覚、注意、記憶、学習、判断、思考など脳機能活動全体をいい、狭義には、判断や思考のようなより高次の脳機能活動をいう。認知は感覚や知覚の概念よりもより広義で、しかもより多義的に用いられることが多い。音の刺激に対して「過去に聞いたものと比べてどう感じるか」など個人的な経験が大きく影響を受けている感じ方をいう。

場合によっては、感覚、知覚や認知が明確に区別できないこともある。たとえば、精神的には正常な人であっても下肢を切断された人が足先にかゆみを感じるなどの幻覚がある。また、統合失調症患者が精神的に混乱している時には悪口をいわれているという幻聴が起きることもある。このような幻聴は症状が落ち着くことで消失する。

● 感覚遮断

人間が生きていく上で、正常に変化する環境とそれによって喚起される活動の意欲が非常に重要な要因である。ベクストン（Bexton, W. H.）らは大学生を被験者にして感覚遮断実験を行った。1日20ドルをもらって食事とトイ

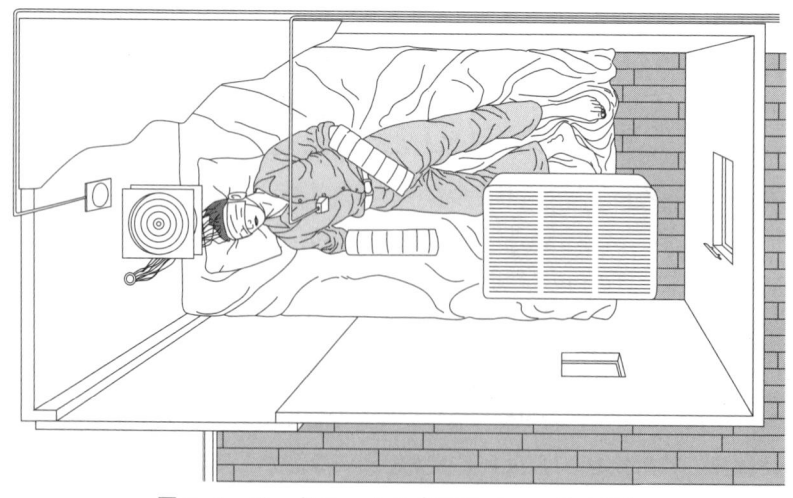

図 6-1　ベッドルームの病理学（ヘップ，1976）

レにいく以外は、ベッドに横になり何もしないでいるという単調な生活を強いられるという実験である（図6-1）。この条件で2、3日以上耐えられた学生はごくわずかであった。被験者は次第に子どもっぽい無意味な話にも喜んで耳を傾けるようになり、最後には、見たい、聞きたい、環境と正常な接触を持つ状態になりたい、身体的な活動ではなく精神的に活動的になりたいという要求が圧倒的に強くなったのである。この実験から、人間が生活をするためには適度な刺激変化が必要であることが示された。

2. 知覚の発達

● 赤ちゃんの知覚

ファンツ（Fantz, R. L.）は図6-2のような6種類の図形を生後48時間以下の新生児、生後2～5日の新生児、生後2～6カ月の乳児に見せた。どのグループも、単純なものよりも複雑な図形を好み、また人の顔に好奇心を持って長い時間注視していた。これは赤ちゃんが他のものと人間の顔を区別していたことを示す結果となった。これまで赤ちゃんは何もできない存在であると

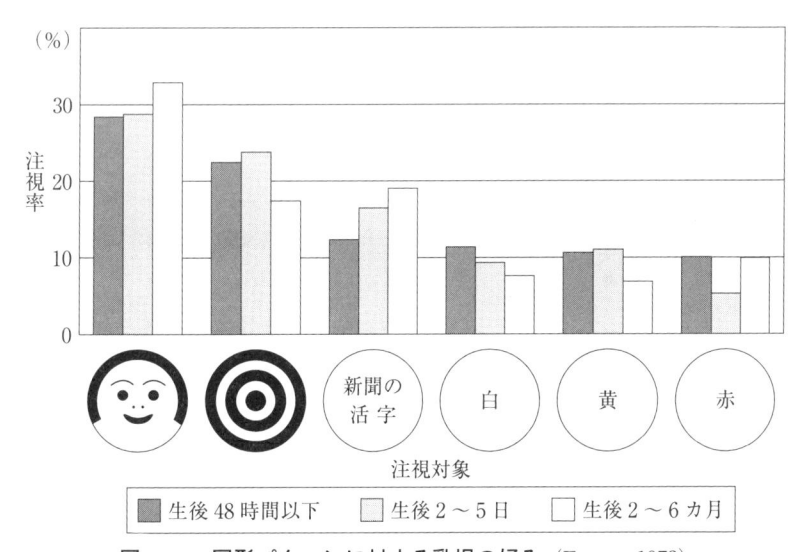

図6-2　図形パターンに対する乳児の好み（Fantz, 1973）

思われていたが、1960年代以降実験心理学的な手法により乳児の有能性（competence）が証明されるようになってきたのだ。

メルツォフ（Melzoff, A. N.）とムーア（Moore, M. K.）は生後42分から71時間の新生児に、大人が舌出しや口の開閉をして見せてやると、新生児がそれをまねする新生児模倣（neonatal imitation）があることを発見した。舌出しの模倣は、新生児が大人の顔をしばらく注視して微笑んでから起きるとされている。刺激が与えられてから反応が起きるまでの経過時間を潜時（latency）と呼ぶ。新生児は他者のモデルを観察してから自発的にその行動を再生していることがわかる。

また、フィールド（Field, T. M.）らは生後2日目、平均36時間の新生児に大人の幸せ、悲しみ、驚きの3つの表情を見せそれをまねることができることを明らかにした（図6-3）。しかし表情を意図的に取り込んでおらず厳密にはまねるといい難いため、共鳴動作（エントレインメント〔entrainment〕）と呼ばれている。これは視覚的にモデルの行動や表情を識別し、それに対応した自分の身体部位を動かすという2つの側面を対応させてはじめて可能になる動作である。乳児期後期になると模倣によってモデルの行動を意図的に取り込むようになり、これが知能の発達にとって重要になってくる。そのため情緒の伴う模倣とそうでない共鳴動作は区別される必要がある。

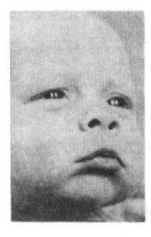

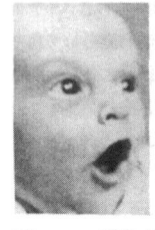

図6-3 新生児は大人が示す「喜び」「悲しみ」「驚き」の表情を模倣する（高橋他, 1993）

● 共同注意

母親が子どもに「ワンワンいるね」と声をかけ、一緒にイヌを見るという光景はよくあることだが、このような対象への注意

を他者と共有する行動を共同注意（joint attention）と呼ぶ。ブルーナーは乳幼児の共同注意行動を2段階にわけて整理した。第1段階では目の前の大人と視線を合わすことができるようになる。乳児と大人の二者関係での注意の共有といえる。これは生後2カ月頃の乳児において見られる共同注意行動である。第2段階では、大人が指差した対象を子どもも一緒に見るという、外界の対象への注意を他者と共有する行動が見られるようになる。つまりここでは、自分（乳児）—対象—他者（母親）の三者関係でのやりとりができるのである。これは9～10カ月の乳児に見られる共同注意行動である。乳児は指差しをすることの意味を理解するようになるので、相手が指差した対象に関心を示す。その逆に、乳児もある対象を母親に見せたい時に指差しを用いるのである。

　第2段階を経た乳児は指差された対象を母親と一緒に見た後で、母親の顔をちらりと見ることがある。これは参照視（referential looking）といわれており、乳児があたかも母親の表情から何らかの判断を得ようとしているように見える行動である。また、乳児は見知らぬ人が顔を近づけてきた時に不安を感じるが、その相手を見る母親が仮にニコニコとしていれば、同様に乳児も安心する。これは乳児が母親の表情を手がかりにして理解しようとする行動であり、社会的参照（social referencing）といわれている。こちらは参照視に比べ情報を参照にしようとする意思が明確であり、人の表情を見ることで自らの行動を変化させるという点で、社会的なやりとりにおいて欠かせない行動である。

　このような共同注意行動は、非言語的なコミュニケーションの基本的な役割を持っている。ある物を示し、また示された物を互いに見るというコミュニケーションが成立しており、他者の注意や意図の理解を示す行動だと考えられるだろう。共同注意行動が他者の注意という心的状態を理解する行動であるとして、近年自閉症の理解で注目を浴びているバロン・コーエン（Baron-Cohen, S.）は心の理論の発達的起源であると考えた。

3. 対人認知

● 顔の表情判断

われわれは、日常生活ではじめて出会った人に対してどのように印象を形成しているのか。多くの場合は、その人の身体的な特徴や行動の特徴を見たり、話をしたりすることで、相手の言動から判断をしているのである。特に、相手の表情を見て印象を形成することが比較的多いのだが、それはどれだけ正確な判断なのだろうか。

エクマン (Ekman, P.) は図 6-4 に示すように数枚の写真を見せて、「顔の表情を読むテスト」としている。実際にエクマンは 10 枚の写真を見せてテストをしているが、ここではそのうち 4 枚を挙げてそれぞれの写真にどのような印象を持つか考えてみよう。

写真 1：　「憂うつな」、「意気消沈した」、「落胆した」などといった悲しみに関する言葉を思い浮かべたら表情を読めたことになる。

写真 2：　「嫌悪」の感情に関する言葉が正解とされる。「悩んでいる」とか「イライラしている」などはあてはまらない。

写真 3：　かすかな悲しみを示す。両端を下げた唇がそれを表現している。

写真 4：　かすかな喜び。「うれしい」「気分が良い」など喜びに関する言

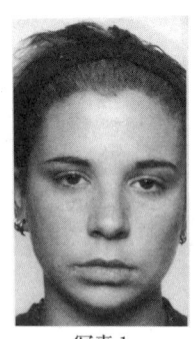

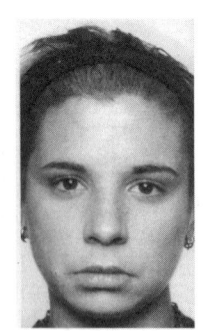

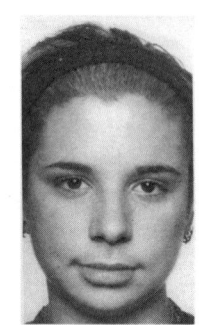

| 写真1 | 写真2 | 写真3 | 写真4 |

図 6-4　エクマンによる写真テストの一部（エクマン，2006）

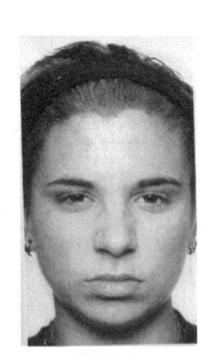

葉もこれにあてはまる。

　エクマンは1978年、顔の筋肉の動きを測定するフェイシャル・アクション・コーディング・システム（FACS：表情記述法）を発表しており、現在いろいろな科学者や、裁判官、警察官、弁護士、FBI、CIA、などの諜報員にも利用されているようである。

● 外見での判断

　ディオン（Dion, K. K.）は身体的な魅力が子どもの性格の判断に大きな影響を与えることを実験的に証明した。大学生を対象にして、子どもの行動について書かれた教師の日誌から、その子どもの性格をどのように判断するかを調べたものである。教師の日誌にはある子どもについて、「氷のかけらを入れた雪のボールを作り、それを他の子どもにぶつけて出血するような傷を負わせてしまった」と記録されてあった。またその日誌の上には、名前の横に小さな顔写真が貼ってあり、魅力的な子どもとそうでない子どものパターンを用意した。被験者は子どもの日常的な態度についての判断を尋ねられたところ、写真が魅力的に見えない子どもの場合、日常的にこのような行動を繰り返している素質的に反社会的性格を持った子どもであると答えられた。一方、写真が魅力的に見える子どもにおいては、このいたずらは一時的なもので素質的に反社会性を持っている子どもではないと答えられた。外見の美しさがステレオタイプとして機能することで、性格の判断にも影響したことが考えられる。

● 印象形成

　アッシュ（Asch, S. E.）は次のような実験を行い印象の形成について実験を行った。被験者に、「これからある人物についての特徴を読み上げます。それを聞いてその人についての印象を作り上げて下さい」といい、A・Bリストのどちらかの系列の性格特性を順番に読み上げる。

　リストA：　聡明な→器用な→勤勉な→あたたかい→決断力のある→実際的な→用心深い。

　リストB：　聡明な→器用な→勤勉な→冷たい→決断力のある→実際的な→用心深い。

2つのリストは、「あたたかい」と「冷たい」という言葉だけが異なるが、リストAのほうがリストBよりはるかに好ましい印象を形成されることが認められた。「あたたかい」や「冷たい」という言葉が性格特性を決める中心的な機能を持っているのだ。このように全体の印象を形成するような核としての働きを持つことを中心的特性効果と呼ぶ。

アッシュはまた、刺激リストの最初のほうの言葉が印象形成の方向づけの機能を持つことを初頭効果（primary effect）と呼んだ。その一方で、リストの最後のほうの言葉が全体を規定する力を持ち、その印象形成に大きく変わることを親近効果（recency effect）と呼んでいる。

● 認知の判断を誤らせるもの

① ハロー効果（halo effect）：　人物を評価する場合において、ある1つの側面で望ましい（望ましくない）と評価をすることで、その人物の他の側面も望ましい（望ましくない）方向で評価することである。光背効果あるいは後光効果ともいわれることもある。たとえば、「坊主憎けりゃ、袈裟まで憎い」などがこれにあたる。

② ステレオタイプ（stereotype）：　多種多様な情報が得られると、単純化し、固定化して認識するというメカニズムが起きること。このことからくる認識の偏り（偏見）が問題となる。たとえば「横柄な態度」という特徴から、一生懸命でまじめに努力している側面を見ようとしないことなどである。

③ 寛容効果（leniency）：　自分が相手に好意を持っていると、相手のすべてに寛容的になること。たとえば、「自分がかわいがっている言うことを聞く良い部下」に対して、すべての評価が高くなる傾向がある

④ 対比誤差（contrast error）：　ある評定項目について評定者自身が持っている偏りとは反対の方向に、被評定者を評価しやすいことをいう。たとえば、非常に神経質な性格の評定者が、他者のことを無神経だと見てしまう傾向のことである。

⑤ 論理的錯誤（logical error）：　ある評価項目と他の評価項目の間で論理的な関係や類似性があるように見える場合、両者に似たような評価を与えてしまうことがある。たとえば、個人の性質を社会性と友好性で検討する場合、

両者とも対人関係における評価であるため、似たような評価がされやすい。
● 期待による効果
① ピグマリオン効果（Pygmalion effect）：　ローゼンタール（Rosenthal, R.）とヤコブソン（Jacobson, L.）は小学校の1～6年生の児童に知能検査を実施し、その後ランダムに20％の子どもを選び、「著しく知能が伸びることが予想される」と担任教師に伝えた。8カ月後に同じテストをすると、担任に「知能が伸びる」という期待を抱かせた子どもたちは実際に知能が伸びていた。実際は無作為の選出だったことから、知能の伸びは、担任教師が子どもたちに期待をかけ、また子どもたちがその期待を感じ取ったために現われた結果だと考えられよう。以上の実験ように、周囲からの期待効果が及ぼす能力の向上をピグマリオン効果という。この名前は、女人の像を愛し続けたピグマリオン王がその想いの強さで像を本物の人間に変えることができた、というギリシャ神話に由来されている。

② ホーソン効果（Hawthorne effect）：　メーヨー（Mayo, E. G.）らはアメリカのウェスタン・エレクトリック社のホーソン工場で、1924年から32年にかけて20歳前後の女子工員数名を対象に、労働環境や労働条件と生産性の関係を調査した。環境や条件を改善させることで生産性の向上が確認されたが、それを以前の状態に戻しても生産性はさらに上がっていた。この矛盾した結果を分析するために、女子工員に詳細な面接を行ったところ、彼女らは「選ばれた人間だ」という意識を持っていたことがわかった。つまり、実験の対象者であることが他者から見られているという意識を高め、そのことが労働環境や労働条件にかかわらず生産性を上げていたと考えられる。この実験から、周囲の注目や関心が作業成績を向上させることをホーソン効果と呼ぶようになった。

4. 知的行動の発達

　ピアジェはスイスで生まれ、22歳で生物学の学位を取得し、その後心理学や精神医学にも興味を持ち、認知能力の発達について広範な理論体系を打

ち立てた人物である。彼は人間の認知能力について、主体が環境と相互作用する中で発達していくことを発見した。また、彼は自らの考えを発生的認識論 (genetic epistemology) と呼び、人間の認識の起源を系統発生と個体発生の両面から考えている。これから紹介するピアジェの理論は、彼自身の子どもたちへの実験や観察から体系化されたことでも有名である。

● シェマ、同化、調節

ピアジェの認知発達理論の鍵概念には、シェマ (schema)、同化 (assimilation)、調節 (accommodation) がある。シェマとは、特定の対象へすでに形成されているパターン化した働きかけの概念である。これは図式とも呼ばれており、「行動の下書き」としての働きを担っている。そのため、人間がある対象や状況に向けて何らかの行動をとる時、それはシェマに従ってのことだと考えられるのだ。たとえば、赤ん坊がガラガラを見つけた時に、それを手に取り振って音を鳴らすのは、すでにガラガラという対象に向けてのシェマができあがっているからだとされる。シェマは生得的に獲得されているものもあるのだが、多くは経験によって形成され、その過程には同化と調節の2つの作用が働いている。

同化とは、既存のシェマを外界に適応し、未知の外的事物をそのシェマの中に取り込むことをいう。それまでに獲得している知識から現実を理解する過程であるともいえる。たとえば、自宅でドアを開ける時にドアノブを引くように、他所でもドアを開ける時にはドアノブを引けばよいと認識することが同化である。同じ活動の繰り返しの機能的同化、新しい対象物や状況に対応する移調的同化、そして他のものと区別する再認的同化の3種がある。

調節とは、既存のシェマで外界に同化しようとしても、同化できない場合、既存のシェマの構造や同化の周期を外界に合わせて変化させる作用である。たとえば、ただドアノブを引いただけではドアを開けられない場合に、まずドアノブを廻してからドアを開けるように行動を変化させることが調節にあたる。ピアジェは「既存のシェマで未知の状況に同化を試み、それでうまくいかなければ調節をして新たなシェマを獲得する」という過程を繰り返し次々とシェマを形成していくことが、認知の発達であると考えたのだ。とこ

ろで認知の発達は、生まれてから児童期くらいまでの間に、その時期に応じた特徴的な変化が見られている。ピアジェは認知の発達をその時期における特徴から感覚運動期、前操作期、具体的操作期、形式的操作期にわけて、それを次のように説明している。

● 感覚運動期

　感覚運動期（sensory-motor period）（0～2歳）では、感覚と運動とを共応させながら外界を探り理解しようとする。次のように6つの下位段階がある。

　第1段階（0から1カ月）：　吸う（吸綴反射）、掌を握る（手掌把握反射）などの反射活動が見られる。

　第2段階（1カ月から3～6カ月）：　手をニギニギする、バーバーと同じ声を出す、指を口元に持っていき吸うなど、身体を動かすことに限られた、何らかの感覚を得るための繰り返しの運動が見られる。これを第1次循環反応という。

　第3段階（3～6カ月から9カ月）：　ガラガラを振ったり、シーツを引っ張るなど、物を用いて何らかの感覚を得るための繰り返しの運動が見られる。これを第2次循環反応という。

　第4段階（9カ月から1歳）：　赤ちゃんは、おもちゃの上に毛布を載せるとそれを手で払いのけようとする。この時期には、物が目の前から見えなくなっても、それ自体は存在し続けているという「対象の永続性（object permanence）」の概念ができ始めているのだ。また、毛布をつかんで払いのけるということは、目的と手段が分化していることを示しており、赤ちゃんが意図的に行動していることがわかる。

　第5段階（1歳から1歳6カ月）：　こぶしでテーブルをたたいていると、たたき方によって音が変わったりするので、試行錯誤をしながら何度もテーブルたたきに挑戦する。この時期には能動的に動いて新しい事態を発見していく第3次循環反応が見られる。

　第6段階（1歳6カ月から2歳）：　心の中でイメージをすることができるようになる、つまり内面化が始まる。たとえば前段階では、タンスの隙間におもちゃが落ちた時に、何度も試行錯誤しなければそこに自分の手が届くかど

うかわからない。しかし、この段階になると、表象（頭の中で思い浮べる）ができるようになるので、シェマを協調させ、予期や洞察を示すようになる。つまり、隙間に手を突っ込む前に、長い棒でそのおもちゃをとろうとするのだ。

　以上のように感覚運動期の発達は進んでいく。この時期の重要な課題は、対象の永続性もしくは対象の永続的なシェマ（schema of permanent object）の発達である。幼児は世界と自分を区別し、対象が目の前にない時や見えない時にも、対象の心像を保持できるようになる。目の前で物が落ちた時に、地面のほうを見下ろしてそれを探し、自分の外に対象の実体があるように行動する。また、象徴化（symbolization）は内的表象の発達と言語使用が始まる過程で起きる。さらには、ボールの視覚心像（visual image）を想像することができ、またボールという言葉の心的象徴（mental symbol）の想像ができるようにもなる。このような想像力は新たな概念の操作を可能にし、前操作期への移行の兆しとなるのである。

●前操作期

　前操作期（preoperational period）（2～6歳）は、表象に基づく思考が可能になり、言語の使用ができるようになる。しかしそれは非常に未熟で前概念的である。表象に基づく思考が可能になるため、この時期からごっこ遊びや寝たふりなど象徴的な遊びができるようになる。つまり子どもが思い出した行動や不在の人物をまねるという、「延滞模倣」が出現する。これはシンボルの意味、つまり指示するものと指示されるものとの関係を理解し始めたといえる。また、月や太陽などは人間が造ったものと考え（人工論）、車をたたく子に「車さんが泣くからダメ」というなど、すべてに霊魂が宿ると考えるアニミズム的思考（animistic thinking）、同じ粘土で同型の物の一方を細長くすると細長いほうが大きく見えるなど、行為が内在化されるが非可逆的で、眼前の知覚体制に支配されている。前操作期の子どもは善悪の区別はできても、道徳的な課題を取り扱うことができない。たとえば、「1枚の皿を故意に割った人と、10枚の皿を過失で割った人とどちらが罪は重いか」と尋ねられると、「10枚の皿を割った人のほうが罪は重い」と答え、内在する正義感

(immanent justice）を持っている。また、同時に起きた事柄は互いに因果関係を持つと考え、雷は稲妻を起こし、悪い考えは事故を起こすなど、魔術的な思考様式を用いる。これは現象論的因果律（phenomenalistic causality）と呼ばれる。また道徳判断は行為の意図ではなく、「おもちゃを貸してくれない子は悪い子」といってたたくなど、結果に即して良い悪いという基準で行われる。このように主観と客観や、自己と他者の混同が見られるなど、自己中心性（ego-centrism）であることがこの時期の特徴である。

● 具体的操作期

具体的操作期（concrete operational period）（6、7～12歳）は、子どもが事物を具体的に客観的に知覚できる世界において、操作し、振る舞うことから名づけられた。自己中心性の思考は具体的思考（operational thought）にとって代わる。物体の形状が変化してもその他の特徴を維持して、保存（conservation）していると認識できる。たとえば、同じ型で同じ重さの粘土を2つ作り、一方の粘土をソーセージ型に変えても量は同じであると認識する。氷と水のように、1つのものが別のものに変わり、また元に戻すといったように、可逆性（reversibility）の関係を理解する。

論理的思考過程によって共通した特徴に基づいて事物を順に並べ、分類でき、論理的な結論が2つの前提から導かれる三段論法的推論（syllogistic reasoning）も芽生えてくる。たとえば、馬は哺乳類である（前提）、哺乳類は比較的高い一定の体温を保っている（前提）ならば、馬は一定の体温を保っている（結論）、となる。子どもは自己調整して道徳観念や価値規範を発達させるようになる。価値規範に激しく抵抗する子どもには、規則に敬意を払う一方で、規則には合法的な例外があることの理解ができれば良い。

概念化が進み、物質量の保存や推移律推理（A=B、B=CならばA=C）に対して、知覚体制に左右されずに具体的推理（操作）が可能になる。しかし具体的事実に結びついた操作であり、仮定を考えることはできない。ピアジェがいう操作（operation）とは、形式的操作期で見られるような論理的構造を持った思考活動を指している。

● 形式的操作期

　形式的操作期（formal operational period）（12歳～）は子どもの思考の特徴が、形式的で高度な論理性を持ち、組織的で、抽象的な様式であることから名づけられた。

　事物があっての論理でなく、仮定による推理、つまり命題論理が可能になり、命題間の関係づけの操作や、その命題から具体的な現実の中の関係を確認していく。言語または記号を媒介とし、かつ仮説演繹的（すべての仮説を立て、その中でどれが正しいかを事実に照らして判断し、そこから変数間の因果関係を推論する）に行う。仮説演繹的思考はもっとも組織化された認識力で仮説や命題を考え、それと現実を照らし合わせるようになる。

　さらに2種類の対立し合う操作、つまり可逆性の協調は、「群」によってモデル化され、体系を利用することができる。元の操作（同一操作 Identique；I）があり、それを否定する操作（逆操作 Négation；N）、元の操作を補い合う操作（相反操作 Réciproque；R）とし、相反を否定する操作（相関操作 Corrélatif；C）で、数学における「4元群：逆、相反、相反の逆、同一操作」と呼ばれる構造である。たとえば、てんびん棒の皿を水平にする場合、「右側の皿を重くする操作（I）」があり、逆操作として「右側の皿の重みを減らす操作（N）」と、相反操作として「左側の皿に同じ重みをかける操作（C）」がある。

　組合せの操作もできる。たとえば、脊椎動物を（A）とし、無脊椎動物を（a）に、飛ぶ動物を（F）、飛ばない動物を（f）にわけるとする。具体的操作期の子どもは、ある特定の動物を4つの可能な種類として、（AF）、（aF）、（Af）、（af）の1つに割り当てることはできる。形式的操作期の子どもは、動物が全然存在しない場合、全種類の動物が存在する場合、（AF）だけが存在する場合、（AF）、（Af）、（aF）は存在するが、（af）は存在しない場合など、全部で4×4の16通りの組合せが可能になる。

　このように1度形式的操作期ができると、同時に順列組合せなど複雑な論理関係も認識できる。この時期は言語的な叙述について推理する命題論理の能力が伸びる段階で、より安定した均衡のとれた状態を示すのである。

　しかし、思考の発達上の構造の違いも見られる。たとえば、子どもに2つ

の粘土の塊を与え、同型、同大、同重量のものを作るようにいう。次に、一方の粘土をソーセージ型のものに変えて比較させる。具体的操作期の7～8歳の子どもでは、質量の保存はできているが、同じ子どもが9～10歳頃までは重さの保存はできていない。9～10歳になって重さの保存の理解ができるが、しかし容積の保存はできていない。容積の保存は形式的操作期に入る11～12歳頃になってできるといわれる。このような構造の差を、ピアジェはデカラージュ（decalage）と呼び、時間や空間の把握でも見られるという。

● **ピアジェ理論への批判**

　ピアジェの理論に対してはさまざまな批判がある。ピアジェは思考の発達を個体と環境とが相互に働き合って、均衡を取り戻すべき新しい体制を形成していく「過程」として説明するが、均衡状態を破る要因があいまいである。さらには、知能の発達を決定づける環境について、とくに教育の役割の重要性を取り上げていないことなどもその要因となっている。

　また、ピアジェは形式的操作期をもって思考が完成されると述べているのだが、果たしてそうだろうか。たとえば、フォング（Fong, G. T.）は大学生に次のような質問を行い、その結果から形式的操作期の後は思考が完成されるとはいえないことを指摘した。「新人賞をとった大リーグ・プレーヤーは2年目には成績が悪い。過去10年間がそうである。Aリーグは8人の新人王が悪く、Nリーグは9人がそうであった。なぜそうなると思うのか」。これに対して、多くの大学生たちは、「油断をしたから」「ピッチャーにマークされたから」と答えたのだ。この質問の回答を行うにあたって、統計的な見方がされれば、「回帰効果；平均に戻る」で説明されるだろう。フォングの実験のように形式的操作期を経た人でも、必ず論理的な思考を行うとは限らないのである。さらに、ライフサイクルの視点から見ると、熟達化といわれる知恵は中年あるいは老年からのことであり、成人期以後の思考の発達を否定することはできないだろう。エリクソン（Erikson, E. H.）は老人の英知（wisdom）の尊さを述べており、青年では及ばない考えがあることを指摘している。

●引用・参考文献

エクマン, P. 菅靖彦(訳) 顔は口ほどに嘘をつく 河出書房新社 2006

Fantz, R. J. Visual perception from birth as shown by pattern selectivity. In Stone, L. J., Smith, H.T. & Murphy, L. B. (Eds.), The competent infant. New York: Basic Books. 1973 pp. 622-630.

波多野完治(編) ピアジェの発達心理学 国土社 1974

ヘッブ, D. O. 白井常他(訳) 行動学入門 第3版 紀伊国屋書店 1976

市川伸一 青年の知的発達 無藤隆他(編) 青年・成人・老人 発達心理学入門Ⅱ 東京大学出版会 1990

伊藤隆二 知能とその発達 藤永保(編) 児童心理学：現代の発達心理論と児童研究 有斐閣大学双書 1973

園原太郎 子どもの心と発達 岩波新書 1979

高橋道子・藤崎眞知子・仲真紀子・野田幸江 子どもの発達心理学 新曜社 1993

事例　障害児の心理

「障害とは何か」については、世界保健機関（WHO）の提唱する3つの定義がある。①機能形態障害（impairment）、②能力障害（disability）、③社会的不利（handicap）である。この定義の意味することは、1人ひとりの人を個として、互いに何人をも尊重し合い、その人の人生が送れる社会への提唱である。しかし、われわれは、この3つの定義で止まってはいけない。私たちがこの3つの定義に止まるということは、児たちからすると、そのレベルでの交流しか、私たちの心の窓が開いていないことになる。このことを教えてくれたA君との出会いの体験の報告をしたい。体験を通しての報告のほうが、障害児の心理を伝えられるというのが筆者の心理臨床経験からの知見である。

A君（中学2年生・心身機能・構造障害）は、筆者の勤めていた医療機関を受診していた。ある時、心理相談室をノックし、「以前から、1度こようと思っていたんです。いいですか？」と、一言一言の言葉を体全体から、絞り出すように表現し、入室してきた。その、体全体から、絞り出す様子には、彼の魂の凄さと清がしさを感じた。

「僕は、おかしいですか？」「僕は、一生懸命に取り組んでいるんです」といって、ノートを取り出して、加減乗除の筆算を桁がずれることなく、手と目との供応動作が上手くいかない体の様子に対して、彼なりに体の動く感じをコントロールしながら、ノートに数字を書くコツを身につけていた。そして、「ノート読めますか？」と、「僕おかしいですか」という自分自身で歯がゆい自分の状態を工夫することで

克服している姿を見せてくれたのだった。「すごく、桁が揃って、よくわかるよ」と筆者が返すと「本当ですか」と喜びを体で彼は表現した。3回の来談は、魂と魂の出会いであり、交流であった。ヒトは、その体の機能を超えたところにその人があると感じることのできた体験である。3回の後、来談がなくなったことが気になっていた。他院で、入院していることがわかり、見舞にいった。彼は、「信じられない」といわんばかりに喜んでくれた。彼は、喜びながら、体から絞り出すように感謝の言葉をいい、涙を流し、筆者も、彼の魂の凄さと清がしさに再び会えた感動で涙を流した。今もこの時の感動は残っている。障害児の心理に触れるには、どういうことかというよりも、まず、児との魂と出会うことができるかどうかである。

第7章

学習行動

　学習という言葉は、一般には「勉強」や「練習」などと同じ意味にとられることが多い。しかし心理学ではより広い意味を持ち、出生後に獲得された多くの行動がそれに含まれるのである。人間は生まれてから死ぬまで、言葉やいろいろな行動や技術を学習する。かなり意識的に学習する場合もあれば、それほど意識しないで学習していることもある。
　人間が生きているということは、環境とのかかわりの中でどのような行動をとることなのか、そしてその行動がどのようにして獲得されていくのかをこの章で考えていくことにする。学習のメカニズムを理解するために、学習の成立、学習行動の遂行など、心理学における代表的で基本的な理論を挙げることにする。

1. 学習とは

●学習概念の3つのポイント

　心理学では、一般に「学習」を次のように定義している。「学習とは、心理的・行動的経験によって生じる多少とも永続的な行動の変容である」。それでは、この定義に従い3つのポイントを見てみよう。
　① 学習は経験によるものであること。これは、生活体（人間を含めて）の身体的な構造や機能が一定の時期に発現してくる成熟とは区別されるのである。
　② 学習は一時的あるいは一過性のものでなく、永続的であること。たとえば、薬物の使用などにおける一時的な行動の変容は、区別されなければならない。

③ 行動は必ずしも外に現れた行動を指すばかりでなく、生活体の内部に生じたものも含んでおり、心身機能の変容である。座禅やリラクゼーションなどで集中力を高め緊張を抑え、心身機能の安定をはかることも含まれるだろう。また、社会的に、倫理的に認められる行動変容もあるが、その逆の悪い行動変容もあることに注意しなければならない。

●人間は何を学習するのか

① 身体動作にかかわる学習： 歩く、座る、声を出すといった基本的な身体動作をはじめ、スポーツや自転車や自動車の運転の仕方など運動にかかわる学習。

② 言語に関する学習： 言葉を覚え、話すといった単語や文法、言葉の概念などの学習。

③ 感情統制の学習： 怒りをぶつけるあるいは抑える、うれしさを表現するなど、感情のコントロールの学習。

④ 社会的な学習： 社会的規範や道徳心を身につけ、協力や役割を果たすなどの学習。

⑤ 態度にかかわる学習： 価値観の形成や態度の表し方、信念の形成と遂行などの学習。

人間はこれらのことを学習していき、社会の中でどのように生きていくか、そして自然環境の中でどのように生きていくのかを最終的に考えなければならない。何よりも自然災害からの学びは、人智を超えた体験からの学びである。一方現代には、人為的に戦争、エネルギー、環境汚染などさまざまな問題が山積みである。学習を活かしてこれらの問題に取り組んでいくことが、われわれの、そして次世代の生活を守ることにつながるはずである。

2. 条件づけ

学習に関する心理学的な研究は、古典的条件づけ（classical conditioning、レスポンデント条件づけ〔respondent conditioning〕ともいう）、道具的条件づけ（instrumental conditioning、オペラント条件づけ〔operant conditioning〕ともいう）、試

行錯誤説、洞察学習、観察学習などがある。また近年では新しい学習理論として、知識を状況や環境と切り離さずに考え、文化人類学の徒弟制度から研究された「状況に埋め込まれた学習」という考えも注目されている。これらの学習理論について説明していくことにしよう。なお、「古典的条件づけ」と「道具的条件づけ」という呼び方は、ヒルガードとマーキス（Hilgard, E. R. & Marquis, D. G.）が名づけ、「レスポンデント条件づけ」と「オペラント条件づけ」はスキナー（Skinner, B. F.）が区別するためにそのように名づけたものである。ここでは前者の呼び方を用いることにする。

● 古典的条件づけ

　パブロフ（Pavlov, I. P.）は旧ソ連の生理学者で消化腺の分泌について研究していた時に、イヌは口の中に食物が入っていないにもかかわらず、飼育係の靴の足音を聞き、エサを期待するだけで唾液を分泌する事実に気づいた（図7-1）。そして以下のような実験をした。

　イヌにベルの音を聞かせてもはじめのうちは、耳をそばだてるだけで唾液を分泌しない。しかし、ベルを鳴らすと同時にエサを口に入れるということを繰り返しているうちに、ベルを鳴らすだけで唾液を分泌するようになった。つまり、ベルの音という刺激と唾液分泌という反応との間に新しい連合が形成されたのである。このような学習をパブロフは条件づけと呼んだ。後に古典的条件づけと呼び、スキナーの条件づけと区別されている。

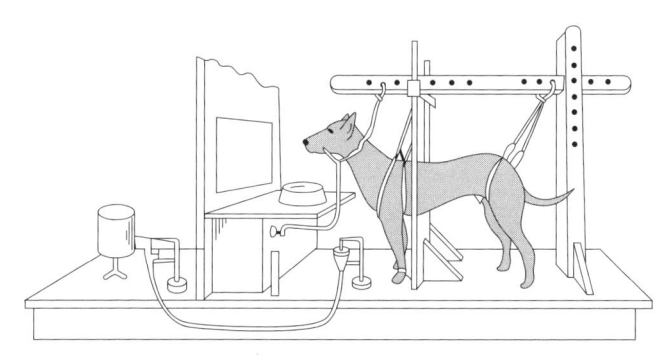

図7-1　**古典的条件づけの実験装置の例**（Yerkies & Morgulis, 1909　村田，1983）

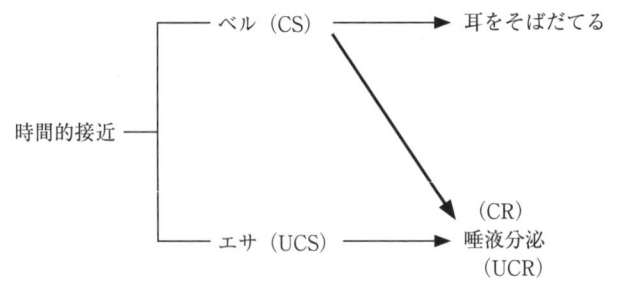

```
                 ┌── ベル (CS) ─────→ 耳をそばだてる
                 │                ╲
    時間的接近 ──┤                  ╲
                 │                    ↘
                 │                      (CR)
                 └── エサ (UCS) ────→ 唾液分泌
                                        (UCR)
```

図7-2 古典的条件づけの図式

　この新しい刺激と反応の関係を図で示すと、図7-2のようになる。本来は起きるはずのなかった新しく形成された反応を条件反応（conditioned response；CR）といい、その行動を引き起こす刺激を条件刺激（conditioned stimulus；CS）と呼ぶ。ここでは条件反応が唾液分泌で、条件刺激はベルの音である。それに対して、条件づけが起きる前からの刺激が与えられると自然に起きる反応を無条件反応（unconditioned response；UCR）といい、それを引き出す刺激を無条件刺激（unconditioned stimulus；UCS）と呼ぶ。この型の学習の特徴は次のような点が挙げられる。

　① 条件刺激と無条件刺激が対呈示されることであり、両刺激の呈示の時間的順序は、前者が0.5秒程度先行して呈示されるほうが形成されやすく、両者の時間的接近（contiguity）が重要となる。

　② 無条件刺激を伴わせないで条件刺激だけ呈示していると、やがて条件反応が生じなくなる。これを消去（extinction）という。しかし、時間をおいてから再び条件刺激を呈示すると、消去したはずの条件反応が再び現れてくることがあり、このことを自発的回復（spontaneous recovery）という。

　③ 消去が生じないようにするためには、条件刺激と組み合わせて無条件刺激を与えることが必要で、これを強化（reinforcement）という。

　④ 刺激と反応との関係で、条件刺激と同一でなくても類似する刺激に対して、同一の反応が生じる。これを般化（generalization）という。

　⑤ 般化とは逆に、反応が生じる刺激の近似の範囲がより狭くなるのを分化（differentiation）という。

なお、円と楕円の区別をさせるよう学習を心理学では弁別 (discrimination) という。両刺激を9：8の大きさにしてやるとイヌには弁別ができなくなってしまう。弁別ができないと犬は異常行動を示すようになるのだが、それは人間の神経症と同様な状態である。このような実験から生じる異常行動を実験神経症 (experimental neurosis) と呼んだ。

● 子どもへの恐怖症作り

ワトソンとレイナー (Watson, J. B. & Reyner, R.) は、8カ月のアルバート坊やに恐怖反応を実験から喚起させた。アルバートは白ネズミが好きでよく触っているが、彼が白ネズミを触った瞬間に金属の棒をたたいて大きな音を鳴らした。当然子どもは大きな音にびっくりして泣き出してしまう。これを何回か繰り返すと、ネズミを見ただけで泣いて逃げ出すようになってしまった。つまりネズミに対する恐怖反応が条件づけられたことになるのだ。次にウサギなど白くフワフワした毛の動物を見せると、同様に恐怖反応を示し（般化）、イヌや紙袋に入った綿などには反応しなかった（分化）。このような学習性の情動は、条件性情動反応と呼ばれる。

ワトソンはこの後アルバート坊やが引っ越して遠くにいく時に、この恐怖症を取り除かずに放置したため倫理的な批判を受けた。

● アメフラシへの古典的条件づけ

海にすむ軟体動物のアメフラシは、中枢のニューロン数がおよそ2万個である。アメフラシのエラは外とう膜で保護されていて、外とう膜の端はサイフォン（水管）という部分になっている。アメフラシはサイフォンに触れると、エラを引っ込める反射を起こす。尾の部分に電気ショックを与えると、エラを引っ込める反射を起こす（図7-3）。カンデルとホーキンス (Kandel, E. R. & Hawkins, R. D.) は、はじめエラの引っ込め反射を引き

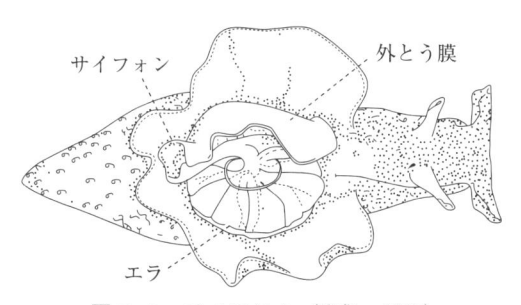

図7-3　アメフラシ（海保, 2005）

起こさないような弱い刺激をサイフォンに与え、その後に尾に電気ショックを与えた。このサイフォンへの刺激と尾の刺激の対呈示を繰り返すと、サイフォンへの弱い刺激でもエラの引っ込め反射を起こすようになった。つまり、サイフォンへの刺激が条件刺激となり、尾への電気ショックが無条件刺激となるのである。このアメフラシの行動をシナプスで放出される神経伝達物質の量の変化で説明している。

● 道具的条件づけ

スキナーはレバーを下げるとエサがエサ皿に落ちてくるようにしかけられたスキナー箱を作り、その中へ白ネズミを入れた。はじめネズミは箱内で暴れているが、そのうち偶然レバーに体があたるとエサが落ちてくるので、それを食べることができるのだ。この偶然が強化（報酬〔reward〕）となって、ネズミはエサを得るためにレバーを確実に押すようになる。つまり、レバー押し反応がエサを得るための道具、手段となっていることがわかる。

図7-4はこの関係を示している。押す反応はエサを得るという目的に新しく結びつけられた行動なので条件反応（CR）といい、レバーがその対象の条件刺激（CS）となる。エサは古典的条件づけと同じく無条件刺激（UCS）で、食べる行動は無条件反応（UCR）となる。

この学習が成立するためには、ネズミがレバーを押さなければならず、じっとしていては何も始まらない。つまり、この学習はネズミの自発的な反応または操作（オペラント）に依存しているといえる。このことから、道具的条件づけまたはオペラント条件づけと呼ばれており、古典的条件づけのように刺激に対して受動的に反応するのではなく、能動的に反応することが特徴とされる。

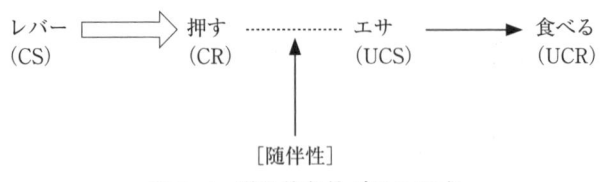

図7-4　道具的条件づけの図式

また、レバー押しに対してエサが出てくるという関係には、随伴性（contingency）があり、実験者の恣意でどのようにでも変えることができる。レバー押し反応とエサによる強化までの時間間隔と、強化の種類には、たとえば反応のたびに強化するという「連続強化」と何回かの反応ごとに強化する「部分強化」という方法がある。

　実際のレバー押し学習に際しては、ネズミがレバーに近づき偶然あたる可能性を高めることが必要である。まず、ネズミが箱に慣れるようにエサを箱の近くに置き、箱に入ればレバーの近くにエサを置くことも必要である。このように小刻みにいくつかの段階を設け、徐々に覚えさせて接近し目標達成をさせることを行動形成（shaping）という。これを教育に応用したのがプログラム学習（programmed learning）であり、ステップ1、2、3……と徐々に難解な学習が行われていく。重度知的障害児に日常生活の行動を獲得させる際に用いられることが多い。

　スキナーによる学習方式には次の5つの原理がある。①積極的反応の原理（まず自発的な行動が求められる）、②結果の即時確認の原理（knowledge of results；KR 正誤をすぐに与える）、③スモール・ステップの原理、④個別化の原理（個人差に応じたペースで行う）、⑤学習者による検証（情報をフィードバックして知らせ、目標到達ができないのはプログラムが悪いと考える）の原理である。その後、コンピューターの開発によって自動化された教授システム CAI（computer assisted instruction）が開発され、教授・学習過程の個別化や最適化がはかられている。

● 古典的条件づけと道具的条件づけの相違

　古典的条件づけと道具的条件づけについては、次のような違いが見られる。

　古典的条件づけで起きる反応は、反射のような不随意の反応が中心であるが、道具的条件づけでは骨格筋反応のような随意的な反応が中心である。古典的条件づけにおいては、強化が条件刺激と無条件刺激と対呈示であり、条件づけられる行動を外発させるのに対して、道具的条件づけは強化や罰が生活体の行動の結果として考えられ、行動を統制する働きがある。また、道具的条件づけは特定の刺激がない場合でも行動が生じているのに対して、古典

的条件づけでは条件刺激のような特定のものの刺激がなければ行動は生じない。

3. 学習理論

● 洞察学習

　知恵の輪に不慣れな人は、力任せに必死に輪を外そうとすることがある。どんな行動においても、デタラメにでも何でもまず行動を起こして解決を試みることを試行錯誤学習（trial & error learning：Thorndike, E. L.）という。

　しかし、思考という高等な精神作用が働く動物では、一挙に目的と手段の関係を洞察し、見通しを持って正しい行動をとることがある。ケーラー（Köhler, W.）は、金網を張り、その外側にエサを置いて見えるようにした檻の中にニワトリを入れて、どのような行動をとるかを調べた。ニワトリは、エサが見える金網にぶつかり右往左往するだけであった。イヌを連れてくると、エサの前に行かずにすぐに遠回りをしてエサを獲得した。この回り道の発見は、目標のもう1つ手前のものを下位目標に選び、その下位目標を達するために、さらにもう1つ手前のものを探すというように、目標に直接とらわれずに手前のほうに戻ってみるほうが有効な時がある。

　また、檻の中から手の届かないところにあるバナナをサルがどのようにして獲得するのかという実験も行われた。最初、サルは手を伸ばしてもバナナをとれないので暴れるが、そのうち檻の隅でしばらく座り込み、突然、隅にあった棒をとってそれでバナナを引き寄せた。これは道具の使用と呼ばれる。このように、誤った反応を徐々に除外して正しい反応を探すといったことでなく、一挙に目標と手段の関係を直感的に洞察することもある。この他に、チンパンジーが太い棒の中に細い棒を差し込んで、つないで長くする行動や、高いところにあるバナナをとるのに、木箱を3つ積み上げてその上に乗ってとるなど、道具の作製や建設の使用などの工夫があった。

　洞察学習（insight learning）は、状況の的確な認知だけでなく、目標と手段の関係づけのために認知構造の転換、あるいは注意の焦点移動が必要となる。

つまり刺激の印象性や欲求対象の魅力性にとらわれないことが重要なこととされる。ただし、解決に必要な諸要素についてある程度の経験は必要であることが多く、その場合は、既知の経験の再編成、認知の再体制化が見られる。人間にとっても、課題全体の構造の洞察、把握の転換は重要な働きをなす。ただ人間の場合、こうした突然の洞察の成立に際して、「なるほど」という驚き、感心する体験を伴い、ビューラー（Bühler, K.）はこれを「アハァ体験（Aha experience）」と呼んだ。

● 社会的学習

ミラーとダラード（Miller, N. E. & Dollard, J.）は、動物と子どもを対象にしてリーダーへの追従行動を観察し、社会的学習（social learning）の概念を提唱した。彼らは、模倣や非模倣が学習されたものであることを実証している。

その後、バンデュラ（Bandura, A.）が、人間を対象とし、他者を介した学習形態を研究した。バンデュラは人間の学習過程を基本的には刺激―反応説から見ながらも、直接的な賞罰を与えずにモデルの示範を観察するだけで成立することを示している。このような学習を観察学習（observation learning）やモデリング（modeling）と呼んだ。観察学習を実証するために行った彼の実験は以下のものである。

被験者は4歳の幼稚園児たちで、モデルは成人男性である。まず園児たちには、モデルが風船でできた人形（ボボ人形）を横に倒す、殴るなどの攻撃を加えている様子を観察させた。その後、園児たちを3群に分けており、それぞれで展開を変えている。1群はモデルが「強いチャンピオン」といわれ「ジュースをもらう」などの褒美が与えられるモデル報酬群、2群は「大変な暴れ者」といわれたたかれるモデル罰群、3群は何もない無結末群となっている。各群でそれぞれ異なる展開のビデオを見せてから、園児たちをモデルがボボ人形を攻撃していた部屋と同じ部屋に誘導した。そして、園児たちが自発的にどのような行動をとるのか、つまり模倣行動の出現（遂行）を調べた。また、モデルがしたことについて「再現できたらジュースやシールをあげるよ」などといい、身体的・言語的刺激を促し、模倣反応の再生（習得）ができるかどうかも調べた。この結果、遂行レベルでは、モデル罰群で攻撃

行動の模倣が最少であったが、他の2群では差がなかった。つまり、モデルに報酬が与えられても模倣を促す効果がなかったといえる。一方、習得レベルを調べると、3群に差がなかった。このことは、攻撃行動の模倣が最少であったモデル罰群であっても示範した攻撃行動を学習していたことを示しているのである。このような学習の形態は、直接的な経験を伴わないことから、代理学習（vicarious learning）とも呼ばれている。

● 状況主義的な学習理論

これまでの学習研究は知識の獲得を中心に行われていたが、1980年代から「ポスト知識獲得」の研究が行われるようになってきた。その1つに、知識は状況や環境や社会と切り離すことができないと、社会・分化的要因に着目した状況理論がある。

レイブとウェンガー（Lave, J. & Wenger, E.）は、アフリカの仕立屋の徒弟制度における弟子の学習の仕方や親方の教育の仕方を詳細に調べ、そこでの学習のプロセスを正統的周辺参加（legitimate peripheral participation；LPP）と名づけた。アフリカの仕立屋における弟子は、最初から仕立屋という実践共同体の一員として認められており、周辺的ではあるが全体を見通せる重要な仕事（たとえば、服のボタンつけ）を任されている。ボタンつけは商品として不可欠な作業だが、簡単でやり直すこともできるので周辺的な参加といえる。その後、徐々に専門性が高くて、また失敗すると損失が大きくなる仕事（たとえば、縫製や裁断）を担うようになる。基本的には、親方は手取り足取りで教えずに、弟子は見よう見まねで仕事を覚えていく。熟練を重ねていくうちに洋服作りのすべての工程をこなすようになり、周辺的な参加から、十全的参加と呼ばれるようになっている。徒弟から職人へと移行していく過程で、扱う製品も帽子や子ども服から外出着や高級スーツへと変わり、その専門性を高めていくようになる。熟練になる過程、つまりこの学習の過程は、弟子が自ら服作りの知識を身につけたいと思いながら、同時に周囲も一人前の仕立屋になることを期待することで展開しているのだ。その意味では、学習の過程を社会や状況から切り離して考えることができないだろう。このように状況に埋め込まれた学習でありながら、部分的な仕事から全体的な仕事へと参

加の範囲を広げ、さらに実践共同体への参加の度合いを深めていく過程が、正統的周辺参加学習と考えられる。

4．学習行動の原理

◆学習曲線

　学習を行う場合の試行の反復回数または時間と学習の程度との関係を表したものが、学習曲線（learning curve）である。学習曲線の型は、学習作業の形式、学習材料、学習者の能力、学習の指標によって異なる。図7-5は代表的な3つの型を示したものである。A型はもっともよく見られ、最初の急速な進行があり、学習の完成に近づくにつれ、進行速度が遅くなる。学習課題が比較的単純でやさしい場合である。B型は、最初は学習がなかなか進まず、適当な手がかりと正反応が見いだされると、反応自体は容易となり、急速に学習が完成してしまう。課題が困難な場合や、年少者の学習の場合である。C型は、B型のように正反応が見いだされても、その後の反応の定着のための反復が続けられることが必要である。正負の加速度曲線を合わせたS字状の曲線になる。

　学習の過程では学習の指標が常に上昇するとは限らず、上昇、下降を繰り返しながら進むことも見られる。時として途中で進歩が止まり、しかも低下もしない時期がある。これを高原現象（plateau phenomenon）という。スポーツやピアノなどの技能学習によく見られ、高原現象は次の飛躍のための準備段階であると考えられることがある。

◆学習時間──分散学習と集中学習

　効果的な学習を行うために、学習時間をどのように配分するのかが問題とされ

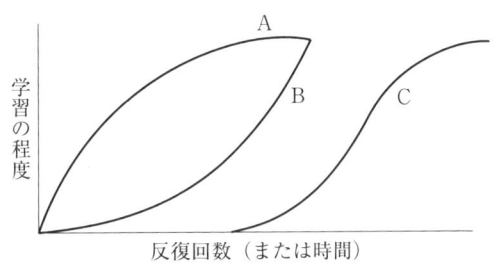

A：負の加速度曲線　　B：正の加速度曲線
C：S字形曲線

図7-5　学習曲線の代表的な型（村田，1983）

る。学習を長時間集中的に行うことを集中学習と呼び、適度に休憩を入れて学習をすることを分散学習と呼ぶ。ハル（Hull, C. L.）の反応制止説（reactive inhibition）では、学習を反復していると一種の抑制作用（疲労）が働き学習効率が悪化するが、休憩をはさむことによって抑制作用が減少し学習効率が良くなるため、分散学習のほうが集中学習よりも効率的だといわれている。

● 学習材料の配分──全習法と分習法

ある学習課題が与えられた時、学習材料の配分の仕方も学習効果に影響を及ぼす。課題を分割して、部分ごとに学習することを分習法といい、全体をそのまま一括して学習することを全習法という。分習法は、注意する部分が少なくなるため、他の部分との類似による混乱も避けられ、部分的だが学習完成の喜びを味わうことができる。その反面、分割して学習すると、全体の見通しを失い、部分的に完成しても、再び全体にまとめる努力が必要となる。これまでの研究では、一貫した結果が得られていないが、学習者の年齢が低いほど、また学習材料の量や困難度が増すほど、少しずつ考えさせる分習法のほうが有利である。一方、大学生があるテーマでレポートを書くなど学習材料のまとまりの高いものは全習法が有利である。

実際の学習過程では、両方の要素を組み合わせることが比較的多い。たとえば、作業の前半は分習法で少しずつ課題を進め、後半はすべてに目を通す全習法を取り入れるようなやり方である。

● 学習の転移

学習や訓練の効果は、ただ経験を積み重ねるだけではない。時には、以前に学習したことが後の学習を促進させたり、逆に後の学習を妨害することもある。これを学習の転移（transfer of learning）という。先に行った先行学習がその後に行う後続学習をしやすくする場合を「正の転移」といい、逆に妨害する場合は「負の転移」という。教育効果としては正の転移をいかに増大させ負の転移を防ぐかが重要な課題とされる。たとえば、英語の学習をした後にフランス語の勉強をする場合、英語の学習経験がフランス語の学習の効率を上げ、妨げとなる部分を排除するように学習計画を立てる必要がある。

先行学習と後続学習の類似度が高いほど転移は起こりやすい。また先行学

習の学習程度と構造化の程度が高い場合にも転移は起きやすい。不十分な学習では転移は起きにくく、知識が構造化し体系化したほうが起きやすく、また学習者の特性も影響するなどさまざまな条件がある。

　ハーロー（Harlow, H. F.）は、サルにさまざまな形や色をした木片を区別させる344種の弁別学習で、実験課題は先行学習から転移が生じないように配慮した。はじめは1つの弁別学習を完成するのに多くの試行を要し、何回も試行錯誤を繰り返していたが、作業を繰り返すうちに学習時間は短縮していった。つまり、直接的な正の転移は得られていないものの、全課題に通じる何らかの要領を得たということができる。ここで見られる作業効率の向上は、学習の構え（learning set）あるいは学習の学習（learning to learn）が生じているからである。

● **個人差に応じた教授プラン**

　もっとも適切な学習法や教授法は個人によって異なる、という考え方をATI（aptitude-treatment interaction）と呼ぶ。生徒AにはAというプラン、生徒BにはBというプランを与えることが理想とされる。

　サロモン（Salomon, G.）は一般的な個人教授プランを次のように分類した。

　①　治療モデル：　学習に欠ける部分を教授、訓練により獲得させる。

　②　補償モデル：　学習に欠けている部分を外的な材料やヒントなどを与えることにより補う。そのために何をしてでも獲得させるというのではなく、理解をさせることが重要になる。

　③　特恵モデル：　学習に欠けている部分の治療や補償をせず、またその獲得や理解に努力するのではなく、学習者の持つ優れた部分を引き伸ばすことに時間を費やす。

　学習方法が個人にとって適切なものになるためには、個性を尊重する柔軟性と個人差を見つける注意深い観察力や洞察力が必要である。

● **学習性無力感**

　セリグマン（Seligman, M.）は、逃げられない状況の中で電気ショックを与えられたイヌが、どのような行動をとるようになるのかを調べた（図7-6）。最初、イヌは痛みから逃げ回ろうとするが、床や壁からも電気ショックが襲

(a) 犬の実験用固定装置

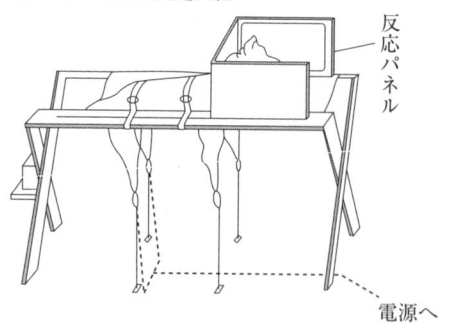

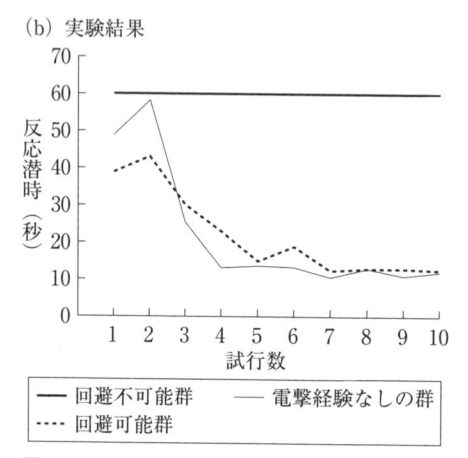

反応パネル

電源へ

(b) 実験結果

反応潜時（秒）

試行数

── 回避不可能群　── 電撃経験なしの群
‥‥ 回避可能群

図7-6　セリグマンとマイヤーの実験
（Seligman & Maier, 1967）

ってくるのでどこへいっても痛みから逃げることはできない。これを繰り返すと部屋の隅で、ただ鼻をクークーと鳴らすだけで抵抗せずに何もしなくなった。別の部屋に連れていき、座らせた部分のみ電気ショックを与えるが、そこから動くこともない。そして最終的に電気ショックを避ける方法を再学習させても、イヌはその状況から逃げることを止めるようになった。このようなあきらめは、その他の状況でも見られるようになり、ついには常に無力で無表情になってしまった。

　学習された無力感の理論では、ショックを与えられたイヌがどのような反応をとっても結果に結びつかないことを学習し、認知の動機づけの障害（ショックから逃れようとしない）と感情的障害（ショックに対する反応が低下する）を持つことになる。イヌが示す、認知、欲求、情動的な欠損は、人間のうつ病でよく見られる症状と類似している。そのため、学習性無力感（learned helplessness）は人間のうつ病の実験動物型として提案された。その後の研究から、学習性無力感と不可避な懲罰の予期に関して、脳の内因性モルヒネ様物質の放出、免疫系を破壊するような影響と疼痛閾値の上昇が明らかにされた。

　児童生徒の中で、何をしても失敗するという学習をした場合、無力な失敗者と見なし、新しい試みを断念することにも通じるといえる。また、うつ病

にあてはめると、有害な外的出来事に続いて、内面的な解釈がなされ、自尊心の喪失が起きると考えられる。行動療法家はうつ病の改善は、患者が環境を制御し支配しているという観念を学習できるかどうかによると考える。なお、古くは、条件づけで有名なパブロフがイヌに、円と楕円の弁別実験で弁別できない状況に置かれ続けると、人間の神経症と同様に無気力・無表情になることを見て、実験神経症と名づけ、障害を実験的に作ることができることを示した。

●引用・参考文献
バンデュラ，A. 原野広太郎・福島脩美(訳) 人間行動の形成と自己制御：新しい社会的学習理論 金子書房 1975
海保博之(編) 認知心理学 朝倉心理学講座 2 朝倉書店 2005
加藤豊比古(編著) 人間行動の基礎と諸問題 福村書店 1992
ケーラー，W. 宮孝一(訳) 類人猿の知恵試験 岩波書店 1962
子安増生(編) よくわかる認知発達とその支援 やわらかアカデミズ・〈わかる〉シリーズ ミネルヴァ書房 2005
村田孝次 教養の心理学 三訂版 培風館 1983
篠原彰一 学習心理学への招待：学習・記憶のしくみを探る 新心理学ライブラリィ 6 改訂版 サイエンス社 2008
パヴロフ，I. P. 川村浩(訳) 大脳半球の働きについて 上・下 岩波書店 1975
Seligman, M. E. P. & Maier, S. F. 1967 Failure to escape traumatic shock. Journal of Experimental Psychology, 74, pp. 1-9.
Yerkies, R. M. & Morgulis, S. The method of Pavlov in animal psychology. Psychological Bulletin, 6, 1909, pp. 257-273.

第8章

記憶と忘却

　人間は蓄積された経験を必要に応じて取り出し利用している。これができるのは、新しく経験したことを記憶として留めているからである。しかしながら、われわれは新たな経験を100％記憶できるわけではないので、不都合な思いを度々させられてしまう。また知識や技能の習得において、なかなか覚えられないということを経験することもあるだろう。その一方、すっかり忘れてしまっていた記憶を、ふとしたきっかけで思い出すこともある。記憶のメカニズムは非常に複雑である。
　本章では、短期間しか覚えていない記憶、長いあいだ鮮明に覚えている長期の記憶、記憶していたことが思い違いだったという記憶の歪曲など、さまざまな記憶の形態を見ていきながら、記憶や忘却の基本的な問題について考えていくことにする。

1. 記憶とは

　記憶をしていく過程を時間的に考えると、通常次の3つの段階がある。
　記銘（memorization）あるいはコード化（coding）：　ある新しいことを覚え込むこと。
　保持（保存）（retention）あるいは貯蔵（storage）：　記銘したことを忘れずにある一定期間保ち続けること。
　想起（再生）（recall）あるいは検索（retrieval）：　保持したものを、必要に応じて思い出すこと。
　記憶の過程は記銘→保持→想起という流れで考えることが一般的だが、近年では人間の脳を情報処理のシステムとして見る傾向が強くなった。情報処理の考え方から処理における過程を説明する場合には、コード化→貯蔵→検

索と考える方が適しているだろう。

2. 記　　憶

● 記憶の検査法

　記憶研究は、19世紀後半にエビングハウス（Ebbinghaus, H.）が行った記憶の保持（忘却）の研究に始まった。この章で説明するさまざまな研究を含め、記憶に関する実験は、次のような方法を用いて行われていることが多い。

　再生法：　記銘した内容を口頭や筆記で再生させる方法である。たとえば、「あなたが動物園で最初に見た生き物は何でしたか？」という問いに対して、再生法では特定の動物の名前を答えることが求められる。

　再認法：　複数の刺激の中から記銘した内容がどれであったかを認識させる方法である。再生法の例と比較すると、「あなたが動物園で最初に見たのは、サル、カバ、ライオンのうちどれですか？」という問いに対して、マークシート方式のように選択肢の中から選び出せばよい。

　再学習法：　特定の問題を複数回記銘させ、最初の記銘と2回目の記銘で学習に要する時間などを比較する実験方法である。たとえば、被験者に日本の都道府県のすべてを記銘させるとして、1度目の試行と2度目の試行ではどれだけ学習時間が短くなるのかを調査するような場合である。再学習法では、エビングハウスの実験で見られる節約率を求めることができる。

● 感覚記憶

　記憶はその保持の仕方によってさまざまな種類にわけられている。まずは、記憶の中で保持時間が1番短い、視覚や聴覚と関係する「感覚記憶（sensory memory）」から見ていくことにする。スパーリング（Sperling, G.）は、瞬間に提示される視覚の情報をどの程度保持できるのか調べるために次のような実験を行った。

```
7  1  V  F
X  L  5  3
B  4  W  7
```

図8-1　スパーリングの刺激例（Sperling, 1960）

　図8-1のように12個の文字と数字が配列さ

れた刺激図を被験者に50ミリ秒呈示し、どのような文字があったかを思い出させた。多くの被験者は3、4文字しか報告できなかったが、彼らは報告できるよりもたくさんの文字を刺激図の中に見ていたようである。

　スパーリングは以上のような全体報告法を改め、次のような部分報告法というやり方で実験を行った。刺激図の提示後にブザーを鳴らし、それが高音なら上段の行だけを報告、低音なら下段の行だけを報告というように、報告する文字を指定した。この方法を実施したところ、12文字のうちほとんどが報告可能であった。このことから、刺激図のすべての文字をいったん記憶することは可能であるが、想起までのわずかな時間で忘却が起きているという感覚記憶のシステムが明らかになった。

　もちろん、部分報告法を実施しても、報告までの時間を遅らせてしまうと、答えられる文字数は減少してしまう。刺激の呈示後300ミリ秒経過すると、想起し報告するという記憶の再生率は50％まで低下した。この実験を通じて、人間の記憶は、ほんのわずかな時間であればかなりの量を保持できるということがわかった。

● 短期記憶

　情報処理モデルでは、感覚入力された情報の中で、情報は符号化され、一時的に短期記憶（short-term memory）の中に貯蔵されると考えられている。短期記憶は、感覚記憶のような「生の情報」ではなく、入力された直後、重要な情報だけが選択的に注意されて、利用されやすいような形にコード化されて記憶されるため、「処理された情報」あるいは「解釈された情報」が貯蔵されていると考えられている。視覚、聴覚、触覚などの感覚を通した形で、感覚モダリティを保存した記憶表象として記憶されることがあるが、多くは言語化されて記憶される。

　日常生活から短期記憶を見てみよう。たとえば人から電話番号を聞いた時に、メモをしている間はその番号を覚えているが、メモを取り終えたらその番号は記憶に残っていない。これが短期記憶で特徴とされる一時的な貯蔵である。また、短期記憶は容量も限られているので、人間が一度に覚えられる量には限界がある。ミラー（Miller, G. A.）は、一般に人が覚えることができ

る数字の記憶範囲が、7±2の範囲であるといい、これをマジック・ナンバー7（magical number 7）と呼んだ。

ピーターソンら（Peterson, L. R. & Peterson, M.）は、次のような実験を行った。3つのアルファベット文字（CJHなど）を用いて無意味綴りを作り、それを呈示した直後に、ある数字（たとえば686）を出してそこから一定数（たとえば3）を引いていく計算（683、680、677……となる）を記憶の妨害課題として課した。すると、無意味綴りの再生は、3秒後には50％に、10秒後には20％に低下し、急激な忘却が生じた。これらは、短期の情報貯蔵庫の存在と、その短期的忘却の性質を表すものとして注目された。

ケッペルとアンダーウッド（Keppel, G. & Underwood, B. J.）はピーターソンらの実験で示された短時間の忘却は、被験者が最初に行った試行では、十数秒の妨害課題の後でも単一の記銘項目は正確に報告されたが、数回の試行を重ねて行われると、前回の記憶がその後の記憶の妨害要因であると指摘した。先行の試行が後続の試行に干渉し順向抑制が起きたといえる。

●アトキンソンとシフリンの多重貯蔵庫モデル

アトキンソンとシフリン（Atkinson, R. C. & Shiffrin, R. M.）は、想起における特徴を調べるために、10個から15個の単語が書かれたリストを被験者に読んでいき、その直後に順不同で単語を思い出してもらった。単語のリストを変えてこれを繰り返すと、単語の再生率は図8-2のような曲線を示したのである。このグラフは系列位置曲線と呼ばれている。

リストのはじめのほうに呈示された単語と、リスト終わりのほうに呈示された単語の再生は比較的良かったが、中間に呈示された単語では両者と比べて低かった。はじめに

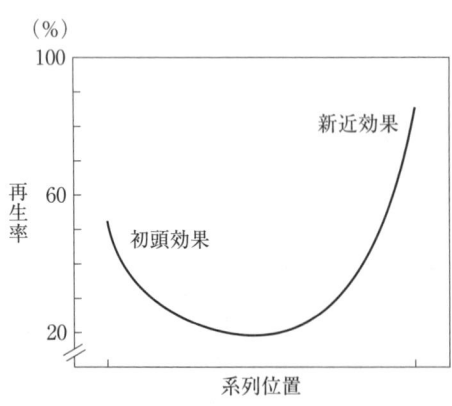

図8-2 **系列位置曲線**（Atkinson & Shiffrin, 1971　篠原, 2008）

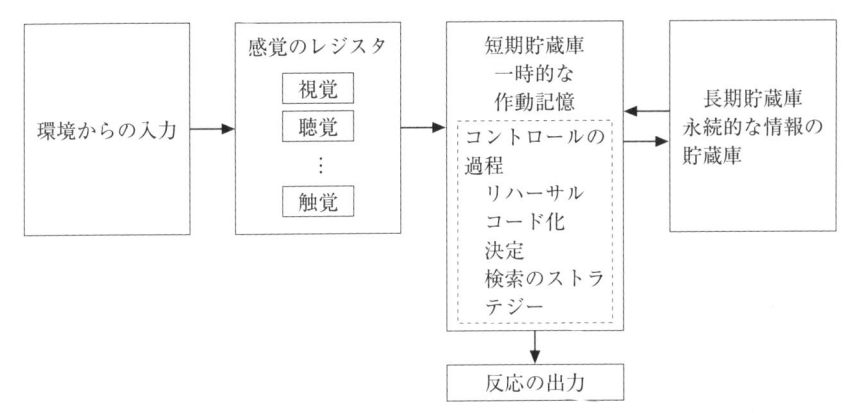

図 8-3　多重貯蔵庫モデル（Atkinson & Shiffrin, 1971　篠原，2008）

呈示されたものの再生が多いことを初頭効果（primary effect）と呼び、終わりのほうの再生が多いことを親近効果（recency effect）と呼ぶ。はじめのほうで覚えた単語は長期記憶貯蔵庫で保持されていたため再生しやすく、終わりのほうで覚えた単語は短期記憶貯蔵庫に入ったものを取り出すだけなので再生しやすいのである。

　図 8-3 は、アトキンソンとシフリンの多重貯蔵庫モデルである。環境からの情報が、まず感覚のレジスタに、視覚、聴覚など感覚モダリティごとに感覚記憶として保存される。そしてその情報の一部が、リハーサル（復唱）されると短期貯蔵庫に入り、次の段階ではさらに絞られた一部の情報が長期記憶化されていく。彼らは、人間の記憶は 1 つの貯蔵庫で保持されるとは考えず、多重の貯蔵庫を移りゆくものだととらえたのである。

◆ ワーキング・メモリー

　短期記憶は、上記で説明した一時的な記憶の貯蔵庫として取り上げられることが多かったのだが、近年では独特な情報処理を行うワーキング・メモリー（working memory：作動記憶）として注目が集まっている。

　バドリーとヒッチ（Baddeley, A. D. & Hitch, G.）はワーキング・メモリーを説明するために図 8-4 に示すモデルを考えた。視空間記銘メモ（visuospatial sketch pad）は、経験した視覚的情報や長期記憶から出る視覚イメージなど、

```
                    ┌─────────┐
                    │ 中央実行系 │ ─┐
                    └─────────┘   │
           ┌──────────┼──────────┐│ 作動記憶
    ┌──────────┐ ┌──────────┐ ┌────────┐│
    │視空間記銘メモ│ │エピソードバッファ│ │音韻ループ││
    └──────────┘ └──────────┘ └────────┘│
         ↕          ↕            ↕     │
    ┌────────┐ ┌──────────────┐ ┌──────┐│ 長期記憶
    │視空間知識│←→│エピソード長期記憶│←→│言語知識││
    └────────┘ └──────────────┘ └──────┘│
```

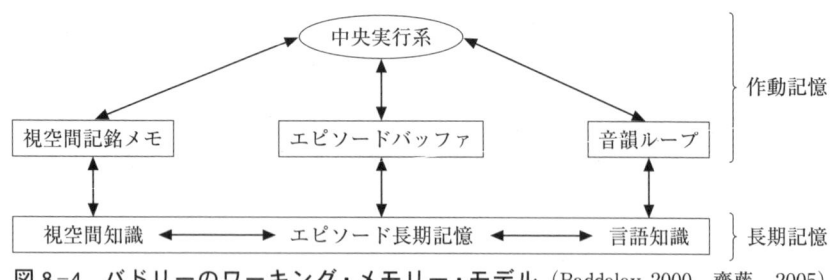

図8-4 バドリーのワーキング・メモリー・モデル（Baddeley, 2000　齊藤, 2005）

視覚情報や空間情報の保持を行っている。音韻ループ（phonological loop）は、調音のコントロール・システムと音韻の貯蔵庫という2つのサブシステムを持っている。調音のコントロール・システムは、たとえば、郵便番号をメモする時に頭の中で繰り返しながら保存するような、内部の声として情報を保持することである。音韻の貯蔵庫は、発話の情報を音韻の形で保持しており、こちらは内部の耳と考えられる働きをする。エピソードバッファ（episodic buffer）は音韻ループ、視空間記銘メモ、長期記憶、知覚入力からの情報をエピソードにまとめることを可能にし、中央実行系（central executive）と長期記憶の間のリンクを提供すると仮定されている。中央実行系はワーキング・メモリーの中枢的働きをしており、入ってくる情報に注意を向け、他の構成要素の働きを調整するなど、システム全体の働きを統制する重要な構成要素とされている。

● **長 期 記 憶**

　短期記憶で保持された情報の中には、長期記憶（long-term memory）へと移行されるものも存在する。日常生活から見ると、何十年過ぎても忘れることのない九九などは長期記憶の代表といえるだろう。
　タルビング（Tulving, E.）は長期記憶を、小さな頃の思い出など個人的な出来事の記憶であるエピソード記憶（episodic memory）、「1192年鎌倉幕府成立」のように一般的な知識として記憶する意味記憶（semantic memory）、自転車の乗り方のように身体的感覚として記憶しているような手続き記憶（procedural memory）の3つに区別した。またエピソード記憶と意味記憶は、

「鎌倉幕府の話」の授業の時に、先生が個人的に面白い話をして印象深い経験を持っているなどの場合もあり、これらは明確に区別ができないことが多い。それゆえ両者を併せて宣言的記憶（declarative memory）と呼んで分類されることもある。

● 潜在記憶と顕在記憶

　いつでも思い出せるような記憶、つまり意識上に残っている記憶は顕在記憶（explicit memory）という。一方で、情報が記憶されたにもかかわらず、それを普段は意識できないような記憶は潜在記憶（implicit memory）という。潜在記憶として無意識の中にとどまっている情報は、容易に意識化できない反面、無自覚のうちにわれわれの行動へ何らかの影響を及ぼしていると考えられている。このような潜在記憶の特徴について、タルビングは時間的に先行する刺激が後続する刺激に影響を与える現象があることを説明し、これをプライミング（priming）効果と呼んだ。たとえば、「看護婦」という単語の前に「病院」という単語がある場合、意味的に関連する語が前に呈示されているため目標語の知覚が無意識的に促進される。ちなみに、プライミング効果は必ずしもプラスに働くとは限らず、勘違いや早とちりなどの間違いにつながってしまう。

3. 忘　　却

　忘却（forgetting）とは経験したものや学習したものが時間の経過とともに、思い出せなくなり忘れ去られることである。その忘却はどのようにして起きるのだろうか。また忘却された記憶は二度とよみがえらないのか。忘却に関するさまざまな研究を見ていくことにする。

● エビングハウスの忘却曲線

　エビングハウスは記憶の実験で、時間の経過に伴って忘却量がどのように推移していくのかを明らかにした。彼は自分で被験者になり、一連の無意味綴り（JVKなど）を2回続けて誤りなく反復できるように学習した後に、所定の時間を置いて再学習し、同じく2回続けていえるまでの所要時間とはじ

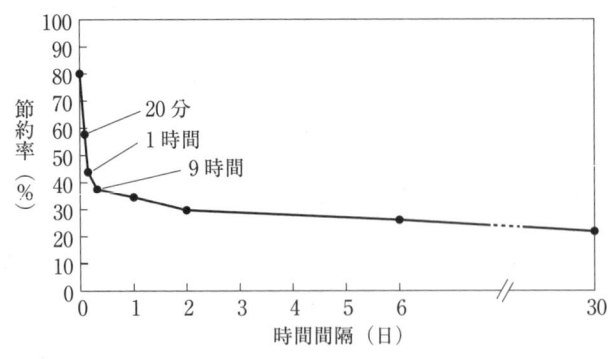

```
       100
        90
        80
     節 70   20分
     約 60   1時間
     率 50
    (%) 40    9時間
        30
        20
        10
         0
          0  1  2  3  4  5  6      30
                  時間間隔（日）
```

図 8-5 忘却曲線 (Ebbinghaus, 1885　相良, 1974)

めの学習に要した時間の差（節約率）を比べた。

$$節約率 = \frac{はじめの学習に要した時間 - 再学習に要した時間}{はじめの学習に要した時間} \times 100$$

図8-5は有名なエビングハウスの忘却（保持）曲線である。保持量は最初の9時間まで急激に減少（忘却量は増加）し、それ以後はきわめて緩慢に減少していく。しかしこのような曲線の型は、保持量を測定する方法や材料の性質その他の条件によっても異なることがあるとされる。

● **干　渉　説**

干渉説（interference theory）は忘却が生じる原因の1つとされており、前後に行った学習が互いに干渉し合うことで忘却が生じるという考えである。先行の学習が後続の学習の記銘や再生を妨害する場合を順向抑制（proactive inhibition）と呼ぶ。たとえば、英語の勉強をした後で、フランス語の勉強をする場合に、フランス語を覚えにくいなどである。逆に、先行学習の内容の保持が後続学習によって再生が妨害されることを逆向抑制（retroactive inhibition）と呼ぶ。先の例では、フランス語を勉強したので、英語の単語のスペルを間違えるなどである。

ジェンキンスとダレンバック（Jenkins & Dallenbach, 1924）は睡眠が記憶の再生に及ぼす効果を調べた。2人の学生に10個の無意味綴りのリストを記銘し、保持テストを受ける時間までの間に覚醒させておく条件と睡眠をとら

せる条件の2つの条件を与え比較した。両者ともに記銘後はじめの2時間は急激に忘却する。しかしその後、睡眠条件下では忘却量はあまり増加しなかったが、覚醒条件下では何らかの経験や活動が保持を妨げ、忘却量は増加した。つまり覚醒状態にあることは、常に何らかの干渉が生じており、忘却を促進していると考えられるのである。

● 抑　圧　説

フロイト（Freud, S.）は、自我に不快感を与える心理的な活動、願望、空想、子ども時代の出来事などの記憶は、思い出せないように無意識の世界へ追いやられると考えた。ヒステリー患者の精神分析治療から発見したこのような心のメカニズムを、彼は抑圧と呼んだ。会合を進行する際、「開会の挨拶」というべきところ「閉会の挨拶」などと間違えてしまう場合は、その会合に対する不快感を抑圧している可能性が高い。抑圧を原因とする失念、言い間違え、遅刻などのミスは、日常的にもよく見られる出来事である。

4．記憶の変容

● 記憶の歪曲

われわれの記憶は、必ずしも入ってきた情報が正しく保持され、再生されるわけではない。時には「思い違い」のような体験がある。ウルフ（Wulf, F.）はある図形を記憶させ、その内容が時間の経過とともにどのように変容していくかを調べた。図8-6はそれを示したものである。この実験から、記憶の歪曲について次の3点の特徴を理解することができた。

① 強調化： その図形の持つ部分的な特徴が強められて再生される。

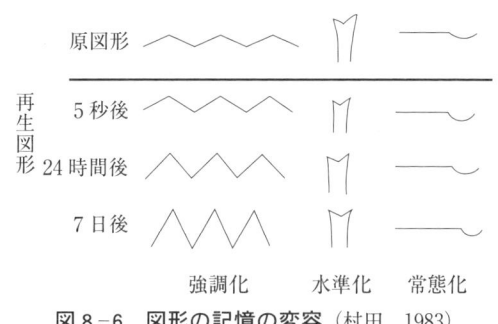

図8-6　図形の記憶の変容（村田，1983）

② 水準化： 特徴が弱められ、差がなく平均的なものに再生される。
③ 常態化： 日常生活の見慣れたものに似て再生される。

●引用・参考文献
Atkinson, R. C. & Shiffrin, R. M. The control of short-term memory. Scientific American, 225, 1971, pp. 82-90.
Ebbinghaus, H. Über das Gedächtinis. Duncker u. Humbolt. 1885
Jenkins, J. G. & Dallenbach, K. M. Obliviscence during sleep and waking. American Jounal of Psychology, 35, 1924, pp. 605-612.
海保博之（編） 認知心理学 朝倉心理学講座2 朝倉書店 2005
村田孝次 教養の心理学 三訂版 培風館 1983
大橋正夫他（編） 入門心理学 福村出版 1980
相良守次 心理学概論 岩波書店 1974
篠原彰一 学習心理学への招待 新心理学ライブラリィ6 改訂版 サイエンス社 2008
Sperling, G. The information available in brief visual presentations. Psychological Monograph, Vol. 74, 1960.
高野陽太郎・波多野誼余夫 認知心理学概論 日本放送出版協会 2006

> 事例　トラウマ

　A子のお父さんとお母さんはA子が3歳の時に離婚しました。A子はお父さんの記憶がないので、どんな人か知りません。お母さんと一緒に暮らしていましたが、小学2年生の時、お母さんは時々男の人を家に連れてくるようになりました。その男性は優しいけれど、A子がいると邪魔みたいでした。お母さんはいつも男性と一緒だから、A子は1人でご飯を食べます。たまにお母さんと一緒にご飯を食べる時、「A子は他の人と違う、他の人よりバカだし、何もできない子」とお母さんはいい、そんな時、A子はとっても悲しくなります。でも、お母さんのいう通りで勉強はできないし、体育も下手だし、何をしても上手くいきません。だから、A子はだんだん学校へ行くのが嫌になってきて、ずる休みをするようになりました。お母さんが家にいる時は仕方がないので学校に行きますが、お母さんが家にいない時は休みます。そしてA子が学校を休んでも、誰も気にかけてくれないので、さらに学校に行かないことが多くなりました。小学5年生の時、担任の先生が家まできて、A子のお話を聞いてくれるといいました。A子はいろいろな話をしたかったけ

ど、「私なんかの話を聞いてくれる人がいるはずないし、先生は仕事だから優しくしてくれるだけで本当はA子のことをいらない子だと思っているんだ」と思いました。先生が家にきてくれましたが、A子は先生の質問に「わからない」と答えるだけだったので、先生はがっかりして帰りました。A子は「やっぱり私は何もできないバカな子だ」と思いました。

　A子は思春期になり、リストカットなどの自傷行為や援助交際などの問題行動を行い、うつ症状や解離症状（別人のようにある心的活動が分離する）を呈したため精神科を受診しました。精神分析的精神療法を行った結果、症状は改善し、それからは仕事をしながら自分の人生を楽しめるようになりました。

　このようなネグレクトや心理的虐待を受けるということは、慢性的なトラウマを体験することになり、幼い頃に慢性的にトラウマにさらされると、その人格構造は大きな影響を受けてしまう。幸い、A子は自分の人生を楽しめるようになったが、そこまで改善できないことも多い。

第9章

知　　能

　われわれ人間は現実生活の中で、環境へどのような働きかけをしながら生きているのだろうか。文化を持つ人間を他の動物と比較した場合、大きな特徴としてまず挙げられるのが、言語を持ち思考するなどの高度な知能を持っていることである。先の第3章「遺伝と環境・経験」、第5章の「言葉の発達」、第6章「知覚と認知の発達」、第7章「学習行動」、第8章「記憶と忘却」の問題とも関係し、人間の知能の複雑さが読み取れる。
　一言で知能といっても、個性の違いや環境の違いによって、その質は異なってくる。また、知能には、計算の速さ、機転の速さ、まとめ上手、創造性が豊かなど、さまざまな要素が存在する。この章では、知能がどのようなものであるのかを考え、さらには知能の程度を測定するための知能検査についても紹介していくことにする。

1. 知能の定義

　知能という言葉の語源をさかのぼると、アリストテレス（Aristoteles）のdia-noesis（感覚を越えた認識）をキケロ（Cicero, M. T.）がラテン語訳したinter-legentiaにたどりつく。さらには、スペンサー（Spencer, H.）が『心理学原理』（1855）でintelligenceという言葉を用い現在に至った。知能については古くからさまざまな定義がなされており、それは心理学者の数ほどあるといわれているのだが、ここでは代表的な考えを紹介する。

● 基本的機能としての高度な抽象的能力
　ターマン（Terman, L. M.）は、「抽象的思考を行いうる程度に比例して、その人は知能的である」と述べた。スピアマン（Spearman, C. E.）は、知能の本質は、2つ以上のものの関係をとらえる「関係の抽出」と、特定の性質と特

定の関係が与えられた時に、その条件を満足させる性質を抽出する「相関者の抽出」であるという。これらの定義では創造性や記憶などは考えられていないが、知能の一部を示したものといえるだろう。

● 環境に対する適応性

シュテルン（Stern, W.）は、「知能とは、個体が思考手段を新しい要求に意識的に応じさせる一般的能力であり、生活の新しい課題と条件に対する一般的、精神的順応力である」と考えた。ピアジェは、「知能とは最高度の精神的適応であり、生活体の環境に対する活動と、その反対方向の環境の生活体に対する活動の均衡であり、主体と客体との間に行われる相互作用の均衡である」とした。つまり、個体が既存のシェマで外界を取り入れる「同化」と、外界に既存のシェマを合わせる「調節」の相互作用により均衡状態に向くことだと考えたのである。

● 操作的定義

ボーリング（Boring, E. G.）は、「知能とは知能検査によって測定されたものである」と定義した。時間や長さの概念などと同様に、知能を直接考えるのではなく、「測定」という操作を加えることで定義づけようとしたのだ。知能検査には記憶、推理、比較、抽象、一般常識、運動技能などさまざまな問題が組み込まれているものの、これらの項目が知能のすべてを網羅しているわけではないので、定義としては曖昧なところがある。

● 種々の属性の包括

ウェクスラー（Wechsler, D.）は、「仮説的構成概念としての知能とは、個人が目的的に行為し、合理的に思考し、しかも効果的に自分の環境を処理する個人の総合的、または全体的な能力である」と、環境に対する適応や順応を述べるとともに、総合的な能力と定義づけた。ストッダード（Stoddard, G. D.）は、「知能とは困難性、複雑性、抽象性、経済性、目標への順応性、社会的価値や独創性の出現を特徴とする諸活動を遂行し、かつ精力の集中と情緒的な力への抵抗を必要とする条件下において、それらの諸活動を持続することができる能力である」とより包括的に考えた。

2. 知能の構造

●2因子説

スピアマンは10〜17歳の約1000名の児童生徒に古典、フランス語、数学、英語などの種々の学力テストや、音や明るさの弁別、運動、注意、作業速度などの精神作業検査など94種を実施した。その結果を因子分析することで、一般知能因子（g因子）と特殊因子（S因子）を抽出した。知能研究にはじめて因子の概念が導入されたのである。彼によると知能は図9-1に示す通りで、一般知能因子は遺伝的に決定されたものですべてのテストに共通して見られ、特殊因子は特殊な学習と経験によって決定されたもので一部のテストに見られている。とくに彼は、一般知能因子の内容を、経験の認識（自分の経験を認知する能力）、関係の抽出（2つ以上の観念の関係を認知する能力）、関係肢の抽出（両者の相関した性質を認知する能力）であると考えた。

●多因子説

サーストン（Thurstone, L. L.）は240人の大学生に57種の知能検査項目を実施した。因子分析（重因子分析法）の結果、すべての知的活動に共通するような一般因子は見いだせなかったが、いくつかの特殊因子に共通する因子を見いだした。図9-2に示すように、7つのS因子を基本的精神能力（primary mental abilties）と呼び、これに共通する2次的な一般因子を一般的能力（general abilities）と呼んだ。サーストンの研究から、スピアマンのいう一般知能因子は7種類にわけられることがわかった。

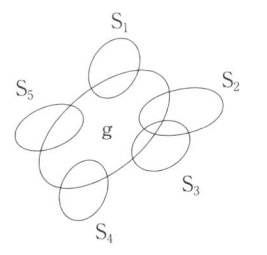

図9-1　スピアマンの2因子説 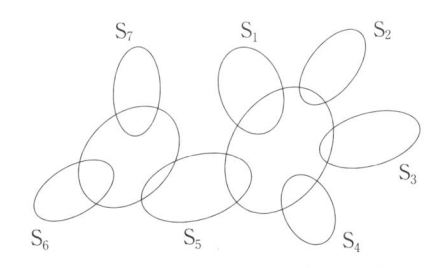　　図9-2　サーストンの多因子説

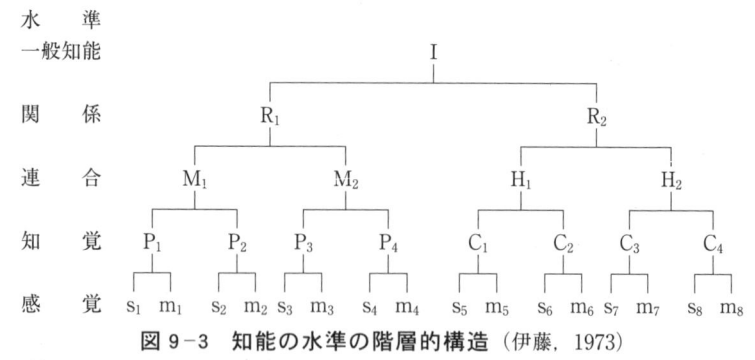

```
水 準
一般知能              I
関 係          R₁          R₂
連 合       M₁    M₂    H₁    H₂
知 覚      P₁ P₂ P₃ P₄ C₁ C₂ C₃ C₄
感 覚     s₁m₁ s₂m₂ s₃m₃ s₄m₄ s₅m₅ s₆m₆ s₇m₇ s₈m₈
```

図 9-3　知能の水準の階層的構造（伊藤, 1973）

注）s、m はそれぞれ単純な感覚、単純な運動を表し、P はもう少し複雑な知覚を、C は協応動作を表す。また、M は記憶を、H は習慣形成を表し、R は関係の理解や応用を表す。

● 階 層 説

　バート（Burt, C.）はスピアマンの2因子説に基づき、知能の水準を一般知能、関係、連合、知覚、感覚の5水準から考えた。図9-3は知能の水準の階層的構造を示したものである。このモデルはスピアマンのg因子を重視しているのが特徴といえる。

● 知能構造モデル

　ギルフォード（Guilford, J. P.）は因子分析法で抽出された種々の因子を組織的に配列し、構造的にまとめようと試みた。そして彼は、「どのような情報をどのような形でどう処理するのか」に応じて知的能力を考えた。ただし彼は知能といわずに、知性（intellect）のモデルを情報処理過程（information processing）と考え、知性を記憶能力因子と思考能力因子の群に大別した。思考能力因子は、認知能力因子と評価能力因子、そして生産能力因子に分けられる。さらに生産能力因子は収束的思考能力と拡散的思考能力に分けられる。これらは情報処理の操作（operation）における5分類である。

　さらに、情報の内容（contents）を図形的、記号的、意味的、行動的の4つに分類した。そして情報処理過程の結果としての所産（products）を、単位、類、関係、体系、変容、含意の6つに分類した。

　$5 \times 4 \times 6$の合計120個の構成単位（cell）を考えたが、現在までに確認さ

れている因子の数は約90で、すべての因子が確認されているわけではない。しかしこのモデルが考えられてからは、新しい知能構造論を飛躍させ、拡散的思考や評価などの操作や、動作や身ぶりなどの行動的内容などの、新しい知的能力を見いだそうとする方向へ導いたことが評価される。

●EQ：心の知能指数

　ゴールマン（Goleman, D.）は1995年に"Emotinal Intelligence"を著し、「知能にも自分および他者の心の動きを感じ取り、自分の感情をコントロールする能力を含むべきだ」と主張した。この本は雑誌"TIME"がEIをIQに対するEQ（心の知能指数）ととらえ直し、紹介されて有名となった。彼は常識的に実際の生活ぶりを整理し直すと、人間の評価を知能指数から考えるだけではいけないことを提案した。彼によると、自分の本当の気持ちを自覚し尊重し心から納得する決断を下す能力、衝動を自制し不安や怒りのようなストレスのもととなる感情を統制する能力、目標の追求に挫折した時でも楽観を捨てず自分自身を励ます能力、他人の気持ちを感じ取る共感能力、集団の中で調和を保ち協力し合う社会的能力などが「心の知能指数」にあたる。また、「情動や社会生活の技術は、すべての子どもに役に立ち、人生の予防接種のようなもの」と述べている。

3．知 能 検 査

　人間の種々の精神機能を実験的に測定しようと試みたのが、ミュラー（Müller, J.）、ヘルムホルツ（Helmhortz, H. L. F. von）、フェヒナー（Fechner, G. T.）、ヴェーバー（Weber, E. H.）などの19世紀ドイツの生理学者たちであった。その後、ダーウィンの従兄弟であり優生学の創始者であるゴルトン（Galton, Sir F.）は、人間の能力の個人差に関心が向き、「精神検査および測定に関する覚書」を著した。彼は感覚器官が鋭敏になるにしたがい、知能の作用する場面が大きくなると考えた。またゴルトンのもとで研究法を学んだキャッテル（Cattell, J. M.）は、大学の新入生に対して毎年個人差の測定を行っていた。キャッテルの研究から、メンタル・テストという言葉が使われるようになって

いった。

一方フランスでは、知的障害に関する研究者のセガン（Seguin, E. O.）が型盤法を、ブールドン（Bourdon, W. J.）が抹消検査法を、ドイツではエビングハウス（Ebbinghaus, H.）が文章充填法などの作業や動作を通じての検査法を考案した。これらの検査は後に精神障害者の診断の補助手段として用いられるようになった。

● ビネー式知能検査

知能検査を世界ではじめて作ったのは、フランスのビネー（Binet, A.）である。1904年フランスの文部省は、一般の公立小学校の授業についていけない子どもを早期に発見し、適切な教育を施そうと、ビネーとシモン（Simon, T.）に知能テストの作成を依頼した。1905年に正答率による難易度に配列した、30問からなる知能テストを作った。内容は、凝視（火のついたマッチを動かして見せ、頭や目の動きを見る）、触刺激による把握、視知覚による把握、食べ物の探索、簡単な命令（座る、1つとる、手をたたく）等の問題で、知能の高低よりも知的障害児かどうかを問題にしていた。1908年にはこれを改訂し精神年齢（mental age；MA、意味は知能年齢）という概念を導入した。3～13歳の間でいわゆる年齢尺度を考案し、どの程度の問題を解ける子どもが何歳程度の能力を持っているのか調べられるようにした。この検査は56の問題で構成されている。

ビネー式知能検査は多くの国に紹介され、日本では、鈴木治太郎、田中寛一らにより日本版が作られ、鈴木・ビネー知能検査（現在改訂版）、田中・ビネー式検査（現在5版）として現在でも用いられている。

アメリカでは1916年にターマンにより、スタンフォード・ビネー検査として改訂して用いられた。そして1937年に問題数を大幅に改訂し、その結果の処理方法を精神年齢だけでなく、知能指数（intelligence quotient：IQ）で表すことを考案した。これは次の式で求められる。

$$IQ = \frac{MA}{CA} \times 100$$

IQ：知能指数
MA：精神年齢
CA（chronorogical age）：暦年齢

> コラム

知的障害

精神医学での専門用語では精神遅滞 (mental retardation) という。
アメリカ精神医学会 (APA) による DSM-IV-TR：
軽度精神遅滞：IQ50～55 からおよそ 70
中度精神遅滞：IQ35～40 から 50～55
重度精神遅滞：IQ20～25 から 35～40

アメリカ精神遅滞学会 (AAMR) の定義： 知的障害とは、現在の機能における実質的な制約を受けていることをいう。知的機能が有意に平均以下であり、そのため同時に以下に示す適応スキルにおいて 2 つ以上の制限を持つものである。適応スキルの領域とは、コミュニケーション、身辺処理、家庭生活、社会スキル、地域資源の利用、自己管理、健康と安全、実用的な教養、余暇、労働である。それが 18 歳以前に現れるものをいう。

文部科学省による定義（知的障害〔intellectual disabilities〕）：
軽度知的障害： 日常差し支えない程度に身辺の事柄を処理できるが、抽象的な思考は困難である。IQ50～75 程度
中度知的障害： 環境の変化に適応する能力が乏しく、他人の助けによりようやく身辺の事柄を処理できる程度。IQ20 ないし 25 から 50 程度
重度知的障害： ほとんど言語を解さず、自他の意思の交換および環境への適応が著しく困難であって、日常生活において常時介助を必要とする。IQ20 ないし 25 以下

2000 年度基礎調査では知的障害児・者は 45 万 9100 人いて、そのうち 18 歳未満が 10 万 2400 人、18 歳以上が 34 万 2300 人、不明が 1 万 4400 人（推計）とされた。

IQ は個人が得た得点と、理論上得るであろうと推定されている集団の平均値との比較であるため、テストの得点が結果に反映されやすい。ターマンによる IQ は知能段階の高低を明確にしているので、良くも悪くも人の知能を容易に序列化させてしまった。

● ウェクスラー式知能検査

ビネー式知能検査では全体的な知能を測定していたので、「これが得意であれが不得意である」というように、因子別の知能を診断することはできなかった。この問題に取り組んだのが、ニューヨークのベルビュー病院の臨床

心理学者ウェクスラーである。1939年にウェクスラー・ベルビューテストを完成させ、その後、児童用（WISC）、成人用（WAIS）、幼児用（WPPSI）と適応年齢をわけて検査を作成した。

ウェクスラーの作成した知能検査は、知能検査を言語性検査と動作性検査にわけてそこからさらに下位項目を設けている。現在使われている児童用ウェクスラー式知能検査のWISC-Ⅲでは、言語性検査に知識、類似、算数、単語、理解、数唱の6つの下位項目があり、動作性検査に完成、符号、配列、積木、組合せ、記号、迷路の7つの下位項目がある。言語性検査と動作性検査の得点の差をディスクレパンシーと呼ぶが、これがあまりにも大きな場合は、能力のバランスの悪さから発達障害が疑われることがある。また、下位項目を検討していくことで、その人に合った職業や選ぶ参考にしたり、日常生活でどのようなトラブルを抱えやすいかを見立てたりすることができる。

知能指数という言葉は以前から変わらず使われているが、算出方法が変わり実際には次のような2つの値が求められている。その1つは知能偏差値（intelligence standard score；ISS）と呼ばれる数値で、これは同一年齢集団内において、平均からの逸脱度で知能水準の相対的な位置を示すものである。一般的な偏差値と同等の考え方で、50を平均として、そこからどれだけ離れているかを見ている。もう1つは、偏差値IQ（Deviation IQ）と呼ばれるもので、知能偏差値を旧来の知能指数と近い表現に修正しているので平均は100となる。ウェクスラー式で算出されるIQは偏差値IQである。

$$知能偏差値 = \frac{個人の得点 - 集団の平均点}{標準偏差（SD）} \times 10 + 50$$

$$偏差値IQ = \frac{個人の得点 - 集団の平均点}{標準偏差（SD）} \times 15 + 100$$

● **集団式知能検査**

上記の知能検査が個人を対象として実施されていた一方で、アメリカ陸軍省は第1次世界大戦の時に、兵士を選択する目的で集団に実施できる知能検査の作成を心理学者たちに依頼した。そして、1917年にゴッダードとオーティス（Godderd, H. H. & Otis, A. S.）が、要望に沿った集団向けのテストを作

成した。検査は2種類。陸軍アルファー式（A式）検査は言語性検査で、英語を話すことができる人を対象とし、数学や判断や語彙などの能力を検査した。陸軍ベーター式（B式）検査は非言語式検査で、無学な人や英語を話さない人を対象とし、図形、絵、符号、数字で問題が作られた。約172万6000人が集団検査を受け、約8万3000人が個別検査を受けている。この結果による当時のアメリカ軍人の平均精神年齢は13.5歳であったと報告されている。

　集団式知能検査は一度に多くの人に実施できるため、時間、労力、経費などの節約にはなるが、個人の診断用に用いる場合は個別式知能検査、あるいは両方を用いたほうがより適切である。

4. IQの変化

　ターマンは1919年に知能指数は年齢が増えても変化しないと報告してい

表9-1　各年間を通して見た知能指数の変動（西山, 2011）

昭和21〜29年測定児童　　　　　　　　（数字は％）

年間 IQの変動	3	4	5	6	7	8	9
±0〜5	36.7	20.7	11.7	7.4	4.8	4.5	0.8
±6〜10	39.6	42.2	37.0	28.5	22.2	15.7	5.0
±11〜15	17.4	25.5	32.7	42.9	41.5	44.0	22.5
±16〜20	4.4	9.2	12.1	15.2	17.5	15.7	17.5
±21〜	1.9	3.6	6.6	9.2	13.8	20.1	54.2

昭和22〜30年測定児童　　　　　　　　（数字は％）

年間 IQの変動	3	4	5	6	7	8	9
±0〜5	40.1	21.8	11.4	5.5	1.2	0.8	0.0
±6〜10	40.5	40.5	44.1	32.1	26.8	20.3	4.9
±11〜15	14.1	22.8	27.4	35.9	39.4	35.0	19.5
±16〜20	3.8	7.5	11.8	17.3	20.7	22.1	27.6
±21〜	1.5	2.9	5.3	9.2	11.8	21.1	48.0

た。これが誤解され、IQ は一生涯を通じて変化をしないという「知能の恒常性」という神話が生まれてしまった。個人の IQ が本当に一生涯を通じて同じであるか、つまり恒常性があるのかどうかを調べた研究がある。狩野は昭和 21 年度、22 年度入学の小学校 1 年から中学校卒業の 9 年間、同一人物を対象に鈴木・ビネー知能検査を毎年実施した。表 9-1 は逐年ごとに IQ がどのように変化するかを示したものである。注目すべきは、9 年目になると IQ の変化 ± 5 以内の者が 1％ にも満たないこと、そして 8 年目と 9 年目で ± 21 以上の変化が倍以上に増えているところである。小学校 1 年生で調べた IQ は、中学校卒業時という長期にわたって調べてみるとかなり大きな変動が見られ、知能は恒常的ではないことがわかる。

ウェクスラーは WAIS で発達の変化を図 9-4 のように示した。これを見ると、動作性知能は 25 歳でピークを迎え、言語性知能のほうが動作性知能よりも発達は遅く、老人期でも高い水準を保ち、衰えは緩慢であることがわかった。

なお、現行の知能テストは、一般に知能が 15 歳から 20 歳頃でピークになると考えられているため、歴年齢は 15 以上で修正されている。

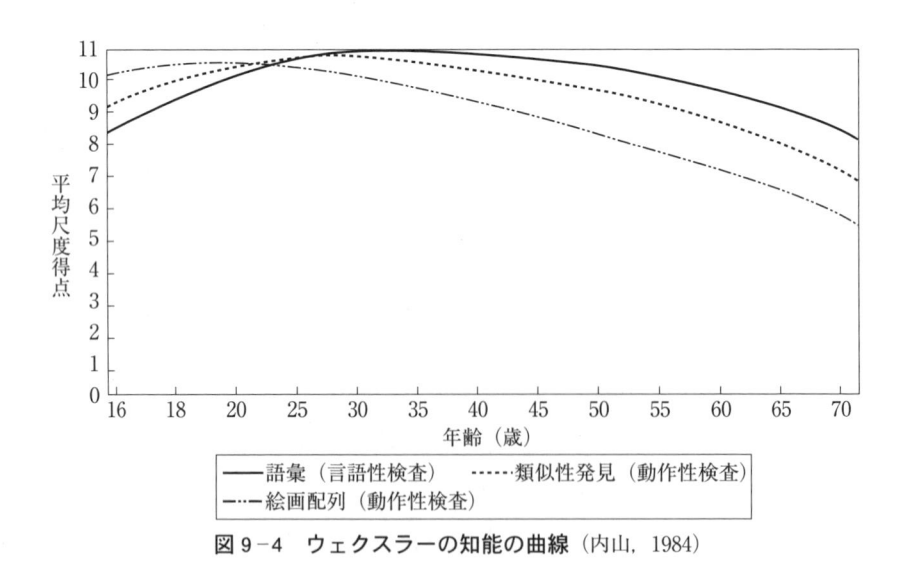

図 9-4　ウェクスラーの知能の曲線（内山，1984）

5. 創造性

● 創造的思考

　創造性という言葉を耳にした時、天才といわれる芸術家たちの活動であったり、企業などの研究や新商品開発などに要求されることをイメージするのではないだろうか。しかし、個人にとっての創造活動は、新しい状況に直面しては創意工夫によって問題解決するなど、その人の日常生活の中でも見られている。

　創造的思考（creative thinking）とは、既存の素材を新しく組み合わせて、新しいものやアイデアを創り出すような思考のことである。これには、ある課題に対して一定の答えを出すという収束的思考（ギルフォード）よりも、現実にとらわれずに自由奔放にさまざまな可能性を引き出していく発散的思考（ギルフォード）が必要である。ただし、芸術品やヒット商品を生もうとする場合には、発散的思考だけではなく、芸術としての客観性や商品の利益率を考えるといった現実対応が必要になる。つまり収束的思考も求められるのだ。創造的思考を最大限に活かすためには発散的思考と収束的思考の両方が必要になるといえるだろう。

● 創造性テスト

　創造性テスト（creativity test）を最初に考案したのは、チャッセル（Chassell, L. M., 1916）とされているが、これを理論的に構成したのはギルフォードである。図9-5は、ギルフォード原案の「S-A創造性検査《C版》」問題の例で、彼は創造性を活動領域および思考特性の7項目から評価している。

● ブレイン・ストーミング

　ブレイン・ストーミング（brain storming）はオズボーン（Osborn, A. F.）によって開発された想像力や発散的思考（ギルフォード）を活かしたグループ討論である。形式は一般的なグループ討論と同じで、5名から10名程度を1つのグループとしてリーダーを1名選出し、1つのテーマについて20〜60

```
●テスト───1

次ページからの2問は、品物の使いみ    【れい】─── 新聞紙
ちを、なるべくたくさん書いてもらう    読むこと以外に、どんな使いみちがあるでしょ
問題です。時間は5分間です。        うか。

【注意】
● 各問ともこたえを10以上あげる    1 ものを包む。
　必要はありません。時間があったら見   2 紙吹雪にする。
　直してください。             3 もやす。
● 指示があるまで次のテストをやっ    4 紙ねんどをつくる。
　てはいけません。わからないときは、   5 土の上に広げてすわる。
　わかる問題からやってください。     6 お習字の練習用紙にする。
● 実際には、使われていないことを    7 水にひたして、ちぎってほこりをとる。
　書いてもかまいません。
● この品物の一部だけ使っても、こ
　わして使ってもかまいません。
● この品物の本来の使いみちは、書
　いても点になりません。
```

図9-5　創造性テスト問題の例題（S-A創造性検査《C版》）

分間くらい自由に検討する。この方法の特徴は、次の4つの規則を守らなければならないところにある。①アイデアについて批判を加えない。たくさんの選択案が生み出されるまで判断を先に延ばすこと。②自由にやらせる。アイデアは自由奔放のほうが良い。③アイデアの数は多いほうが良い。奔放で、普通ではなく、賢い選択案だけでなく、小さくて一見して自明のアイデアも含まれる。④他人のアイデアと組み合わせて自分のアイデアを出していき、相互に相乗りさせて新しいアイデアを発展させる。

　たとえば、「AとBの両地点に電話の電線が張ってある。冬のある日に、電線に霜がたまって電話が不通になった。どうすれば良いか」という問題を考える。ある人が、「飛行機にホーキをつけて飛んだらどうか」と話すと、みんなから笑いが出て、次に、「ヘリコプターにホーキをつけたらどうか」というアイデアが出た。最後には、「ヘリコプターを飛ばして風圧で霜を落とす」というアイデアが出て、問題解決となった。

ブレイン・ストーミングの訓練を補足する照合検査法の1つに、エバール (Eberle, B.) の SCAMPER 法がある。

> S（substitute）: 何に代えられるか。他に誰がいるか。他に材料はあるか。他にどんな過程があるか。他にどんな場所があるか、など。
> C（combine）: 何と組み合わすことができるか。混成、混合、組み合わせ、調合はどうか。目的、アピール、アイデア、概念などそれぞれの組み合わせは。
> A（adapt）: 適応。これと同じような組み合わせは他にないか。他にどんなアイデアを示唆しているか。過去に類似物はあるか。
> M（modify）: 修正。新しくひねってみては。意味、色彩、運動、音、香り、形など。他の変わり方は。
> M（magnify）: 拡大。何を加えるか。もっと時間を。より頻繁に。より強く、より長く、より厚く。付加価値は。写しは。加えたら。誇張すれば。
> P（put to other uses）: 他の用途を考える。そのままでの新しい使い方。修正したうえでの新しい使い道。使い得る他の場所は。どんな人に近づくか。
> E（eliminate）: 除去する。縮小する。何を除去するか。何を減らすか。より小さく。凝縮すると。小型化は。より低く。より軽く。分割すれば。
> R（rearrange）: 再整理。構成物を入れ替える。他のパターン。他の順序。原因と結果をひっくり返すと。

◆NM-T 法

これは中山正和が創始した NM 法を高橋浩が改良したものである。「ゆで卵を立てる方法」という問題を例に挙げてこれを説明しよう。

① まず、類比や連想が出やすいように、このテーマを抽象的な短い言葉で表現できるキーワードを決める。ここでは「立つ」をキーワードにする。

② 次に、「立つ」から「何を思い浮かべるか」と問う。これを Question Analogy（QA）と呼ぶ。具体的なイメージが豊富に描かれているほうが良く、できれば絵が良い。ここでは「竜巻」を QA とする。

③ 次に、「そこで何が起きているか」「それはどうなっているのか」と問いかける。これを Question Background（QB）と呼ぶ。QA の「竜巻」から、「すごい早さで回る」、「水を吸い上げる」などの QB が得られる。最後に QB が、「もとのテーマに対してどのような意味があるのか」を見いだして

いく。これを Question Conception（QC）と呼ぶ。QC に辿り着くことで、「卵を回転させて立たせる」とか「卵を吸引ゴムで吸い上げて立たせる」というアイデアを得られるのである。

● **創造性と性格**

創造性と性格との関係について、偉大な発明家や代表的な人物などに対して、従来さまざまな研究が行われてきた。市川は、多くの創造者における性格面での特徴を次の9つにまとめている。

① 労働における高い自発性（主体性の確立）。
② 新しい視野から物を見る（観点の変革）。
③ 物ごとを、枝葉末節でなく、根本をつかむ（本質の把握）。
④ ロングスケールで物を見る（大局的観点）。
⑤ 時代の流れに対する感受性（時代感覚）。
⑥ 現状に飽き足りない精神（創造的ロマンティシズム）。
⑦ 権威にこだわらない。
⑧ 新しさへの憧憬（強い好奇心）。
⑨ 仕事に対する熱中性と持続性。

● **集団思考と創造活動**

穐山らは集団思考による創造活動の有効性について次のようにまとめている。

① 集団思考は、その中のもっとも優れたメンバーの個人志向に勝る。
② 集団思考では、個人の思い込みや誤りを避けることができる。
③ 集団思考では、思考活動のバリエーションが増大して、この多様性が創造に貢献する。
④ 多数意見あるいは少数意見は、それなりの価値を有するもので、集団活動を通じて、これを静的に認知することが創造に貢献する。
⑤ メンバーの社会的共感性が高く、メンバー相互のコミュニケーションが完全な集団思考は創造に貢献する。
⑥ 集団思考において、「あいまいさ」や「試行錯誤」が許容され、こうした寛容さが創造性に寄与する。

⑦　反対意見の提案の試みの盛んな集団思考は、創造に貢献する。

⑧　相互に自発的で、自由であるような集団思考に参加することは、その個人の創造性を高める。

⑨　多様な資料やアイデアを総合する思考活動が開発されつつあり、このことが集団思考を支える柱の1つになっている。

●引用・参考文献

Chassell, L. M.　Test for originality.　Journal of Educational Psychology, 7, 1916, pp. 317-329.
ゴールマン, D.　土屋京子(訳)　EQ 心の知能指数　講談社　1996
倉石精一・苧阪良二・梅本堯夫(編著)　教育心理学　改訂版　新曜社　1996
イタール, E. M. & セガン, E. O.　大井清吉・松谷勝宏(訳)　イタール・セガン教育論　世界教育学選集　明治図書　1983
伊藤隆二　知能とその発達　藤永保(編)　児童心理学　有斐閣　1973
ジェンセン, A. R.　岩井勇児(監訳)　IQ の遺伝と教育　黎明書房　1978
西山啓也(監修)　新教育心理学入門　ナカニシヤ出版　2011
創造性心理研究会(編)　S-A 創造性検査《C 版》　東京心理
多湖輝・東洋　創造的思考　八木冕(監修)　東洋(編)　思考と言語　講座心理学　第8巻　東京大学出版会　1970
滝沢武久　知能指数 発達心理学から見た IQ　中公新書　1971
トーランス, P.　佐藤三郎・中島保(訳)　創造性修業学：ゆさぶり起こせねむっている創造性　東京心理　1981
続有恒　知能と創造性　桂広介他(監修)　知能と創造性　児童心理学講座 5　金子書房　1969
内山喜久雄　知能　新福尚武(編)　講談社精神医学事典　講談社　1984
梅本堯夫　創造的思考　藤永保他(編)　新版心理学事典　平凡社　1986

第10章

人　　格

> われわれはさまざまな人間と出会い、多様な仕方で人間関係を結びながら社会生活を営んでいる。現実生活の中では、好きな人、嫌いな人、理想的な人などについて考えたり、他者をどのように理解しようかと思ったり、さらにより良く理解しようと考えたりする。また、自分自身についても理解しながら生活をしていくことが重要な意味を持つことになる。
> 　ここでは、人間の理解を人格（パーソナリティ）という観点から考えてみることにする。まず、人格の構造や人格の形成について考え、現実生活での適応行動とはいかなるものかを考え、そして人間の理解の方法として人格の検査法、さらに心の病気とはどのようなものであるのか、具体的に事例を挙げて考えてみることにする。

1. 人格の構造

●人格とは

　人格は一般には、パーソナリティ（personality）の訳である。その語源は、ラテン語のペルソナ（persona）で、古代ギリシャ劇などで用いられた仮面を意味していた。その後、劇の中の役者が演じる役割を示し、さらにその役を演じるその人自身と混同された。定義としては、パーソナリティとは他者と異なる面を持ち、しかもある個人がその場その場の状況が異なることがあっても、個人としてはある程度一貫した外に表れた特徴を示すものである。つまり、個々人に特有な行動を理解し、説明し、予測するために用いられる概念であり、行動主義的な考えのアメリカで好まれる。

　キャラクター（character）は、もともとギリシャ語で刻み込まれたもの、

彫り付けられたものを意味していた。それが転じて標識、特性などを意味するようになった。定義としては、個人における感情や意志の比較的恒常的な反応の総体や、生活過程の中に生じてくるあらゆる情動的・意志的反応可能性の総体などとされ、情意的あるいは意志的な行動様式の特徴面を強調する傾向がある。キャラクターはヨーロッパで好まれて用いられ、人間の生得的なものや基礎的な構造を意味したりする。

性格は人格と同じ意味に用いる人もいるが、両者の区別を明確にして関連性を考えるならば、性格は広義における人格の下位概念であるといえる。ただし、personality の訳は性格とされ、character の訳を人格とする学者もいて、訳の統一はされていない。

また、気質（temperament）という言葉もあるが、これは個人の情動的反応の特徴をいい、刺激に対する個人の感受性、反応の強度やその人固有の気分やテンポなども含む。気質を性格の下部構造と見る立場もあれば、並列的に性格を意志の特徴とし、気質は感情の特徴と考える立場もある。

2. 類 型 論

性格をある一定の基準を設けいくつかの典型的なタイプに分類して、その群の人々に共通な性格があると認めて理解していこうとするのが類型論である。こういう考えは、古くは B. C. 40 年頃に古代ギリシャの医師であり思想家であったヒポクラテス（Hippocrates）の体液学説に見られる。彼は、有機体は発散と収斂からなり、その運動は火により、栄養は水によってなされ、火と水との均衡により健康を保つと考えた。そして火に対する性質は乾と熱、水に対しては湿と冷を考え、それらに対応する 4 種の体液、つまり血液（湿）、粘液（冷）、黄胆汁（乾）、黒胆汁（湿）を考え、それらの体液の割合が調和していると健康であると考えた。後に、ガレヌス（Galenus）はヒポクラテスの体液学説を発展させ、どの体液が優勢になるかで気質を考え人間を理解しようとしたのが、4 気質説（表 10-1）である。しかし生理学の進歩により、4 気質説は根拠がないとされた。

類型論的な考え方は、現代においても見られる。クレッチマー（Kretschmer, E.）はドイツの精神医学者で、6500人以上もの精神病者の人体の顔面と頭蓋、体格、体表面、腺と内臓など、体格の特徴と思われる六十数カ所部位を測定した。この資料の整理には、統計処理された結果をそのまま使うことはせずに、それらは帰納的経験的証明の標識概念と見なし、まず視覚的な手立てによって感覚生理学的法則を見いだそうとし、次に個々の標識が精神生理学的に全体的に相関しているか否かを調べ、最後に経験的に得た個々の仮説と、統計学上の手立てを並行的に進めて確認していった。そして精神病の類型と体型との間に関連性、さらに精神病者の発病前の性格や患者の血縁者の性格との関連性を調べ、精神病のそれぞれの特徴は程度の差はあれ、正常人にも見られるとした。後にてんかん（現代ではてんかんは精神病には分類されない）をも含めた体型に根差した3つの気質を考えた（図10-1）。表10-2は各気質の説明をしたものである。

シェルドン（Sheldon, W. H.）は4000人の正常な男子学生を対象に、クレッチマーとは異なる方法で体型と気質について考えた。つまり体型が形成される原因を、胎生期における胚葉の発達の方向により実証的に類型化した。そのため彼の説は、胚葉起源説と呼ばれる。

表10-1　体液と気質

①黒胆汁質	苦労性、ゆううつ、消極的
②胆汁質	短気、気が強い、積極的
③粘液質	鈍重、陰気、気分の変化や動揺が少ない
④多血質	快活、気分屋、順応的

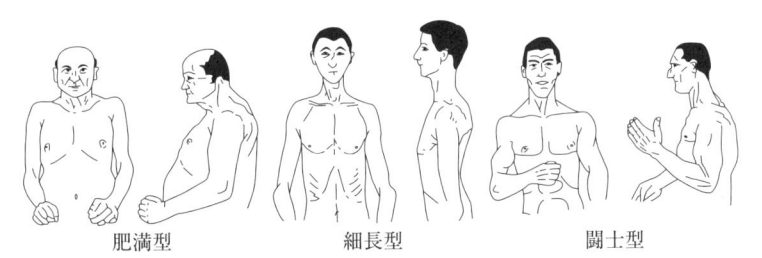

　　　　肥満型　　　　　　細長型　　　　　　闘士型
図10-1　体型による分類（クレッチメル，1965）

表 10-2　体型と気質 (クレッチメル, 1965)

気質	そううつ質（循環質）	分裂質	てんかん質
精神的感受性	高揚（明朗）と抑うつ（悲しみ）	過敏（多感）と鈍感（冷淡）	粘着性と爆発性
精神のテンポ	流動的で、活発と緩慢を示す	飛躍的で、感情欠如と頑固さを示す	粘り強く変化がないが時として興奮を示す
精神運動機能	刺激に順応し、円滑で自然、柔軟性がある	刺激に順応せず緊張・抑圧・冷酷・硬直などを示し内閉的である	刺激に順応し、丁寧・慎重・重苦しく鈍重である
体型	肥満型	細長型	闘士型

なお、体型を論じる場合は、思春期、青年期の人たちについては成長の途上にあるためにとくに慎重を要し、さらに社会的文化的な価値観により良いとされる体型が異なるために、固定的にとらえることに注意しなければならない。

ユング (Jung, C. G.) はリビドー（フロイトよりも広い概念で生命エネルギー）が働く方向により、外向 (extraversion) と内向 (introversion) にわけた。「外向」は外界の事物に関心が向き、思考、感情、行動が外界に対して働くことをいう。「内向」は外界よりも自己自身に関心が向き、内的世界の中で思考したり空想したりすることをいう。外向と内向という基本的な態度の類型に加えて、彼は心的活動の諸形式を思考―感情、感覚―直観の補償関係に分類し、先の外向と内向タイプに組み合わせ、合計8つの基本的な類型を考えた。補償関係という考えによると、ある精神機能が優勢に傾きすぎると一方向にエネルギーが消費され、その反対の方向にある精神機能が劣勢になるとされている。図 10-2 は8つの類

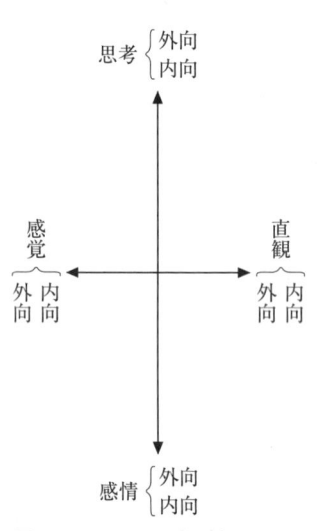

図 10-2　ユングにおける4種の精神機能と態度（河合, 1967を筆者が改変）

型を示したものである。

● **類型論の特徴**

　類型論は人格を1つのまとまりを持ったものとして全体的にとらえ、全体像の総合的把握をしようとするのが特徴である。次に述べる特性論のように統計的方法による量的把握でなく、質的把握を目指し、また平均や最大公約数でなく典型的な個々の事例の研究を重視する。しかし実際では中間型が多く、同じ類型でも個人間の差異を示すことができない。また、ある類型だからこういう性格だというように、固定化した因果関係を示すという誤解も生じやすい。性格形成に与える社会的文化的要因を軽視しやすいなどの欠点も指摘されている。

3. 特 性 論

　類型論が主にヨーロッパ大陸で発達したのに対して、特性論はアメリカやイギリスを中心に発達した。これはアメリカの行動主義の伝統によるもので、分析的、帰納的な方法と行動の客観的測定とが特徴である。
　オールポート（Allport, G. W.）は特性を次の4点から定義づけた。
　① 目的的なものでなく、真に存在する神経精神的構造である。
　② 個人に固有で特徴的なもの。
　③ 物理的に異なるいくつかの刺激を生活にとっての意味からいえば、同種のものとして受け取る働き。
　④ 適応行動および表出行動に一貫性を与える。
　特性とは「エネルギッシュ」「陽気である」「興奮しやすい」などの外に現れた行動様式から推定したもので、人格を構成する基本的な単位で、個人が習慣的に行う一貫した行動傾向のことをいう。彼は特性を分析し、それぞれの程度を量的に測定し、もろもろの特性の組み合わせによって個人の人格を記述し理解しようとした。
　オールポートはウェブスターの辞典から純粋に性格特徴を示す4505語を選び出して分類し、14の表出的特性と態度的特性にまとめた。そして特性

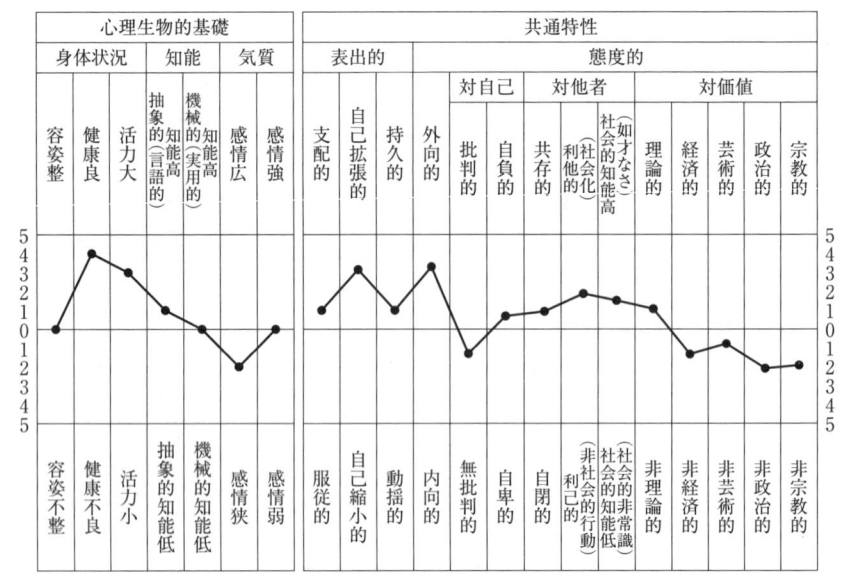

図 10-3 オールポートの心誌（Allport, 1937　相良, 1974）

でなく、特性が発達する際の基礎となる素材（row material）として心理生物的基礎を考え、心誌（psychograph）を作り出した。図 10-3 はその例である。合計 21 個の下位項目にそれぞれ評点を記入し、性格のプロフィールを描くものである。

　オールポートの特性論は、具体的で実際的である反面、折衷的で総花的である。しかし、第 15 章で述べる性格検査作成上での理論的な基礎を与えたといえる。

●因子分析法

　特性論をさらに発展させたのが因子分析であり、そのきっかけを作ったのがキャッテル（Cattell, R. B.）である。

　キャッテルはパーソナリティを、「人がある場面で何をなすかということの予測を可能にするものである」と考えた。つまり操作主義的立場から人間の行動の規則性を説明し、それによって行動の予測を行うための構成概念がパーソナリティであると考えたのである。彼は日常生活場面の行動記録（学

第10章 人　　格　　137

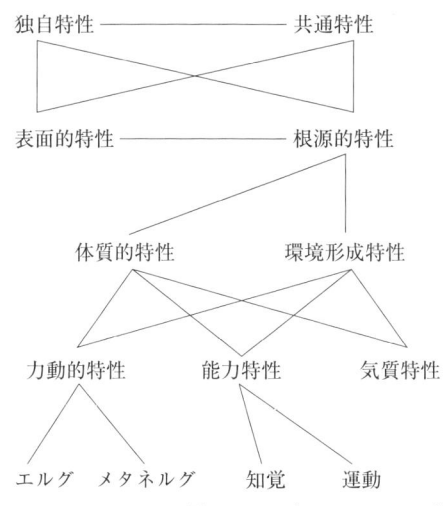

```
独自特性 ──────────── 共通特性

表面的特性 ──────────── 根源的特性

      体質的特性       環境形成特性

  力動的特性   能力特性    気質特性

エルグ  メタネルグ   知覚   運動
```

人格の構造として、エルグ、メタネルグの水準から独自特性、共通特性に至る5つのレベルが仮定されている。

独自の特性は個人に特有のもの（興味・態度も含む）、共通の特性とは遺伝的にも環境的にも多くの人に共通に見られるパターンを指す。表面的特性は直接観察できるもので、その測定結果の因子分析により根源的特性（つまり潜在因子）を抽出する。力動的特性は動因（drive）に関するもので、基本的動因としてのエルグ（erg）と、社会・文化的枠組みに基づき経験的にエルグから派生したメタネルグ（metanerg）にわかれる。

図10-4　キャッテルの人格構造（詫摩，1987）

校での成績、所属団体数など）、生活記録（L資料）、自己評定した質問紙の結果（Q資料）および特定のテスト場面においての反応の記録をした客観テストの結果（T資料）を用いて研究した。これらの資料は表情動作のように外部から観察され、本人自身の観察によってとらえられる変数の集まり（クラスター）で、表面的特性とされる。この表面的特性の根底には、根源的特性があるとされる。LおよびQ資料から因子分析で得られた23個の根源的特性や、これらの因子から二次因子が抽出され、T資料から抽出された因子と合致する4個がある。キャッテルの人格構造は図10-4に示す。

● 特性論の特徴

　現在の人格研究では、特性論のほうが類型論よりも圧倒的に優勢である。しかし批判も多い。たとえば、人間の行動を規制するものがその人の特性ではなく、置かれた状況によってその人がとる行動は異なるものであるとする行動主義者の批判がある。他にも特性論ではAさんとBさんが同じプロフィールを示すことがあり、それではAとBの両者間の差異について十分な説明は行われず、また特性をいくつか挙げるだけでは断片的で個人の統合された全体像も明らかにされず、個人が発達していく存在でありその発達過程

の説明や行動の予測には役立たないという批判もある。

4. 力動論

先にも触れたが、人格の発達的変化や心的な力動性に注目する必要がある。

● レヴィンの場理論

レヴィン（Lewin, K.）は、人間の行動をただ分類し記述することから考えるのではなく、行動の力学、つまり行動はどのような条件でどのようにして起きるか等の変化の条件から明らかにしようと考えた。行動が生じる全体の事態、つまりいくつかの事実の相互作用があり、その結果として行動が生じると考えたので、場理論（field theory）と呼ばれている。場理論では行動（B）を心理学的な事態（S）の関数、すなわち$B=f(S)$として考える。この場合、Sは個人（P）と心理学的環境（E）から成り立ち、$B=f(S)$は$B=f(P・E)$ともなる。このPとEの両者を含んでいるSを生活空間（life space：Lsp）という。図10-5はそれらを示したものである。P（個人）はまず内部人格領域（I）と知覚・運動領域（M）の2つに大別される。知覚・運動領域は内部人格領域の「道具」として働く。知覚体系は情報器官として環境をとらえて、自己の内部に伝えて緊張を起こさせる。運動系は内部の緊張を行為、表出など起こし環境に働きかける「実行器官」の機能を持つ。たとえば、人が落ち着いている時は、周辺的領域と運動領域の境界や運動系と心理学的環境

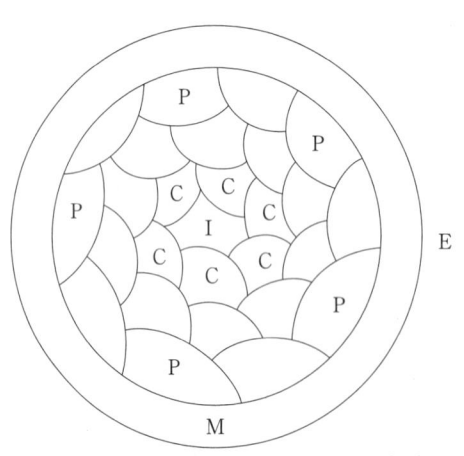

M：知覚・運動領域　　C：Iの中心的領域
I：内部の人格領域　　E：心理学的環境
P：Iの周辺的領域

図 10-5　レヴィンの人のトポロジー
（Lewin, 1951）

の境界は緩んでいて、比較的弱くて環境からの影響を受けやすく、内部の過程が表出しやすい。内部人格領域の中でも中心に近い層ほど心理学的環境からの影響を受けにくく、たとえば思想や信念などは変化しにくい。内部人格領域も要求や知識の分化の増大に伴って分化する。たとえば、幼児は自分の考えたことや感情がすぐに表出されて行為に移されるが、成人では内面と外面が分離してなかなか本心を表さない。またある目標を実現するためにその下位の要求が生まれ、実現に向け階層的体制が成立し、複雑な計画を立て実行したりする。知的障害児は同年齢の正常児よりも分化度が低いとされる。また部分領域間の交通の程度、つまり「境界の硬さ」も重視され、境界が硬ければ隣接する領域への影響が少ないとされる。

しかし人のトポロジーの構造や内容もあいまいだと批判されることもある。

● フロイトによる精神分析的人格理論

フロイト（Freud, S.）は図10-6のように心の構造を、自我（ego）、エス（es）（イド〔id〕）および超自我（super-ego）にわけ、3つの領域から成り立つと考えた。

① エス： 生物的要因。乳幼児は生理的には母親と分離できず、母親の保護のもとで乳幼児の思いのままに生活している。エスは本能的なエネルギー（リビドー〔libido〕）で、先天的に与えられた生命エネルギーを意味する。またエスは自分の快感だけを追求するという快楽原理に従う。

② 自我： 心理的要因。個人の成長に伴い、エスの衝動は簡単には満足できなくなる。たとえば2、3歳の幼児は親からトイレット・トレーニングを受け、自分で自由にならない世界で生活しなければならないことを経験する。これまでのように排泄をしたい時にしたい所ですることができず、時と場所を選んでしなければならないという現実原則に従わなければならない。

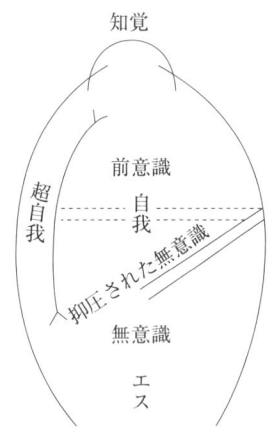

図10-6 フロイトの精神構造図式（詫摩, 1987）

つまり自我はエスの衝動満足と現実の要請との調停者として機能する。自我がエスの衝動や次に挙げる超自我からの圧迫などを意識的に、あるいは無意識的に、さらには前意識的（意識化しようとすると意識化できる）に統制し人格全体の崩壊を防ぐことを自我防衛機制という。つまりエスの欲求に支配されすぎても、超自我が肥大しすぎて道徳感に縛られて不自由さを感じすぎても、現実世界では生活がしにくくなるので自我による調整が必要となる。

　自我の諸機能としては、以下のようなものがある。それぞれ説明を加えよう。

　現実検討（現実吟味）機能とは、現実を客観化できる能力である。この機能が著しく低下している場合は、妄想などが生じることがある。自分と自分以外のものの区別をする自我境界（ego boundary）はこの機能のうちに含められることもある。自我境界は緩いと自分の考えや臭いが漏れ出すといったりする。精神病や重症レベルの判断をする重要な機能である。

　防衛機能は、欲求不満などが起きると自分の内面を安定させるためにさまざまな方法をとる。これらは、後の「自我の防衛機制」で詳しく述べる。なお、不安などを効果的に対処する健康的な防衛機制として昇華は重要である。

　対象関係機能とは、表象（representation）とはイメージや心に思い描くことで、対象関係とは自分の中に持っている表象の世界の関係をいう。たとえば、何か自分がしようとする（自己イメージ；自己表象）と、母親によく怒られた場合（母親イメージ；対象表象）、それが影響して大人になっても自由に行動できない、などである。

　自律機能は、現実のさまざまな制限や、エスからの衝動や後にいう超自我からの要求や要請を受けて葛藤が生じても、それに巻き込まれない自立的な自我の機能をいう。学習、思考、記憶、判断や運動などは葛藤が大きいと問題が生じる。

　統合性、安定性について、たとえば、小説のジキル博士とハイドなどの二重人格や、昨日の自分と今日の自分が急に変わるなどは安定性がないといえる。

　③　超自我：　社会・文化的要因。子どもはいつまでも一方的に両親から

しつけられているのではない。超自我には2つのシステムが考えられていて、両親のしつけの基準を取り入れ、自分の行動基準として、次の良心や自我理想が作られる。超自我はエスからの欲求を禁止や脅かしをして、自我に対して罪悪感や劣等感を抱かせたりもする。

禁止系は、両親からの禁止や拒否によって良心を作る。たとえば遊びたい（エスの欲求）が、勉強をしないと父親に叱られるので勉強をしたりする。しかし、この良心に対し反することがあると、自我は悪いことをしたという罪悪感を生じさせる。

理想系は、両親の賞讃をもとに自我理想を作る。たとえば勉強をして優等生になり褒められたい、と思って勉強をしたりする。しかし、自我理想に対して反することがあれば自己批判をしたり、自分は劣っているという劣等感が生じたりする。

5. 環境的要因

人格形成に及ぼす環境的要因を調べるために、住居地域、親の教養の程度や職業、さらにはその家の経済状況、兄弟の数、出生の順位などが条件として取り上げられ、それらの条件差と個人の知能や人格形成などが考えられた。しかしこれらについては、おおまかなことしかわからず、しかも家庭における人間関係や社会全体や文化全体などの視点に欠け固定化した考え方といえる。

● 親の養育態度と子どもの人格

詫摩は親の養育態度と子どもの人格との関係を表10-3のように示した。これは親がある養育態度をとった場合に表れてくる子どもの人格の平均的な状態を示したものであるが、親の養育態度と子どもの人格形成は因果関係を示すものでなく、あくまでも両者の相関関係を示したものであると考えるべきである。

● 文化の型と子どもの人格

ミード（Mead, M.）はニューギニアの3つの部族における男女の役割や人

表 10-3　母親の養育態度と子どもの性格（詫摩他，1990）

母親の態度	子どもの性格
1. 支配的	服従、自発性なし、消極的、依存的、温和
2. かまいすぎ	幼児的、依存的、神経質、受動的、臆病
3. 保護的	社会性にかける、思慮深い、親切、神経質でない、感情安定
4. 甘やかし	わがまま、反抗的、幼児的、神経質
5. 服従的	無責任、従順でない、攻撃的、乱暴
6. 無視	冷酷、攻撃的、情緒不安定、創造性に富む、社会的
7. 拒否的	神経質、反社会的、乱暴、注意を惹こうとする、冷淡
8. 冷酷	冷酷、強情、神経質、逃避的、独立的
9. 民主的	独立的、素直、協力的、親切、社交的
10. 専制的	依存的、反抗的、情緒不安定、自己中心的、大胆

格がどのように異なるかを調査した。その概要が表 10-4 である。これを見ると、個人はそれぞれの社会における価値観に基づき文化的期待のもとに多くの経験が与えられ、訓練され、しつけられていくために、親の育児態度とは別に、生活をする社会や文化から影響を受けて人格の形成が行われていることがわかる。

6. 適応行動

●適　　応

　適応（adaptation）という言葉は元来、生物学の概念である。ある種の動植物が状況に応じて、保護色を示したり擬態をとったりするのがその典型である。ヒトの場合は適応の概念の基底をなすものに、ホメオスタシス（homeostasis：Cannon, W. B.）の概念がある。つまり喉が渇けば水を飲み、空腹になると食物をとるなど究極には生命維持のために身体の諸組織が調和し、統一的機能によって内的な恒常状態を保とうとする有機体の作用をいう。行動は何らかの欲求を満たし、心理的な平衡状態に戻ろうとする手段であり、この平衡状態をホメオスタシスの考え方から適応と呼ぶ。

　適応は環境との関係で問題とされるが、そのかかわり方には大きくわけて2つある。まず環境の側に同調し、社会的価値や規範を優先させながらそれ

表 10-4 ニューギニアの 3 部族の文化型 (Mead, 1935)

部族 部族名 居住地域	アラペッシュ 山地	ムンドグモール 河川	チャムブリ 湖
文化の全体的特徴	女性的 協同的な社会 男女老幼の差別が少ない	男性的 かつて首狩人肉食の習慣があった 好戦的・攻撃的	男女の役割がわれわれの社会と反対 女性が生産的労働に従事し消費の実権も握る 男性は美術工芸祭祀に従事する
男女関係	ひかえめに反応する男女の結婚が理想 性的欲求は強くなく性的葛藤はない 家族間に強い愛情的・相互依存的な結合がある	はげしい攻撃的な男女の結婚が理想 性生活は積極的 男女間に権力と地位、優越についての争いがある	優越的・非個人的・支配的な女性と、無責任で情動的・依存的な男性との結婚 性的にも男性が従属的
育児・しつけ	男女とも子どもの世話をする きびしいしつけはほとんどしない 子どもには寛大でむしろ溺愛的　子どもの成熟を刺激しない	子どもに無関心・拒否的 子どもを残酷に扱いきびしい罰を与えるが、しっかりしつけをするのではない 子どもの成熟を刺激する	きびしい教育・しつけはしない 母親は身体の保護と授乳以外、子どもと偶然的な接触しかしない 1歳からの養育は父親が受け持つ児童期以後にきびしい統制が始まる 女児は成熟を刺激され、男児は刺激されない
パーソナリティ特性	自己を主張しない 他人に愛され助力を得ることに安定を感じる 非攻撃的・協同的・愛情的・家庭的 温和・親切	自己を強く主張する（とくに女性） 所有欲とリーダーシップへの感情が強い 攻撃的・非協同的残酷・冷酷 粗暴・尊大	女性は攻撃的・支配的・保護者的で活発・快活 男性は女性に対して臆病で内気で劣等感を持ち、陰険で疑い深い

注）ニューギニアの、地域内に隣接して居住する 3 つの部族は、男女の社会的地位・役割、あるいは育児の様式が互いにかなり異なっているが、これに対応して、それぞれの部族のパーソナリティ特性も相違している。つまり、人はそれぞれの社会の文化的期待のもとに多くの経験が与えられ、訓練を受けることによって、幼少の頃から彼らの親（成人）に近似する方向へのパーソナリティの形成を余儀なくされている。

を受け入れることによって、その環境の中で受身的に存続していくやり方がある。次に、環境の条件を個体の機能に合うように変化させる、あるいは外界の要請も自分の要求のほうに同化させることによって、環境と調和のとれた関係を作り出すという能動的なかかわり方がある。人間は他の動物適応様式と比べこの点が大きく異なり、この能動的なかかわり方が文明・文化を作り出す原動力ともいえる。

また個人の適応を外的適応と内的適応という2つの側面から考えることができる。外的適応とは、環境の社会的、文化的な基準に準拠しながら、その社会の価値を実現するように活動することである。内的適応は、個人の主観的な世界により自分の価値基準や自分の要求水準に照らして、自己充足感、幸福感などを抱くことである。

　しかしこの外的・内的適応は、相互に関連し合う。胃潰瘍などの心身症のようにまじめに勉強や仕事をするなど外的適応が過剰であるが内的には断ることができずに悩んでしまう。一方、本人は内的適応では悩まないが、誰かが悪口をいって邪魔をするなどと言い張り、周囲にひどく混乱を与える統合失調症などがある。

● 防 衛 機 制

　葛藤やフラストレーションを適応過程における緊張や不均衡な状態と考えると、その状態を解消し平衡状態を取り戻すプロセスが問題となってくる。精神分析ではこの力動的な心的操作の過程を自我の防衛機制（defense mechanism）、あるいは適応機制（adjustment mechanism）と呼んでいる。つまり外界の現実に上手く適応するためや、不快感や不安を解消するために自我が無意識的に機能することである。ここでは自我の防衛の仕組みについて、主なものを挙げて説明することにする。

　① 抑圧（repression）：　不快な感情や不安、耐え難い衝動などを意識から追い出し無意識の領域に閉じ込めようとする働きである。意図的に忘れることや思い出さないようにすることは抑制（suppression）という。抑圧が生じても、抑圧された感情や衝動は消滅してしまうわけではない。度忘れや言い間違いやしそこないなど日常生活での過ちだけでなく、失声（声が出ない）や失歩（歩けない）など機能的な障害がないが生活に種々の作用を及ぼす身体症状や神経症症状（悩む）を生み出したりする。

　② 否認（denial）：　抑圧は内的な苦痛や不安を対象にするが、否認は外界の苦痛や不安な事実を対象とし、ありのままに認知するのを避けようとすることである。たとえば自分の好きな人が自分を嫌って離れていった場合、その人が去っていった事実は知覚しているが、自分が嫌われているというこ

> コラム

防衛機制に対する精神病理

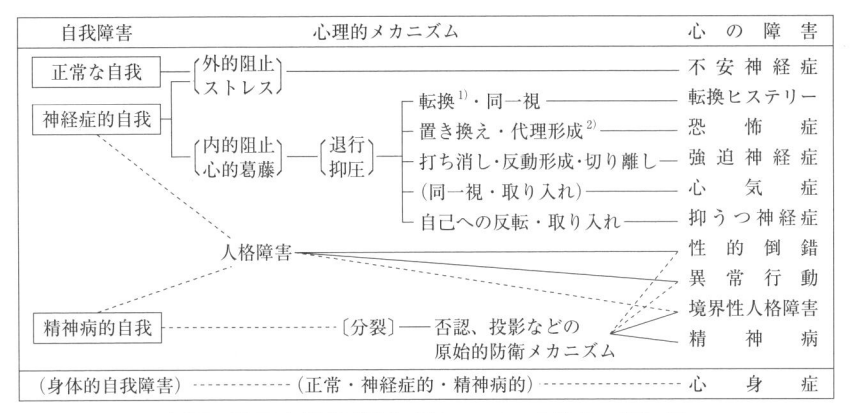

自我障害	心理的メカニズム		心の障害
正常な自我	┌外的阻止────── └ストレス ┘		不安神経症
神経症的自我		┌転換[1]・同一視────	転換ヒステリー
	┌内的阻止┐┌退行┐│置き換え・代理形成[2]──	恐 怖 症
	└心的葛藤┘└抑圧┘│打ち消し・反動形成・切り離し─	強迫神経症
		├（同一視・取り入れ）───	心 気 症
		└自己への反転・取り入れ──	抑うつ神経症
人格障害			性 的 倒 錯
			異 常 行 動
			境界性人格障害
精神病的自我	〔分裂〕──	否認、投影などの 原始的防衛メカニズム	精 神 病
（身体的自我障害）	（正常・神経症的・精神病的）		心 身 症

各種の障害と防衛機制（前田，1985 を筆者一部改変）

注） 1） 転換：この場合の意味は「困る、悩む」などの精神症状を「声が出ない、歩けない」などの身体症状に換えることである。
2） 代理形成症状や先見や錯誤行為、ウィットのように症状と同じ程度の意味を持つ形成物。たとえば、馬が怖いという子どもは、実は父親が怖く、それを直接にいわずに、馬が怖いということ。

　図は心理的メカニズム、防衛機制と心の障害を示したものである。主訴を聞きながら初回面接で、生育歴や家族歴を尋ね、どのようなものの考え方や行動パターンをするのかを調べ、整理すればいいのである。
　不安神経症：　繰り返し襲ってくる不安発作を特徴とする。急に不安感が湧き起こり、胸が苦しくなったり泣き叫んだりし、パニック状態になる。過呼吸や頻脈が見られる。
　転換ヒステリー：　あらゆる症状が感情面や心理面でなく、手足の運動麻痺や知覚麻痺、意識や記憶などの障害の形に置き換わって現れる。
　恐怖症：　特定の対象あるいは状況、たとえば、電車の中や高いところ、ガンなどの病気、対人関係などに対して常に強い不安や恐怖心を持ち、そのことが日常生活において本人をひどく苦しめる。
　強迫神経症：　ある一定の観念や行動が心に強く迫ってきて、振り払えないあるいはこだわらないではいられない状態に陥る。たとえば、戸締りや火の始末の確認、ばい菌がつかないようにと不潔からくる手洗いの繰り返しなどの行動。
　心気症：　自分の身体的健康に関して、長い間不安に悩む状態。身体的部分に多様な苦痛が現れて、それを気にする。心身症と異なりはっきりした身体疾患はない。
　抑うつ神経症：　落第、離婚、家族の死などのショックでふさぎ込むことはよく

あるが、普通の場合よりも長引いてなかなか回復せず、ゆううつさを訴え続け不安定になることがある。涙も出さず喜怒哀楽がまったくわからない状態はうつ病を考えるほうがよい。

●参考文献
詫摩武俊　性格はいかにつくられるか　岩波新書　1967
前田重治　続　図説　臨床精神分析学　誠信書房　1994
前田重治　図説　臨床精神分析学　誠信書房　1985
中井久夫　精神科　南谷幹夫・北村蓉子(監修)　家庭医学大百科　永岡書店　1999

とは認めなかったりすることである。

　なお、子どもがライオンごっこをして強いライオンになったつもりで現実の無力な自分を否認することもある。しかし健全な子どもであれば、「おやつよ」といわれると、すぐに母親のもとにいくように、現実検討能力は持っている。

　③　取り入れ (introjection)：　摂取とも訳される。これは対象自体、または対象の持つ属性を自己の内部に取り入れて自らのものとすることをいう。乳児は快いものを口の中に入れ消化するが、不快なものは口の中に入れてもすぐに吐き出してしまう。このように口を通しての取り入れと吐き出し（投影）の生理学的な現象は、母子関係における心理的な原型として考えられる。つまり取り入れは乳幼児期には、母親の温かい愛情的な態度を取り入れることによって、母親から他者を信じるという基本的信頼感を獲得する。そのことが後に見られる自我の成長の基礎になり、さらには母親の禁止的態度を取り入れることにより、超自我の成長の基礎にもなる。そのため精神発達上、次の投影とともに取り入れは重要な意味を持つと考えられている。

　④　投影 (projection)：　自分の中に生じた不快な衝動や感情を外在化し、外部の対象（人や物を含む）に属しているものと認知することである。たとえば、相手に嫌悪感を持っている時に、それをそのまま意識すれば自分に罪悪感や不快感が生じてしまう。それを避けるために相手に自分の感情を投影し、相手が自分を嫌っていてよそよそしい態度をとっていると感じてしまうことである。これは先の取り入れとは反対に、乳幼児期の吐き出しがその原型と

して考えられている。

⑤　同一化（identification）：　欧米ではアイデンティフィケーションとして使われるのみであるが、日本では同一視と訳されることもある。人がある一面または多くの側面において他者のようになるという心理的な過程を総称する。自分の同一性（アイデンティティ）を他の誰かの内へ関連づけたり、自分の同一性を他の誰かから借りてきたり、自分の同一性を他の誰かと融合ないし混同したりすることである。癖、興味、理想などの性格傾向を自分の中に入れることは自分の性格の発達を助け、またさまざまな学習のプロセスの促進となる（同一化）。愛し尊敬する人、または恐怖心を抱く人との同一視は社会の中で生きるための適応的な反応パターンを作るものである。

⑥　退行（regression）：　一定の発達段階に到達している人が、欲求不満を引き起こすような困難な状況に直面した時に、以前の発達段階に戻ることをいう。たとえば弟や妹が生まれて母親の愛情が十分に得られなくなった子どもが、指しゃぶりを再び始め自体愛的な満足にふけることである。自我の退行は、青年が失恋してその悲しみから厳しい現実を否認して新しい恋人を空想し、あるいは小学生が誰かにからかわれて、自分がスーパーマンになって反撃をする空想を持つなどの白昼夢にふけることである。クリス（Kris, E.）によると、芸術家などは、「自我のための一時的、部分的な退行」をして、エスのエネルギーをいろいろなイメージに変え生産的に昇華する能力があるという。

⑦　分離あるいは切り離し（isolation）：　表象と感情、行為と行為など2つの事象間の心的な関連を断ち切り、不安を防衛しようとすることである。たとえばヘビの嫌いな人が、ヘビの嫌いな所を詳しく説明することである。ヘビを嫌いな（感情）人は本来ヘビの話（表象）をして思い出すこと自体が嫌なはずであるが、感情と表象が分離されるとヘビの表象は嫌悪感なしで話ができる。その嫌悪感を関係のない別の対象（人）に向けてしまい、訳のわからない被害感に悩んだりすることがある。また、ある場所で楽しく遊んでいた（行為）のに、別の場所に移動すると先ほど楽しんだことはなかったようにおとなしく振る舞う（行為）ことなどは、行為と行為の分離である。

⑧ 反動形成 (reaction formation)： 自我にとって不快な感情や衝動を抑圧して、それとは逆の感情や衝動を抱いていると意識してしまうことである。たとえば、嫌いな人に対して逆に親しみ深い友好的な態度で接したり、性的な関心の強い青年が、性的な話題に対して過度に潔癖な態度を示したりすることである。

⑨ 打ち消し (undoing)： 不安感や罪悪感を生むような行為をしたり考えを持ったりした後に、これとは反対の心理的効果を持つ行為をやり直したり考え直したりして、はじめに抱いていた不安感や罪悪感を消し去ることをいう。たとえば敵意を持って友人の悪口をいってしまった後で、気がとがめるために次にその友人を褒めたりすることである。

⑩ 置き換え (displacement)： 衝動がその充足過程において対象を得られないと、容易に他の対象を求めたり他の方法を求めたりすることをいう。たとえば、親に対して抱いていた愛情を学校の先生に向け好きになる、あるいは仕事でのうっぷんを家族に向けて発散することである。

⑪ 合理化 (rationalization)： ある衝動や意図に基づいて行動した場合に、その結果生じた不安や罪悪感から逃れるために行動の動機について偽りの理屈づけや、言い訳をして自己を正当化することである。たとえば、依存欲求の強い人が親に依存しながら、一方で「自分は身体が弱いから」「自分の本当のすばらしい能力を認めない社会が悪いから」などといって、自分の態度を正当化し続けることである。

⑫ 知性化 (intellectualization)： 欲求や感情を直接表現せずにそれらに付随する表象を切り離し、それらの欲求や感情を抑圧し、その代わりに表象に関する知識を得ようとしたり理論的な思考にふけったりすることである。つまり知的活動によって衝動や感情を支配し充足しようとすることである。知性化が十分に働くためには、知的能力が一定水準に達している必要があり、青年期における自我の防衛機制のうちでは禁欲主義や愛他主義と並んで重要視される。

⑬ 昇華 (sublimation)： 基本は置き換えと同じであるが、現実や超自我に許されない衝動の対象やその充足方法を、社会的に価値があると認められ

た対象や充足方法に置き換えることをいう。たとえば攻撃衝動や性衝動を直接満たす代わりに、その衝動を学問や芸術やスポーツに向けたりすることである。

⑭　分裂（splitting）：　最早期の乳児はさまざまな体験を連続的、統合的に知覚できないため、母親がミルクをすぐに与えてくれると、自分に満足を与える良い対象（母）として見て同一の対象との良い体験をし、ミルクを与えないと不満の感情を抱き母親は自分を苦しめる悪い対象（悪い面）と見なし不快な体験をする。同一人物を良い対象、悪い対象とし、別個の対象として認知する。また、乳児は自己の中の破壊的な部分が良い部分を損なう不安から、身を守るために、良い自己を良い対象（母）に、悪い自己を悪い対象（母）の中に投影する。この時期は、良い自己と良い対象、悪い自己と悪い対象との関係を作り不連続で別個のものと体験される。正常な発達をとげると、良い母も悪い母も実は同一の対象であり2面性を持つことを理解し両者を統合する。

　この防衛は、境界性パーソナリティ障害でよく見られる。愛情深い人物と見なして理想化していた相手を、ある日には極悪人と見なしてしまうが、彼らは相手に対する自分たちの態度がひどく異なっていることを意識できない。

⑮　投影性同一化（projective identification）：　カーンバーグ（Kernberg, O.）によると原始的な防衛機制の1つで、自己の耐えられない観念が別の人に投影され、その人は投影された役割を演じるように誘導され、2人の人間は行動をともにしてしまうという。境界性パーソナリティ障害者によく見られる防衛である。たとえば、親に虐待を受けていたクライエントが、カウンセラーにその虐待する親を投影して、いつかカウンセラーに虐待されると脅えビクビクする。また、カウンセラーが、自分は他のクライエントと比べてそのクライエントに冷たい態度をとらされていたことに、ふと気づくなどである。本人の感情や衝動の処理調整能力が著しく脆弱なため、相手との関係の中でしか自分の感情や衝動を処理できず、いつの間にか怒りは相手に投影され、悪いのは相手だといって責める。相手に処理して統制してもらうことを無意識のうちに期待して、自分の中の感情や衝動を相手に押しつけることである。

●引用・参考文献

足立明久・塩見邦雄(編著)　事例で学ぶ心理学：その理論と応用　勁草書房　1985
Allport, G. W.　Personality: a psychological interpretation.　New York: Holt.　1937
馬場禮子　精神分析的人格理論の基礎　岩崎学術出版　2008
馬場禮子　精神分析的心理療法の実践　岩崎学術出版　2008
河合隼雄　ユング心理学入門　培風館　1967
クレッチメル，E.　相場均(訳)　体格と性格　文光堂　1965
Lewin, K.　Field theory in social science: selected theoretical papers.　New York: Harper.　1951
前田重治　図解 臨床精神分析学　誠信書房　1985
Mead, M.　Sex and temperament: in three primitive socieitis.　New York: Morrow.　1935
ムーア，B. E. ＆ファイン，B. D.(編)　福島章(監訳)　精神分析事典：アメリカ精神分析学会　新曜社　1997
村上宣寛　心理テストはウソでした　講談社＋α文庫　2008
岡堂哲雄(編)　心理検査学：心理アセスメントの基本　垣内出版　1985
相良守次　心理学概論　岩波書店　1974
詫摩武俊(編著)　性格の理論　誠信書房　1987
詫摩武俊・瀧本孝雄・鈴木乙史・松井豊　性格心理学への招待　サイエンス社　1990

第11章

自我の発達

> カウンセリングや心理療法では、多くは生育史や発達史をきちんと調べてどこに問題があるのかを考えてから面接に入る。またどのように育ち、どのあたりに問題が残っているのかを、あるいは発達の停止が起きたのかを考えて、そのことを解決、改善するために面接を進める方法がある。いわゆる人格に重点を置いたアプローチである。ここでは、人格理論の中から自我の発達に焦点をあて、精神分析的な3つの主要な理論を中心に考えていきたい。

1. フロイトの精神性的発達 (psychosexual development)

まず精神分析から見た自我の発達について考えることにする。

フロイトは、人が発達するのは、「性的 (sexual)」であり、発達を促進する性的な落ち着いた状態に保つエネルギーをリビドー (libido) と考えた。フロイトの「性的 (sexual)」という概念は、乳幼児期以来の各発達段階のすべてにおいて認められる快感や、身体的興奮とそれをもたらす生命的な諸欲求をも意味する。一方、性器的な結合を目的とする大人の行為を「性器的 (genital)」と呼んで区別し、つまりフロイトの「性的 (sexual)」は、「性器的」な欲求を含めたより広い概念である。性的欲求の源泉は性衝動 (リビドー) であり、フロイトは、性衝動は各発達段階に応じた肉体的な基盤と、欲求の対象や目標を持つとし、性衝動によって各発達段階を整理した。

● 口唇（愛）期 (oral stage)

生後1歳半までの頃をいい、口唇部分が源泉となる。目的は取り入れである。母親の乳房を吸い、栄養を取り入れ、飲み込むことであり、後に歯が生

えると食いちぎり噛み砕こうとさえするようにもなる。後期の噛むなどは攻撃衝動の表れと考え、この段階をアブラハム（Abraham, K.）は「口唇サディズム的体制」と呼んだ。ミルクの体内への取り入れ、消化という生理的現象であるが、心理的には親の価値観などを「取り入れ（防衛機制）」、後に親のようになりたいという「同一視」の原型といえる。

対象は母親の乳房や口の中に入るものすべてである。乳児の口唇部分が刺激され快感（pleasure）となり、性衝動は満たされる。そのうち乳児は探索行動をとるようになり、いろいろな危険物を口に入れようとして母親に「ダメ」と禁止される。この時、乳児は欲求不満を体験する。母親の「ダメ」の影響は、児の15カ月頃に出現し2、3歳の頃に何でも「イヤイヤ」というようになり、後の自己主張の「ノー」の原型となる。

● 肛門期（anal stage）

生後1歳半〜3、4歳までをいう。源泉は尿道、肛門となる。目的はウンチを溜めておく保持と、体外に排出することである。対象は大便（比喩的には、ウンチの処理をしてもらった母親の愛情）である。

生後2歳をすぎる頃には、おしめをとるトイレット・トレーニング（排泄のしつけ）を受け、子どもは随意筋の肛門括約筋や尿道括約筋を閉じたり開いたりできることを知る。大小便が溜まっても漏れないようにする（保持）ことと、一定の緊張度に達した時に排出する。この2つの働きをコントロールできると、児は生理的感覚を楽しめると考えられる。この時期、母親のしつけに従ってトイレで排泄すると母親に賞賛される。しかし、母親のケアの仕方によっては、児は母親のいうことを聞かず、またトイレで排出しない場合には怒られるが、児は母親に自分の排泄物の処理をさせ、母親を自分の支配下において反抗する。この従うか拒否するかという対立した衝動がほぼ同時に形成されることを、アンビバレンス（ambivalence：両方に価値があるとし両価性とも呼ぶ）という。

おしめをとることが社会の規範であることを母親などの養育者から教えられる。一方、養育者に何でもイヤイヤができて、養育者と対等に張り合えるようになる。口唇期、肛門期を通じて養育者の愛情などを子どもは取り入れ、

社会の規範を守りながら、自分の衝動の充足をさせるという様式ができる。この2つができると、後に集団生活の中に入ってさまざまなトラブルが生じても、その葛藤の中に入っても大きく障害が出なくてすむ。

● 男根期、エディプス期（phallic phase, oedipus phase）

近年、男児を強調しているという批判から幼児性器期（infantile genital phase）とも呼ばれる。

4歳頃から5、6歳までをいう。源泉は性器である。はじめは男女ともにペニスに関心を持ったり、性器いじり（自体愛）をする。後に対象は人間全体で（口唇期、肛門期の対象は乳房や物と考えられ、部分的なものである）、異性の親となる。目的は侵入、包含と考えられる。

幼児は徐々に母親という人間全体を認識し出し、そして父親が対象として現れる。男子、女子ともにはじめは母親が好きで母親に愛されたい、母親に「かわいい」「かっこいい」といわれたいと思う。そういう親に幼児はリビドーを備給する。これまでの自分を褒めてくれる親に代わりに、自分が自分を褒めることができると、親は必要でなく脱備給が起きる。

エディプス・コンプレックス（Oedipus complex）と性別同一性の確立について述べよう。男子は母親に恋をし、性的関心を持ち、自分の父親が邪魔になり嫉妬しライバル視する。しかし父親は体が大きく勝ち目がなく、自分が負けて処罰されるのではないかと怖くなる。かつて母親に性器いじりを叱られ「オチンチンを切るよ」といわれたことが現実味を帯びると思う。この不安を去勢不安（castration anxiety）という。また、自分が父親を邪魔にすると母親が困ると思い悩み、また父親と一緒に楽しく遊んでいて好きだったことから、父親を憎む自分に対して罪悪感を持つ。フロイトはこのような異性の親への愛情、同性の親への敵意や競争心や罪悪感、そして罰せられる不安の3つの感情を中心に発展する観念の複合体を、ソフォクレスのギリシャ悲劇「エディプス王」にちなんで、エディプス・コンプレックスと名づけた。

平均的な家族で平均的に育てられている子どもにとって、現実の父親は子どもが考えるほど恐ろしくはないが、自分の心の中の攻撃心を自覚するのが怖くなり、それを父親へ投影し、父親が自分をやっつけてしまうのではない

かと恐怖心を意識するのである。父親に傷つけられるという去勢不安を持ち、結局、子どもは自分の母親の獲得をあきらめる。そしてエディプス・コンプレックスを抑圧し、父親の服を着る、かばんを持つなどをして父親に同一視して（男性同一性）、超自我を形成していくのである。もしも父親が実際に大変怖すぎると、父親と母親を奪い合うことはできず、父親が好きな母親に同一化すれば、父親に怒られずに好かれると思い、父親にではなくむしろ母親に同一化する。人間に備わっている男女両性傾向（bisexuality）のうちの女性性（feminity）が強くなり、これを陰性エディプス・コンプレックス（negative Oedipus complex）と呼ぶ。

女子は父親に恋をし、母親が邪魔となる。女子は母親の代わりにこっそりと父親に「ビールを差し出す」のは、母親から父親を奪う行動だが、一般には「お手伝いや気のきいた子ども」と善意にとられる。女子はエディプス・コンプレックスの解決に3つの道が考えられる。女子は男子と異なりペニスがないことに母親に怒りを感じ、しかし母親もペニスがないことに気づき失望する。女子はこの男根羨望（penis envy）にどのように対処するかによって異なる。第1は、ペニスをくれなかった母親から離れ父親のペニスが欲しい、父親の子どもが欲しいというエディプス・コンプレックスを抑圧して、女性としての自己（女性同一性）を確立する。第2は、自分にペニスがないことを拒否し男性空想を持つ。第3は、自分の性器に満足できず、すべての性愛から遠ざかり、初期の母親との愛情関係に戻り（退行）、甘えた性格を作る。なおフロイトは、女子は去勢されているので超自我が未熟であるとしたが、現代は、母親の性愛の対象である男性を好きになろうとし、また母親の性器と乳房に魅せられて母親に同一視し、男子と同様に超自我を形成すると考える。

なお、ユング（Jung, C. G.）はアイスキュロスのギリシャ悲劇「アガメムノン」の女王エレクトラにちなんで、女子の場合はエレクトラ・コンプレックス（Elektra complex）と呼ぶが、これはユング派でのみ使われる。

赤ん坊の頃は、どの子も親にとって「すばらしい子」であったのが、この頃になると「だめじゃないの」といわれることが多くなり、すばらしい子どもだった「完全性」がなくなってくる。その時、子どもが「仮面ライダー」

「ウルトラマン」「リカちゃん」などといって、マンガの主人公などのまねをするのは、憧れを作り将来の自我理想（ego-ideal）を抱き、失われていく「完全性」を代償し、空想の中で不完全さを感じる痛みを緩和しているのである。

🔴 潜伏（在）期（latency period）

6歳から12歳頃。エディプス・コンプレックスを抑圧し、超自我が形成される。この頃になると子どもは自分の父親や母親以外の同性の人に同一化し、性別役割同一性（gender-role identity：社会的に決定された学習や役割と異なり文化的に決定された行動に影響を受けるが、ジェンダーに基づいた他者との意識的・無意識的な精神内界の交流の様式を意味する自己表象の一側面であり、誕生以来両親との間の微妙な交流をもとに作られる）がより精巧に作られる。自分で男子、女子として認め、自己評価できるようになる。エディプス・コンプレックスの解消が不十分だと、性別役割同一性の確立の問題が生じる。

表面的にはリビドー的願望が減少し、性腺の成熟が性的関心を再び活発にする思春期までを潜伏期という。余ったエネルギーは勉強やスポーツに励んだり、友達との関係を上手く築くことに使われる。健康な自我機能（学習、思考、記憶、判断、運動など）を十分発達させる時期でもある。また、自我の防衛機制を強固なものとしていき、外界への適応力を身につけ、社会性を獲得していく。

🔴 思春期（adolescence）

フロイトは思春期を設けなかったが、現代の精神分析理論では思春期を入れる。潜伏期と違い、思春期に強い仲間意識の絆ができ、簡単に仲間割れはできず、仲間からの圧力（peer pressure）が生じる。先輩や仲間などに惚れ込み、言動をまねし、同性から見て嫌われない人間になろうとして、この圧力で母子や父子関係で育った子どもの部分が直される。

両親からの自立がこの時期の問題となるが、離れることで分離不安が再活性化されベタベタと甘える。一方、その不安を消すために、何でもできるように空想し万能感を持ち自己愛的になる。男根期にできた自我理想は思春期になり仲間からの価値観で影響を受け、書き換えることになる。「鏡をじっ

と見て、櫛で髪の毛を直す」ようにリビドーが自己へ向くが、理想は簡単には実現せずに、現実的な方向に修正していく。そして個人が選択する愛情対象の性に関する好みを表す性指向性（sexual partner orientation）は、エディプス期の対象関係が改定されて親から別の異性に恋するのである。

● 性器期 (genital stage)

肉体的な成熟により性衝動が高まり、口唇期や肛門期や男根期的な諸衝動のシステムは性器期の性目標を実現させるための予備的で部分的に満足されるにすぎないとされ、性器愛で統合される。これを性器統制（genital primacy）の確立という。対象は異性の人格全体であり、肉体的、精神的結合が目的とされる。異性の下着を集めて満足する性倒錯者などは、性器統制されていない状態であるとされる。

2. エリクソンの発達理論

エリクソンは人間の一生（life cycle）を8つの漸成的な発達段階にわけた。漸成（epigenesis）とは、「epi」が「～の上に」という意味で、「genesis」は「出現」という意味があり、ある事柄が時間的、空間的に他の事柄の上に展開することを意味する。表11-1はエリクソンの発達段階をまとめたものである。心理社会的課題と危機とは、各発達段階における達成課題を示し課題が達成されないと各段階で問題が生じる。課題と危機は、対立概念であるversusと、相補概念であるvice versaの両方の意味がある。つまり、乳児期の場合、信頼と不信は対立概念だが、信頼は不信を知ってはじめて信頼を知り、不信は信頼を知ってわかるという相補関係がある。課題での成功が失敗よりも多く、つまり信頼を不信よりも多く経験すれば良い。課題が達成されるとヴァーチュ（virtue：語源はギリシャ語areteで卓越性を示し、人間の強さ、活力、徳目などという）が得られる。しかし達成できなくても次の段階の年齢になると新たな課題が与えられる。また各段階での重要な対象（主に人間）関係の範囲が示され、そこでのかかわり合いの様式を心理・社会的様相（モダリティ）として特徴づけた。

表 11-1　エリクソンの発達段階と課題（エリクソン，1977，1980 を筆者改変）

	1	2	3	4	5	6	7	8
I 乳児期	信頼対不信				一極性対早熟な自己分化			
II 早期幼児期		自律性対恥、疑惑			両極性対自閉			
III 遊戯期			自主性対罪悪感		遊戯的同一化対（エディプス的）空想同一性			
IV 学童期				勤勉性対劣等感	労働同一化対同一性喪失			
V 青年期	時間展望対時間拡散	自己確信対同一性意識	役割実験対否定的同一性	達成の期待対労働麻痺	同一性対同一性拡散	性的同一性対両性的拡散	指導性の分極化対権威の拡散	イデオロギーの分極化対理想の拡散
VI 若い成人期						親密性対孤立		
VII 成人期							世代性対停滞性	
VIII 老人期（円熟期）								統合性対絶望

● 第 1 段階：乳児期（誕生から 1 歳半）

　リビドー的快感ゾーンとして口唇部分だけでなく、心理・社会的な行動のあり方として、「得る・受け取る」と「お返しする」ことを加えた。母親に対して基本的な信頼感を獲得する。それを通して、将来自分は与える者になるのである。この基本的信頼感は子どもの成長力を促進し、新しい経験を受け入れさせる。徳目が「希望」となり、将来生きていても良い存在と思って生きていくのである。もし、不信感がより多く経験されると、統合失調症や境界性パーソナリティ障害などの重篤な病理を持つようになる。

● 第2段階：早期幼児期（1歳半から4歳頃まで）

　子どもは自分の生き方を信じるようになると、自分の行動が自分のものであることを発見し、自分の自律性や独立性を確かめる。徳目は「意志」。身体的、社会的にも依存しているため、自分の能力について疑惑が生じ、恥を感じたりする。とくにトイレット・トレーニングは社会的権威との最初の衝突を引き起こしやすい。たとえばおねしょは恥を感じやすい。恥や疑惑をほとんど感じないと、万能感を持ちわがままで衝動的で責任感を持たず、一方、恥や疑惑の経験が多すぎると劣等感に悩まされる。

● 第3段階：遊戯期（3、4歳から5、6歳頃まで）

　この時期の行動の特徴は、運動能力や認知能力が準備されていて、「作る、求める」「〜のようにまねる」などの行動が見られ、とくに移動性が重視される。男女ともに両性的で、侵入的（男性性は刺すなどの攻撃や空き地に入り込み基地を作る、女性性はおしゃべりでうるさく感じさせるなどの行動）であり、包含的（男女それぞれに女性性、男性性がある―男子も赤ちゃんを抱っこし、女子も優しくするなどの行動）な様式を見ることができる。自分の目標を立てそれを遂行しようと積極性や自主的に試み、試行を重ねるうちに「目標志向性」が獲得される。

● 第4段階：学童期（5、6歳から思春期が始まるまで）

　小児性の愛から大人の愛への過渡期として、性的関心が抑圧され、子どもたちは学業に励み、勤勉感情を獲得するが、他方で子どもはまだ不完全であることから劣等感を抱いたりする。勤勉と劣等という対立する感情を乗り越えて、子どもは社会人としての「適格性」を自分のものとしていく。

● 第5段階：青年期（13、4歳から）

　学童期まで抱いていた自己イメージだが、青年期になると「これまでとは違う自分」が意識されるようになり、自分を見つめ直すようになる。青年期に「自分とは何か」の問いに対して答えを見つけようとする心の動きをアイデンティティ（同一性）と呼んだ。これは「独自の自分」「一貫した自分」「社会的集団との一体感」の3つの基準による自己意識の総体を指す。

　肯定的な同一性を確立することができると、青年は「忠誠心」を持ち自ら

第11章　自我の発達　159

信じるものに自らを捧げることができる。それができないと、同一性は混乱したものになり、同一性拡散症候群となる。現在でいう境界性パーソナリティ障害（第17章コラム参照）に該当する。

表11-2は、表11-1に示した各時期の課題と、各時期の同一性形成に至る課題の要素である縦軸にある、青年期における同一性をめぐる現象について説明している。

● 第6段階：若い成人期

青年期の終わりになると、自分の確固たるアイデンティティの問題を処理でき、孤独感を回避し、他者のアイデンティティと融合する能力を持ち、親密さの発達として結婚が可能となる。徳目として「愛」が自分のものとなり、利己的でない愛が実現することになる。しかし配偶者を選び出し、他の人を排除することができず、みんな良い人としたり、誰とも関係が持てないなど、主体的な行為ができず、他者のアイデンティティと融合できず親密さが十分できないと、他者からの関係を回避し、孤独となる。

● 第7段階：成人期

いわば親となる時期で、生殖性（生産性〔productivity〕と創造性〔creativity〕を含む造語）であり、世代から世代へと生まれていくものすべて、つまり親子なら子ども、管理職なら部下、何かを作る人なら生産物や芸術品、哲学者の理論などを含め、発展させるように援助し、かつその責任をとることである。親たちにとって、自分の子どもが基本的信頼感を獲得するように、徳目は「世話」することが大切となる。この生殖性に対するフラストレーションに耐えられないと、愛他的行動がとれず、過度に自己愛的になり自己埋没し、あるいは関心を喪失させて発達の停滞を引き起こす。

● 第8段階：老人期（円熟期）

親として子どもを産み、育て、若い世代を支え、自分の生涯について統合感を発達させる。自分の一生に絶望したり、子どもの世代を信用できない時は、さまざまな精神的障害が起きる。この最終段階においてのみ真の「英知」、死そのものに向かう中での生そのものに対する聡明で超然とした関心が恵まれた人に発達するのである。この時期乳児期の孫に出会うと、乳児は

表 11-2 アイデンティティの確立

同一性形成に至るプロセス（縦軸）		
Ⅰ-5	一極性	乳児期の課題は養育者に十分な世話を受けることで信頼感ができる。そのことは自分が中心で、周囲から受け入れられているという人間存在の良さを感じる一極性の感覚（受け入れられているという相互的承認という感覚）。
	早熟な自己分化	自分は十分世話をされずダメな存在という限定感を持ち、敵意に満ちた現実性を抑え込もうとする（自閉的な孤立の感覚）。
Ⅱ-5	両極性	幼児前期の課題は養育者のしつけを受け入れ排泄の自律性ができる。これで周囲との間に相互交流が生まれる自分（個としての自律する意志の感覚）。
	自閉	周囲に対して心を閉ざし、自律せずに幻想的な母子一体感を求める自分（周囲からの尻込みや絶望の感覚）。
Ⅲ-5	遊戯的同一化	遊戯期（幼児後期）の課題は自主性であり、積極的に遊んでいる中で、ママゴトなどの遊びを通していろいろな役割に同一化し、そのリハーサルをする（社会の中のいろいろな役割があることを予想する感覚）。
	（エディプス的）空想同一化	社会の中で勝負や競争することばかり考え、相手を攻撃する空想を抱きそれが自分だと思い込む。
Ⅳ-5	労働同一化	学童期の課題は勉学やスポーツなどで励む勤勉性。そこで学び労働する人の姿を見て同一化する（勤労や生産する喜びの感覚）。
	同一性喪失	努力して学ぶ、働くという自分を見いだせない（生産の無益さの感覚）。
Ⅴ-5	同一性	青年期の課題は同一性の形成。これが自分だという確信と社会的自覚（同一性確立の感覚は、縦軸と横軸の要素が積み重なって形成される）。
	同一性拡散	社会的役割と責任を持てない不確かな自分（同一性の混乱）。
同一性をめぐる現象（横軸）		
Ⅴ-1	時間展望	乳児期の課題である信頼感を得て将来への希望を持って生きるように、青年期でも将来を期して生きているという現実的な時間把握ができる。
	時間拡散	現実的な時間に対する感覚の麻痺（自分が赤ちゃんや老人になったようなに思うなどの時間感覚の混乱）。
Ⅴ-2	自己確信	幼児前期の課題である排泄の自律性で見たように、青年期でも自立した個としての自己への信頼感を持つことができる。
	同一性意識	自己への確信を持てないため常に自己を探求しようとし、自己定義ができず過剰意識となる。
Ⅴ-3	役割実験	遊戯期（幼児後期）の課題の自主性は、青年期に遊びの要素があるアルバイトなどで、正規職につくのではなく、いろいろな社会的役割を実験的に試みる。
	否定的同一性	暴力団などの反社会的な集団に所属して、否定的な集団に自分の同一性形成を見いだそうとする。
Ⅴ-4	達成の期待	学童期の課題のように勤勉性にかかわるが、青年期は将来を期してコツコツと努力を重ねることが必要である。青年期はいわゆる見習の時期である。
	労働の麻痺	働くことや学ぶことの感覚の麻痺で、無益と見なす。
Ⅴ-6	性的同一性	成人前期の課題である親密さは結婚の問題ととらえられるが、その前に青年期で男女どちらかに分極化し自分の立場や役割を確立しなければならない。
	両性的混乱	男女の性別に分極化できず拡散し両性的な混乱が起きる。
Ⅴ-7	指導性の分極化	成人期の課題は子ども等を育てる世代性（生殖性）だが、青年期でリーダーとメンバーの役割関係が必要である。
	権威の拡散	リーダーとメンバーの関係が漠然で、指導性がなく権威が拡散する。
Ⅴ-8	イデオロギー（生活信条）の分極化	老年期の課題は自分の人生を振り返り統合させるが、青年期では自分なりの生活信条を決めなければならない。
	理想の拡散	自分のあるべき理想を絞れず、価値観が混乱する。

老人を「思慮深い」と思い、老人は日本の還暦にあるように「幼子のようになろう」と希望に満ち信仰心を持つ。

● マーシャによるエリクソンのアイデンティティ概念の整理

　アイデンティティの概念は、その人の発達状況との関連で説明が可能であるが、アイデンティティとは何かについては明確に説明しがたいものがある。マーシャ（Marcia, 1966）はエリクソンのアイデンティティの概念を、次の4つのアイデンティティの地位（同一性地位〔identity status〕）による整理を考えた。

　① アイデンティティ達成地位（identity status）：　同一性の形成という発達課題への対処、その解決の様式を意味する。危機を体験し、その葛藤の中で自分の可能性を模索した結果、自分なりに答えを見いだし、1つの生き方に対する主体的な選択と傾倒を行い、それに基づいて行動している状態。

　② モラトリアム地位（moratorium status）：　現在危機を体験している最中で、迷いながら自分が傾倒すべき対象を見つけ出そうと努力している段階。

　③ 早期完了地位（foreclosure status）：　自分の生き方について迷うことなく、両親や権威の期待と目標をそのまま受け入れて、専念している状態。

　④ アイデンティティ拡散地位（identity diffusion status）：　危機を体験したかどうかにかかわりなく、傾倒すべき対象を全く持たず、自分の生き方がわからなくなっている状態。

　以上のアイデンティティの整理に用いたマーシャによる同一性地位の考えは次のようなことである。①アイデンティティの危機（crisis：重大な転換点、わかれ目）を体験しているかどうか（危機体験の有無：つまり、いかなる役割、職業、理想、イデオロギー等が自分にふさわしいかについて、迷い考えを思考する時期の有無を意味する）、②社会的事象に対してどの程度積極的に関与しているか（傾倒〔commitment〕の程度：自己定義を実現し自己を確認するための、独自の目標や対象への努力の傾倒を意味する）、という2つの基準に基づいて決定される心理社会的な地位で、自己の属性の統合度と危機に対する対処様式である。

3. マーラーの分離―個体化理論

　乳児が正常な自閉期を経て母親と一体の共生状態（symbiosis）という共生期をすぎて、少しずつ母親から分離していく分離―個体化過程は生後4～5カ月から3年くらいまで進んでいく。

● 分離―個体化の前駆段階

　① 正常な自閉期（normal autistic phase）：　生後数週間にあたる。新生児は半ば眠り、半ば起きている状態である。空腹を感じると泣き、満腹になるとウトウトとするようなサイクルを繰り返す。新生児はこのように自分だけの世界で、欲求充足は自分が望むとひとりでにもたらされるという幻覚的な願望充足によって、いわば、絶対的な自己愛（absolute primary narcissism）や無条件の万能感（unconditional omnipotence）を持ちながら生活をしている。自己と外界の区別ができず、この時期は生理学的な存在といえる（マーラー〔Mahler, M. S.〕自身は、自閉という言葉に対し、後に疑問を提出し、初期の段階を覚醒的〔awakening〕な段階と呼んだほうが良いともいう）。

　② 共生期（symbiotic phase）：　生後2カ月から4、5カ月頃にあたる。2カ月目に入ると、乳児にとって欲求充足は自分が望むとひとりでにもたらされるものでなく、空腹などの場合、外部（多くは母親）から与えられたものであることに気づき出す。しかしまだ乳児は、母親と未分化で融合した状態（母親と乳児は融合）で、何でもかなうという万能感に浸り、母親と自分が共通の膜で囲まれているという二者結合体（a dual unity within one common boundary）のように振る舞う。つまり共生状態である。そのため、乳児の自己（self）は、非自己（non-self；多くは母親を指す）といまだ分化していない。この時期の対象（母親）は、母親全体を意味するのでなく、自分の欲求を直接満たしてくれる乳房という部分対象（partial object）としてとらえる。

● 分離―個体化の過程

　① 第1期　分化（differentiation）と身体像の発達：　生後4、5カ月から12カ月にあたる。乳児が4、5カ月になると誰にでも示していた社会的微笑（social smile）が母親だけに示す微笑反応（smiling response）に変わる。これは

乳児と母親との間に密接な結合が形成されたためである。母親と他人を区別できる人見知り (stranger anxiety) も示す。6、7カ月になると、母親の髪の毛を引っ張り、母親の口にいろいろなものを入れるなど、母親の体を触覚的、視覚的に探索する。満1歳に近い頃には、乳児の分離―個体化の過程 (the process of separation and individuation) が認められてくる。この過程は、母親と一定の距離を持ち、境界 (boundary) を形成するという分離の過程と、精神内界の自律性、知覚、認知、現実検討などの諸機能が発達する個体化の過程が、密接に絡み合っていく。

② 第2期　練習 (practicing)：　12カ月から18カ月にあたる。幼児は1人で歩けるようになり、母親から離れ外界を探検し、また離れたところから母親を見たりして、母親と特殊な絆 (specific-bond) が確立される。母親は子どもが歩き出したことで成長を感じ、それが子どもに自尊心 (self esteem) を発達させ、子どもが持っていた万能感を捨てて、自律的な機能を発揮させる。またこの時期、幼児は転んでも平気でいたり、あることに夢中になるが、母親が側にいないことに気づくと、急に動作が鈍くなる。母親が現れると再び元気を取り戻す。この現象を気分の落ち込み (low-keyedness) という。

③ 第3期　和解あるいは再接近期 (ラプローシュマン〔rapprochement〕)：生後18カ月から24カ月にあたる。幼児は認知能力が発達し、分離状態について意識が高まり、あらゆる新しい体験を母親と分かち合いたいと思う。母親代理の人とかかわりを持つことができるが、母親が側にいるのかが気になる。幼児はおもちゃなどを母親に持っていき、自分の体験の共有や自分の新たな能力や進歩する自分に協力するように、身ぶりや言葉で要求する。しかし、母親に自分がじゃけんにあしらわれ、母親の願望が自分と同じでないことを認識し、もはや二者結合体として機能しなくなる。

18カ月から24カ月の幼児は、母親を押しのけたり、そうかと思うと急に母親にまとわりついたりするなど、欲求の急速な交代 (ambitendency) が見られる。また、母親の後を追いかけたり逆に逃げ出したりする (shadowing and darting away patterns) もする。これらは母親と結びつきたいという愛情対象との再結合の願望と、母親に近づきすぎて母親に飲み込まれる不安との

> コラム

スターンの自己感の発達

　スターン（Stern, D.）は乳児の発達論の基本に「自己感（sense of self）」の発達を据える。母子関係における乳児の主観的体験に注目し、社交的な乳児像を描いた。乳児の成長につれて、順次出現する4つの異なる自己感の概念を提唱した。そしてそれぞれが乳児の発達をオーガナイズするように働く原理となるという。

　① 新生自己感：　出生から2カ月間は、最初のオーガナイゼーション（中核自己感）作りの途上にいる。これを新生自己感（the sense of an emergent self）という。この2カ月間、乳児は活発に外界の出来事を取り入れる。視覚、聴覚やあらゆる感覚を通じて乳児はいろいろなことを体験するが、乳児は1つひとつの体験がどう関連し合い、どこまでが同じかがわからないのである。

　② 中核自己感：　生後2〜6カ月には中核自己感（the sense of a core self）が出現してくる。これは、自己が単一で一貫し、境界線のはっきりした身体単位であるという感覚である。乳児は他者（母親）と自分は別個の存在である（分離─個体化）ことを知ると同時に、自分が他者の中にあることも学ぶ。これは、自己／他者の未分化状態（融和状態）から、徐々に自己と他者が分離─個体化していくと考えるマーラーの発達理論と大きく異なる点である。

　③ 主観的自己感：　生後7〜9カ月になると、行動の背後にあって、行動を起こす精神状態（感情、動機、意図など）というものがわかるようになる。これが主観的自己感（the sense of a subjective self）である。乳児はこの時期、自分自身の心だけでなく、他者の心というものがあることに気づく。2人の心が調和したり、調子が外れたり、ずれたりするのが経験される。乳児は母親の意図や動機は母親のものであると正しく理解でき、他者にも完成の揺れ動きがあり、また自分の感情と調和しているかどうかがわかる。

　④ 言語的自己感：　生後15〜18カ月になって、乳児が言葉を話せるようになると言語的自己感（the sense of a verbal self）が現れる。自己の体験を客観化、言語化できるため、他者との間で体験が伝達、共有、貯蔵できるようになる。つまり、3つの自己感の領域での体験を言葉で要約できるようになる。この領域での対人関係上の可能性は、言葉の存在によって飛躍する。

●引用文献

スターン, D.　小此木啓吾・丸田俊彦（監訳）　1988　乳児の対人世界　岩崎学術出版社　1985

濱田庸子　乳幼児精神医学・児童精神医学　小此木啓吾・深津千賀子・大野裕（編）精神医学ハンドブック　創元社　2002

間の葛藤を象徴的に示している。悲しみや怒りの感情を統制しようとする欲求も出現して、涙をこらえて自立性を増大させたり、やたらと拒否的な態度をとることもある。母子だけの世界から、父親や他人との関係ができる。

④　第4期　個体化の強化と情緒的恒常性の始まり：　生後24カ月から36カ月頃にあたる。この時期になると、自我機能はさらに発達し、言語の発達が急速に伸び、時間概念や空間概念が形成される。遊びは目的を持った建設的なものに変わり、空想や象徴によるごっこ遊びをしたりする。同年齢の子どもたちへの関心が増大したり、大人たちの要求に積極的に反抗したりする。この反抗は後のアイデンティティの感覚の発達にとってきわめて大切なものである。

母親が不在であっても、母親との安定した愛情関係ができていると、「いつか帰ってくる、母親がいなくなることはない」（対象恒常性〔object constancy〕）と思える。つまり母親の表象が内在化させて安定しているので、幼児にとって満たされない時でも、怒りによって、母親の良い面をも悪い対象に変化させることなく、良い対象と悪い対象が1つの全体（人間の持つ両面性）として統合される。つまり、情緒的に対象恒常性ができているともされる。外界の知覚なしに母親（外的対象）不在時に悪い母親の部分表象（内的対象）ばかりでなく、自己に愛情供給している良い母親部分対象をも同時に想起できる。母親が全体対象として統合されてはじめて対象恒常性が達成される。この時期の個体化も強化され、恒常的な自己像が後の自己同一性（self identity）の基礎になる。また対象恒常性ができているのかどうかが、境界性パーソナリティ障害の診断基準の1つとされる。

●引用・参考文献

エリクソン，E. H.　仁科弥生（訳）　幼児期と社会　1・2　みすず書房　1977, 1980

福屋武人・鍋田恭孝（編）　クレッチマーの思想　有斐閣選書　1986

前田重治　続 図説　臨床精神分析学　誠信書房　1994

前田重治　図説　臨床精神分析学　誠信書房　1985

Marcia, J. E.　Development and validation of ego-identity status.　Journal

of Personality & Social Psychology, Vol. 3, No. 5, 1966, pp. 551-558.
ムーア，B. E. & ファイン，B. D.(編)　福島章(監訳)　精神分析事典：アメリカ精神分析学会　新曜社　1997
小此木啓吾・深津千賀子・大野裕(編)　心の臨床家のための必携精神医学ハンドブック　改訂版　創元社
サドック，B. J. & サドック，V. A.　井上令一・四宮滋子(監訳)　カプラン臨床精神医学テキスト：DSM-Ⅳ-TR 診断基準の臨床への展開　第2版　メディカル・サイエンス・インターナショナル　2004
サドック，B. J. & サドック，V. A.(編)　融道男・岩脇淳(監訳)　カプラン臨床精神医学ハンドブック：DSM-Ⅳ-TR 診断基準による診療の手引　第2版　メディカル・サイエンス・インターナショナル　2004
依田新・詫摩武俊他　性格心理学　大日本図書　1974

第12章

対人関係・集団関係

　人間は1人で生活はできない。誰かと何らかの関係を持っている。ここでは、まず、一般的な対人関係を発達的にとらえて考えることにする。母子関係、性同一性、友達との遊びなどを通じて、子どもたちがどのように育っていくかを考えることにする。さらに集団について、リーダー（指導者）とメンバーの関係をリーダーシップの視点から考え、どのような関係の時にどのような関係になるのかを考えることにしたい。
　そして、社会生活を送る上で、どのように生きていくのかを子どもたちがどのようにして道徳性を身につけていくのかを、発達という視点から少し考えてみることにしたい。

1. 対人関係の発達

　生後1カ月の間で乳児は社会的および対人的相互作用に順応するようになる。乳児は外的環境に対する反応性が急激に増え、重要な第1の養育者との特別な関係を抱く能力を獲得し、愛着を形成する。見知らぬ人への恐れは約26週においてはじめて見られるが、約32週（8カ月）までには完全には発達しない。見知らぬ人に接近されると、乳児は泣いて母親にしがみつく。1人の養育者だけにしか接していない乳児は、さまざまな養育者に接している乳児よりも、人見知りが強い。
　10～18カ月に出現する分離不安は、人見知りと関連性があるが、同じではない。乳児が愛着を持っている人から離れることが分離不安を引き起こす。しかし、人見知りは、乳児が母親の腕の中にいる時でも起きる。乳児はハイハイを始める時に分離を学ぶが、絶えず後ろを振り返り、安心のために頻繁

に母親のもとへ戻る。

　生後18カ月で性同一性（gender identity）、つまり男性女性の確信が示され、多くは24～30カ月までに確立される。マネー（Money, J.）は男女どちらともとれる外性器を持ち、染色体の性とは反対の性別として育てられた子どもの追跡調査を行った。それによると、性同一性の大部分は生得的であり、育て方は遺伝的素因には影響しないだろうと指摘した。

　3～6歳までの幼児は、体や生殖器、性別の違いに気づき、遊びの中で、お医者さん―看護師さんや患者さんごっこをして、性的な空想を行動にして遊ぶ。また、ごっこ遊びは空想と現実を区別し始めながら行われる。遊びながら、病気を治すなど現実の生活状況を試すこともある。1対1の遊びが競争的になることもあり、秘密を分かち合うこともあり、2対1の遊びが1人にいじわるをする陰謀などの複雑な方向へと進んでいく。

　この頃に、下にきょうだいが生まれることも多く、同胞との競争が起きる。養育者がこれら2人以上の子どもに対して、どのように対処するのかが問題となる。子どもの欲求不満による退行現象は、正常な範囲であれば必ず起きるため、もしも適切に扱われないと、上の子どもたちは外傷的な経験をすることになる。子どもが協力や協調する能力が試されるが、競争が起きるため、これらの経験は後の子どもたちの仲間や権威者との関係に影響を与える。

　2歳半～3歳頃の幼児は、平行遊び（parallel play）をよくする。他の子と一緒にいても、その子との間に相互作用が起きないひとり遊びである。3歳までの遊びは連帯的（associative）であることが多く、仲間と同じ遊具で遊ぶが現実的な相互作用はまだ起きない。4歳頃に、協力的な遊び（cooperative play）ができて、役割の分担をして遊んだりする。

　想像上の仲間（imaginary companion）は就学前の子どもにしばしば現れ、通常平均以上の知能を持つ子どもには、人の形態をする、あるいは擬人化されたおもちゃの形で現れることもある。3歳から10歳の間の子どもは、1回またはそれ以上の回数で想像上の仲間を持ち、それによって友好的で寂しさを和らげ、不安を軽減する。ただし、想像上の仲間の重要性を明らかにした研究はない。

思春期には、友達などとのかかわりの比重が大きくなり、家族外の人間関係が優先される。サリバン（Sullivan, H. S.）は、10歳頃までに子どもたちは同性との親密な関係を築き上げ、それが健康的な心理的成長にとって必要であると指摘した。仲良しの友達をチャム（chum）と呼んで、この時期に仲良しがいないことは、後に精神的な問題が起きる可能性を示唆した。

● 子どもの遊び行動

　子どもたちの遊びははじめからみんなと一緒に遊ぶことはない。パーテン（Parten, M. B.）は子どもの遊び方を6つの型にわけ、発達とともに子ども同士のかかわり方が変化することを明らかにした（図12-1）。

　① 遊びといえない行動： 遊んでいるといえず、たまたま興味をひくものがあれば関心を示すが、そうでなければ自分の体をいじったりしている。

　② ひとり遊び： 話ができる距離に他の子どもがいるが、その子たちとは違うおもちゃを使って1人で遊び、その子どもたちとは遊ばない。

　③ 傍観者遊び： 他の子どもの遊びを見ているだけで、一緒に遊ばず、その子に話しかけることがあっても、遊びに参加しようとしない。

　④ 平行遊び： 1人だけの独立した遊びであるが、他の子どもたちが平行して同じ遊びをする。一緒に遊ばずに、自分の遊びを他の子どもに説明することもない。

　⑤ 連合的遊び： 集団の遊びの1つで、他の子どもた

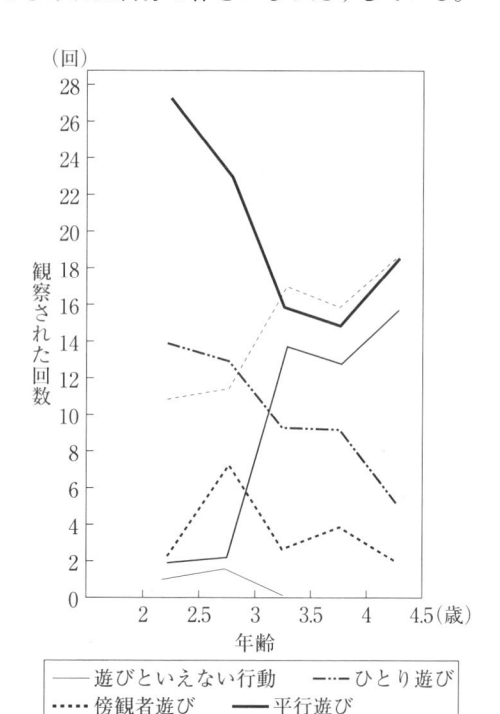

図12-1　遊びの型と年齢による変化（Parten, 1932より　井上・山下，2002）

ちとの間に共通の遊びや興味や仲間意識が認められる。他の子どもたちと一緒に遊び、共通の話題で話し、遊具の貸し借りも見られる。しかし、遊びの役割分担などはない。

⑥　協力的遊び：　組織化された集団遊びである。リーダーが現れ、各自の遊びの役割分担や上下関係などが見られるようになる。何らかの行動をやりとげようとするなどの目的意識がはっきりするようになる。

● 友人関係の作り方

児童期の前半（小学1～3年頃）には、座席が近い、通学路が同じなどの物理的要因で友人関係が築かれる。そのため、環境変化により仲の良い友達が短期間で変わるなど、友人関係は不安定なことが多い。それに対して、児童期の後半（小学4～6年頃）には、趣味や考え方などが一致するなど行動的・性格的要因や人間的な尊敬で友達を選び、親や教師よりも友達の行動や言葉が気になり、強く影響を受けるようになる。

児童期後期から仲間意識が急速に強くなり、同性で同年齢の子どもたちで構成される小集団を作る。ファーフェイ（Furfey, T. H.）は、ギャング・エイジ（gang age）と呼んだ。9～12歳の子どもたちで、①4、5人のメンバーで、②同性だけ、③異性に対し排他的になるなどが特徴とされ、男児に多いとされる。しかし近年では、小学校では「みんなで仲良くしなさい」といわれ、このような特徴はかえって問題視されることが多いといえる。

2．リーダーシップ

● レヴィンらのリーダーシップタイプ

レヴィンら（Lewin, Lippitt, R. & White, 1939）はリーダーシップのスタイルを民主型、専制型そして放任型の3タイプにわけて、メンバーの仕事量や仕事の質を調べた。民主型では集団の方針を可能な限りみんなで話し合って決め、求められた時のみリーダーが助言をする役割をとり、専制型では集団活動のすべてをリーダーが指示し決定し、放任型では消極的に集団活動に参加するだけで、決定はすべてメンバーに任せた。その結果、仕事の質は民主型がも

っとも良く、仕事の量は民主型、専制型がともに優れていた。メンバー間の雰囲気は民主型がもっとも良く、専制型ではメンバー間にいじめが多く見られた。

● 三隅のPM理論

三隅二不二（1966）はカートライト（Cartwright, D.）による集団の2機能をリーダーシップに応用した。つまり集団がある課題の目標を立てて達成する機能である「課題達成機能」をP行動（Performance）とし、集団のメンバー結束を維持する機能である「維持機能」をM行動（Maintenance）とし、リーダーはメンバーに課題達成機能と維持機能を促進させる働きをすると考えた。これをPM理論と呼び、リーダーがどちらの機能を重視するのかにより仕事量やメンバーの満足感を比較した。その結果、仕事量ではPM型がもっとも優れ、以下P型、M型、pm型の順になり、メンバーの満足度はPM型、M型、P型、pm型の順に良いとされる。つまりPM型がもっとも優れ、pm型がもっとも劣っていることになる。図12-2に示した。

● コミュニケーション・ネットワーク

リービット（Leavit, H. J.）は、コミュニケーション・ネットワークの実験によってリーダーの決定要因について検討した。

まず、5人の集団で問題解決するという課題が与えられる。6種類の記号が書いてあるカードがあり、その中から5種類の記号が書かれたカードが与えられる。各人に与えられたカードに書かれた記号の組合せはすべて異なるが、1つだけ共通の記号が書かれていた。課題は、自分がコミュニケートできる相手と手書きのメッセージを交換し合い、共通の記号を発見することであった。各集団の構造は、鎖型、Y型、車軸型、円型である（図12-3）。回答までの所要時間、誤答数、楽しさなどの満足度を測定し、どの集団構造が効率的か、また成員が満足するかを調べ

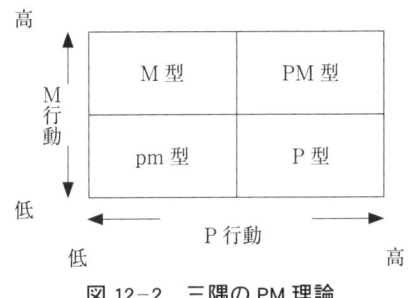

図12-2　三隅のPM理論

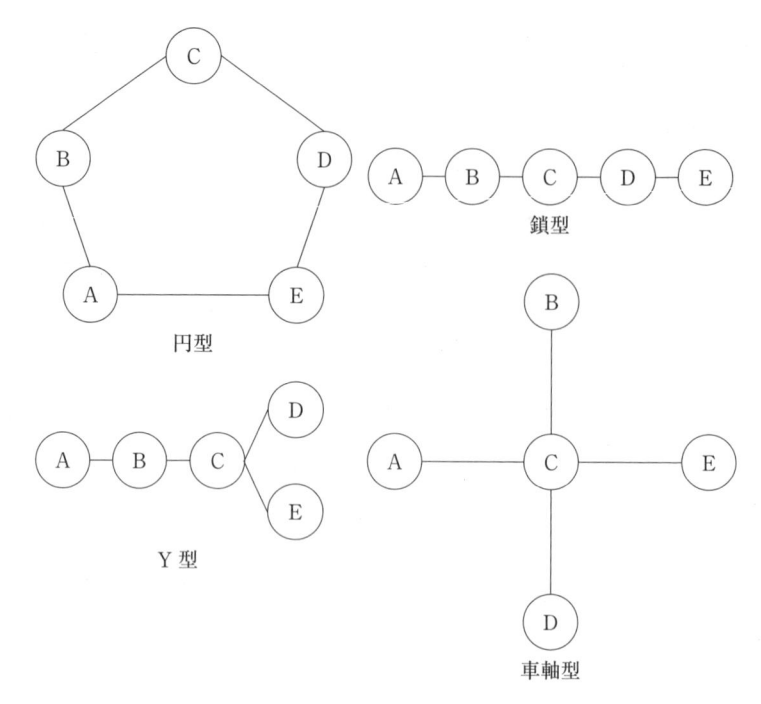

図 12-3　コミュニケーション・ネットワーク

注）○　△　□　＋　＊　◇：6つの記号

た。

　車軸型は作業効率が高いが、満足度は1番低かった。円型は作業効率が低いが、満足度は1番高かった。Y型は車軸型と類似し高作業効率であるが、満足度は円型と車軸型の中間程度だった。鎖型は円型と類似した作業効率であったが、満足度はY型と同程度であった。

　車軸型のように中心になる人がはっきりしている集団の型が効果的であった。またネットワーク上の位置では、中心にいる人は満足度が高いが、周辺の位置にいるメンバーの満足度は低かった。実験後に各メンバーに、「この集団のリーダーは誰であったか」と質問した。その結果、鎖型、Y型、車軸型はネットワークの中心にいる人をリーダーと答えるのが多かった。つまり、リーダーの才能がある人ではなかった。集団の中心的役割を果たしてい

たことから、リーダーと認められていて、リーダーの資質ではなく、ポジショニングで決まり、いかに人間関係の中心にいるかということで決まるといえる。

● **ネットワーク型組織**

　ネットワーク構造は、人々の行動に、何らかの必然的な方向づけを行う。そこではどのような権力構造が生じるかが問題となる。組織を作る場合、作業効率や満足度が高いほうが望ましいのは当然であろう。

　マイルスとスノー（Miles, R. E. & Snow, C. C.）は１つの組織形態として「ネットワーク型組織」があるという。ネットワーク型組織は先ほどの車軸型に見られるような特定に中心人物はいない。つまり中心人物がいると階層的になりやすいが、ここでは水平的な構造となる。階層的であれば何らかの不満足感が起きやすいが、ネットワーク型組織ではそのようなことも少なく、また公式なネットワークは固定されておらず、流動的で柔軟的に広がり、新しい課題に対して柔軟に人材を組み替えることができ効率的でもある。コンピューターの普及により情報化社会となり、伝達のスピードアップと無限に近い広がりが見られ、また情報の氾濫も起き混乱しながら、情報や人間の管理による管理社会化が進み続けている。また、流動性や柔軟性があることでかえって組織が１つに統合されにくく、組織内の人間は漠然とした関係を持ち、多くの人が短い経路ですばやく対応できずに、それぞれはバラバラに分断される可能性もあり、社会における人間の疎外が問題となっている。

● **状況即応理論（contingency model）**

　これまで、さまざまな場面で一貫して効果的なリーダーシップをとれる特性や行動パターンがあるだろうという考えで行われてきた研究に対して、フィードラー（Fiedler, F. E.）は、効果的なリーダーシップのスタイルは、そのリーダーの置かれた状況によって異なると考えた。

　フィードラーによれば、これまで出会った同僚の中で一緒に仕事をするのがもっとも困難だった同僚（least preferred co-worker；LPC）をどのように評価するかによって、リーダーのタイプが２つにわかれるとした。比較的好意的に評価するタイプは高LPCと呼ばれ、きわめて否定的な評価をするタイ

プを低 LPC と呼んだ。一緒に仕事をしたくない同僚に対して評価がわかれる理由は、高 LPC の人は人間関係を重視するリーダーで、低 LPC の人は仕事を中心に考えるリーダーであるためだと考えた。

　フィードラーの考えの中には、部下の個人的な福利厚生に気を配るなど人間関係への「配慮」と、作業の割り当て、ノルマの設定、課題達成、部下間の仕事の調整などを考える「構造作り」に関連した行動基準が用いられている。しかしフィードラーの状況即応理論は、ある構造作りがいかなる状況でも効果を発揮するとは考えなかった。リーダーが置かれる状況を次の3つの基準の高低にわけた。

　① 　リーダーと部下の関係における良好さの程度
　② 　部下が行うべき作業が明確化・構造化されている程度
　③ 　リーダーに与えられている権限の大きさの程度

　これらの3つの基準は①、②、③の順で重要性が決まり、その基準によりリーダーが置かれた状況の望ましさが決定される。フィードラーによれば、図 12-4 に示したようにリーダーにとって望ましい状況（図の中に○印がついている）と、望ましくない状況（図の中で×印がついている）では、低 LPC が効果的なリーダーであるが、望ましさが中程度の状況では高 LPC が効果的な

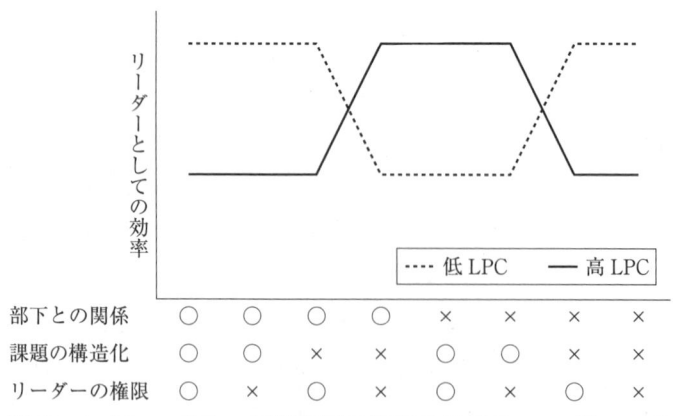

部下との関係	○	○	○	○	×	×	×	×
課題の構造化	○	○	×	×	○	○	×	×
リーダーの権限	○	×	○	×	○	×	○	×

　図 12-4　フィードラーの状況即応理論における高 LPC・低 LPC の
　　　　　効率と状況要因の関係（三隅，1966）

リーダーになるとされる。

◆ 状況対応理論（situational leadership model）

これまでの考えはメンバーに対してのリーダーシップがどのような特性を持っているかという考えであったが、メンバー（フォロアー）の状況によりリーダーシップのスタイル（行動）が変わるほうが効果的であるという考えが出てきた。ハーシーとブランチャード（Hersey, P. & Blanchard, K. H.）は、リーダーにはフォロアーの持っているさまざまな能力や動機を知ろうとする探求心や、それを理解し解釈する感受性やその診断能力を持ち、フォロアーの能力や意欲に対応できる柔軟性と幅広い技能が必要とされる、と考えた。

ハーシーらは、支持的行動をPM理論でいうP行動（課題達成機能）、協労的行動をM行動（維持機能）と考え、この2つの行動の組合せによって、リーダーシップ・スタイルを決定し効果的なリーダーシップのスタイルを考えた。フォロアーの成熟度とは、ある職務が遂行できる知識や能力、経験の長さ、仕事に対する意欲や態度、自信などの度合いをいう。それによるとフォロアーの成熟度が高い時には委任的リーダーシップが有効であり、未成熟なフォロアーの場合は支持的リーダーシップが有効である。逆にいうと成熟したフォロアーには支示的、説得的、参加的なリーダーシップはあまり有効には働かないといえる（表12-1）。

また、図12-5はマネジメントをする人たちの層にとってどのようなリーダーシップ・スタイルが必要かを層別にプロットしたものである。

表12-1 ハーシーらのSL理論

フォロアーの成熟度	リーダーシップ・スタイル		効果的なリーダーシップ
未成熟	支持的行動 協労的行動	高 低	指示的リーダーシップ
やや未成熟	支持的行動 協労的行動	高 高	説得的リーダーシップ
やや成熟	支持的行動 協労的行動	低 高	参加的リーダーシップ
成熟	支持的行動 協労的行動	低 低	委任的リーダーシップ

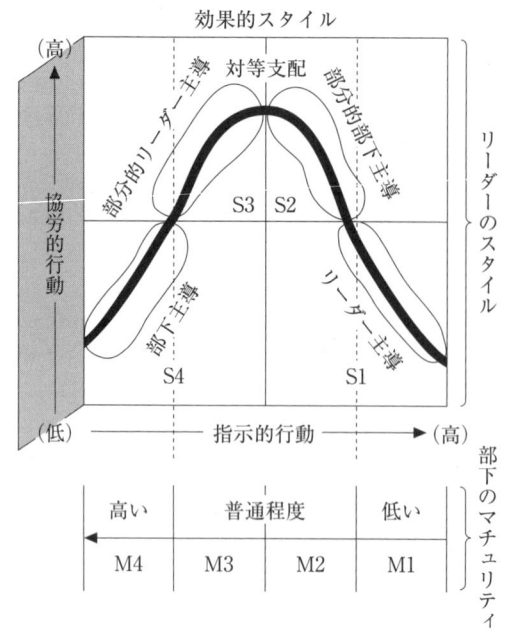

図 12-5 状況対応契約と SL 理論

3. 道徳性の発達

● ピアジェの道徳性の発達理論

ピアジェは子どもの遊びについての観察や質問、短い物語に対する反応などから、道徳の発達を考え、次の4つの段階を通じて発展していくとした。

① 習性の段階： 自分の欲求に従い、両親の許容・禁止に依存している。

② 強制の道徳の段階： 自己中心的で、2～5歳頃に始まる。子どもは、規則を文字通りに受け入れるのではなく、大人たちの要求に合致するような精神が重要であることを理解する。子どもが9歳くらいまでは、道徳的義務や価値が人間から離れて、それ自体として存在すると考えがちだとして、道徳的実念論（moral realism）と呼んだ。

③ 協働の段階： 7、8歳頃に現れ、初歩的な協働が見られ、平等の原理による相互的適応を行う。

④ 動機論的段階： 11、12歳頃に現れ、行為の動機を理解するようになる。相対的・自律的な道徳で、人が自分の行動に倫理的・道徳的な責任感を持ち主観的判断行動が発生する。

主観的道徳への変遷は7歳頃に生じる。たとえば次のような2つの「ウソ」、第1のウソ―試験を受けないのに「学校で良い点をもらった」、第2のウソ―「犬に出会ったがそれは牛か馬のように大きかった」を比較させた。すると子どもは、第1のウソは、「良い点をとることもある」「お母さんはそ

> コラム

人はなぜ罪を犯さないのか

　ハーシー（Hirschi, T.）は、人と人、人と集団、集団と集団とを結びつけている「社会的なつながりの絆」から、人間は「なぜ罪を犯すのか」ではなく、「なぜ罪を犯さないのか」という観点から考え直した。これを社会的絆理論（social bonds）という。社会的な絆を構成する要素を次の4つにまとめた。

　① 愛着（attachment）：　一般的には子どもたちが周囲の人々に対して抱くつながりを意味する。これは社会的な絆の中でもっとも重要である。愛着の対象となる人たちが持つ価値観や考え方を本人も取り入れることは重要なことである。しかしこれを広く集団や制度についての愛着をも考えると、自分の学校や学級集団への帰属感、メンバーであることのプライドなども含まれるため、教育制度や社会制度に含まれる価値などへの愛着も社会的な絆を形成する大切な要素といえる。

　② コミットメント（commitment）：　集団に所属することでどれだけ自分のニーズが満たされるのか、あるいは希望が叶えられる可能性があるのかが関係する。犯罪を行う場合の損得勘定といえ、罪を犯すことで自分の地位や信頼を失うことが割に合わない場合は罪を犯さない。教育現場を考えると、子どもが自分の直面している状況での行動選択や将来の進路決定に際して、逸脱することなく社会から期待されている方向へと自分をかかわらせていくことをいい、「同調への賭」とも呼ばれる。また、自分がボランティアなどの社会貢献、クラスやクラブや友達などにとって役立っているという気持ちや、社会的な役割を果たしているという達成感やそのことから芽生える自己存在感によっても、この絆は強化されるといえる。

　③ インボルブメント（involvment）：　時間とエネルギーを活動の中に巻き込んで、活動の舞台となる社会や集団、対人関係へとつなぎ止めていく作用をいう。法律を守るという順法的な生活にかかわる時間が長ければ、それだけ非合法的なものにかかわる時間や機会が少なくなる。そのため順法的な集団や友達の他に地域とのかかわりも大切であり、さまざまな交流を広げて深めることが必要といえる。

　④ 信念（belief）：　社会的な規律、法律、規範の正しさを信じ、人を尊敬するなどである。これには倫理観、道徳観、習慣や慣習も含まれ、これらを内在化した規範意識による社会的な絆作りは大切な要素といえる。子どもが信念を持つことは、日常生活習慣や学習の習慣作り、学校生活での規律を守ることにもつながる。

●引用・参考文献
ハーシー，P. ＆ブランチャード，K. H.　山本成二・水野基・成田攻（訳）　入門か
　ら応用へ　行動科学の展開：人的資源の活用　日本生産性本部　1987
井上隆二・山下富美代　図解雑学　社会心理学　ナツメ社　2002
水原泰介（編）　個人の社会行動　講座社会心理学　第1巻　東京大学出版会

うだと思っている」のでいけないことはない。第2のウソは、「そんなに大きな犬は見たことがない」ので、悪いという。もたらした損害の大きさで判断し、規則を絶対視しない、行為の意図を推し量ろうとするのである。

このように悪い行為が減っていくという単純な変化ではなく、相互に質的に異なるいくつかの相を示しながら発達すると考え、そのもとには「子どもは大人の縮図ではない」という有名な命題があるといえる。

● コールバーグの道徳性の発達理論

コールバーグ（Kohlberg, L.）は道徳性の発達を、テストを用いて調べた。たとえば、次のようなテストがある。

「ヨーロッパで、1人の婦人が病気で死にかけていました。医者は彼女を救うにはただ1種の薬しかないといいました。この薬は、同じ町に住んでいる人によって発見されていました。それを作るには200ドルもか

表12-2　コールバーグによる道徳性の発達

レベルⅠ　慣習前の水準（道徳的な価値は、個々人の心の中や規範に求められず、自分以外の外的な状況や嫌な行為、肉体的な欲求などによって対応して求められる） 　第1段階：　他律的道徳性。罰と服従の志向。強い力や威信に対して自分を守るために服従し、罰を回避するために規則に従うという判断を行う。 　第2段階：　個人主義的・道徳的道徳性。素朴な道徳的快楽主義。正しい行為とは自分の欲求が満足され、それに対応して他人の欲求が満足される行為である。賞を得て、報われようとして同調する。
レベルⅡ　慣習的な水準（道徳的価値は良いあるいは正しい役割を遂行すること、慣習的な秩序や他者からの期待を維持することにあるという水準） 　第3段階：　対人的規範の道徳性。「良い子」の道徳。いわゆる良い子でいようとする。他人に褒められること、他人を喜ばせ、助けることを正しい行為だと考える。 　第4段階：　社会システムの道徳性。「法と秩序の志向」。権威や社会秩序を尊重し、与えられた義務を遂行することが正しい行為と考える。
レベルⅢ　慣習後の水準、脱慣習的・原理的水準（現実の社会や規範を越えて、妥当性と普遍性を置く水準） 　第5段階：　人権と社会福祉の道徳性。正しい行為とは社会全体の合意や承認による法に基づくものだから従うと考える。共通の福祉に関して下す普遍の第三者の観点を維持するために同調する。 　第6段階：　普遍性・可逆性・指令性を持つ一般的倫理原則の道徳性。正しいことは一貫性と普遍性を持つ「原理」に基づくものであり、それを自らの良心に従って実行することが正しい行為となると考える。法よりも一段上のレベルで法を越え、自責の念を避けるために同調する。

かりませんが、ほんの少しでも2000ドルの値をつけていました。この病人の夫、ハインツは薬を買うためにお金を借りようとし、知人を何人も訪ねましたが、必要なお金の半分しか借りられませんでした。この人は薬を作った人に、妻が死にかけているので、薬を安く売ってくれるか、後払いにしてくれるように頼みましたが、作った人は『いいえ、私は金を儲けるために薬を作っているんだ』といいました。そこでハインツは店に押し入り、薬を盗みました。ハインツはそうすべきだったのだろうか、なぜそうすべきだったのだろうか」

道徳性の発達を表12-2のように3つのレベルとその中に2段階を据え、計6段階を挙げ、説明している。

コールバーグは、子どもを「道徳哲学者」と見なし、親や教師から道徳規準を与えられるのではなく、子ども自身とその社会環境との交互作用によって生じるとするが、社会的影響力を重要視する立場からは批判される。

●引用・参考文献
ハーシー, P. & ブランチャード, K. H. 山本成二・水野基・成田攻(訳) 入門から応用へ 行動科学の展開：人的資源の活用 日本生産性本部 1987
井上隆二・山下富美代 図解雑学 社会心理学 ナツメ社 2002
Lewin, K., Lippitt, R. & White, R. K. Patterns of aggressive behavior in experimentally created social climates. Journal of Social Psychology, 10, 1939, pp. 271-301.
三隅二不二 新しいリーダーシップ：集団指導の行動科学 ダイヤモンド社 1966
日本道徳性心理学研究会(編著) 道徳性心理学：道徳教育のための心理学 北大路書房 1992
Parten, M. B. Social participation among preschool children. Journal of Abnormal and Social Psychology, 27, 1932, pp. 243-269.
齊藤勇 図解雑学 人間関係の心理学 ナツメ社 2006
対人行動学研究会(編) 対人行動の心理学 誠信書房 1987
辻正三・中村陽吉(編) 社会心理 心理学6 有斐閣双書 1987
山田一成・北村英哉・結城雅樹(編著) よくわかる社会心理学 ミネルヴァ書房 2007
山下富美代 図解雑学 発達心理学 ナツメ社 2008
吉田正昭(編) 心理学ガイドブック 社会心理学 大日本図書 1981

第13章

臨床心理的援助の歴史と種類

> 　第13章から第18章までは、臨床心理的な援助について考えることにする。まず、臨床心理的援助とは何かについて考える。これまで、サイコセラピー（精神療法・心理療法）やカウンセリングという言葉で知られていた行為であるが、医師ではなく心理学者を中心としている点を強調するために近年、「臨床心理的行為」（現在は臨床心理学会が先に誕生したが、その学会の考えにすべては賛同できないため、新しい学会を作りその違いを明確にするために、「臨床心理」ではなく「心理臨床」ということもある）と呼ばれることが多くなってきた。そのため、旧来のサイコセラピーやカウンセリングだけではなく、心理テスト（性格検査）を実施することもこの臨床心理的な行為と見なされる。そしてその目的には「援助」があるので、「臨床心理的援助」といわれる。第13章では、その歴史と面接におけるさまざまな「臨床心理的援助」があることを説明することにする。

1. 臨床心理的援助の歴史

◆2つの心のケアのあり方

　臨床心理的援助という時、2つのあり方ができる。1つは、いうまでもなく、学問としてのあり方である。すなわち、「心」を科学の対象として取り組み始めた以降にある臨床心理的援助である。以下に触れる臨床心理的援助についての紹介は、この枠内の紹介である。あと1つは、おそらく人類が始まって以来あったであろう、自然の不思議への畏敬の念や宗教的儀式、そして個人の悩みへの解消を求めて行われた悪魔払いなど、あらゆる儀式がこれに相当している。両者は、悩みや問題を持っている側とそうした悩みや問題を解決へと援助する側という関係において共通している。そしてこの両者は、

現在も共存している。人が、心を考える時、考えることのできることと、考えることのできないことによって成り立っている。そしてまた、1つのものが存在するというのは、多くの恩恵によって存在している。非科学的な援助と科学的な援助の存在は、こうした関係にあるということで、この両者が実は臨床心理的援助には欠かせない要因として働いてもいるのである。

● 日本の臨床心理的援助の歴史

臨床心理的援助の構造は、①実践活動、②研究活動、③専門領域活動の3つの活動から成り立っている。日本には、臨床心理的援助につながる精神世界の歴史がある。その中から今日も盛んに実践と研究がされているものに、①森田療法と②内観療法がある。森田療法は、森田正馬によって統合された療法であり、内観療法は、吉本伊信による日本の心理療法である。一方、今日の臨床心理学的援助にあるのは、多くは欧米からもたらされたものといえる。臨床心理学の成り立ちに向けた研究の歴史の上に今日の日本にある臨床心理的援助は、その専門性を展開していく体制の整備という観点から1982年に日本心理臨床学会が設立されたことに始まったといってよい。特に1995年に、文部省（現文部科学省）による「スクールカウンセラー活用調査研究委託事業」に臨床心理士が活用され、2001年度から社会制度化され、今日に至っていることは、臨床心理的援助が日本のさまざまな領域で横断的に実践され、人々の役に立つあり方の研鑽とさらなる発展の機会を得ることになっている。

● サイコセラピー

さて、臨床心理的援助という時、サイコセラピー（psychotherapy）、心理療法、カウンセリングという言葉が使われている。これらはどういう関係にあるのかというと、3つの使用の仕方がある。

① この3つの言葉を同じ意味で使用している。

② サイコセラピーの訳として、精神療法（医療関係者用）や心理療法（非医師用）とを同じように使用し、カウンセリングはロジャーズ（Rogers, C. R.）の提案した方法として別の意味で使用している。

③ 心理療法とカウンセリングのいずれもが、臨床心理的な援助として行

動面や認知面を修正する行動療法や認知行動療法などと区別して、狭義のサイコセラピーの中にあるものとして使用している（広義には薬物療法や手術などと異なり、心理的であるため行動療法などはサイコセラピーに含む）。

これらの使用の仕方は、心理的援助をする「時と場」によって違いが生じてくるというのが、実践していくとわかる。基本的には、ほとんど同じといって良い。厳密にいうと、心の学問が発達するようになって、これらの3つの言い方が出てきたということができる。心理療法は、実に数十種類から100以上あるといわれている。その中からよく知られているものをいくつか次節で紹介する。

2. 臨床心理的援助の種類

● カウンセリング

カウンセリングというと、通常ロジャーズの姿勢を指している。ロジャーズの提唱した姿勢は、来談者中心療法といわれる。ロジャーズの姿勢の主な考え方は、「クライエントの語る言葉を解釈するよりも、クライエントの気持ちを受容し、共感的に理解することにより、クライエントが自ら立ち直っていく」というものである。

ロジャーズは、これらのプロセスに必要な3つの要素を提唱している。

①無条件の肯定的配慮、②自己一致、③共感的理解である。

このカウンセリングのあり方は、1940年代に開発された。今日は、ロジャーズの提唱が実践を通して確かさが積み重ねられ発展的展開がされているが、当時は、分析や原因追及が中心の研究のあり方が主流であった中でのこの提唱は、画期的であった。

● 精神分析

精神分析（psychoanalysis）は、フロイト（Freud, S.）が"心"、についての仮説を立て体系立てた理論である。神経症の治療技法として発達し、人間の心理について多面的で統合的な理解を持ち、人の行動や心の理解に役立つ。

北山（2001）は、「〈私〉の意図や意味するところの重大部分が、〈私〉が

〈考えていないところ〉や〈意識したくないところ〉、つまり無意識にあって、常識的にただ〈私が考えているところ〉にあるとするのは誤解であるというのが精神分析の発見のひとつ」と述べている。

人は認めがたい欲求や願望、耐えがたい出来事の記憶や感情等を何らかの理由で抑圧して無意識に追いやると、葛藤が起こり意識レベルの言動に影響を与えたり不安や苦痛、また神経症的症状が起こるとフロイトは考え、「無意識」を概念化した。その、無意識に追いやられ葛藤の内容を自覚し、それを起こすもとになった抑圧された欲求や願望、記憶、感情等を、自覚し、意識化、言語化することにより、不合理な言動や症状の意味は解明され、それらの行為を解決するヒントが得られると考えられている。

正統的で国際的な基本技法は、1回50分、原則として1週間に4、5回、被分析者が寝椅子（カウチ）に横たわり、思うがままに自由連想をしたことを話し、被分析者から見えないように後ろに座っている分析者が必要に応じて解釈等を行うというものである。しかし、現在は労力や時間、費用など現実的な問題、また速効性や環境的な問題などもあり、週1、2回行われる精神分析的心理療法（psychoanalytically oriented psychotherapy）が一般的である。

精神分析にはいくつかの視点や理論がある。

1つは、被分析者その人が歩んできた人生、とくに乳幼児期の体験を重視することである。自分の過去の体験、とくに大切な人との関係を面接の場面に持ち込むことを転移（transference）という。この分析者と被分析者の転移関係を扱うことによって、その背景にある無意識化された過去の体験などを取り上げるのである。

したがって、被分析者の無意識化された過去の体験を理解し解釈するためには、乳幼児期の発達段階が重要になる。それは、精神―性的発達（psycho-sexual development）といわれ、乳幼児が快感や欲求不満をどの段階で体験するかに注目して分類した、口唇期、肛門期、男根期、エディプス期などがある（詳しくは第11章参照）。

次に、精神分析的人格理論について述べる（詳しくは第10章参照）。フロイトは、心の構造をエス（イド）、自我、超自我にわけて考えた。自我は、本能

欲求のあるエスや、良心や道徳のもとと考えられる超自我を介した現実外界との間に起こる葛藤（conflict）を調整しようとする。

　フロイトが精神分析を創設した時代に比べ、現在社会はより複雑になり、それに伴い、心理臨床が適用される対象は広がった。神経症のみならず、重篤な障害を持つ人々への治療や健康な人々のより良い成長のサポート、あるいは問題発生の予防や、問題を抱えている人々へのサポートなどにも精神分析の考え方を生かした応用も拡大されている。

● 行動療法

　行動療法は、学習理論を基礎としている。学習理論の中心は、人間の行動は、学習によって身につくというものである。学習し行動となるには、経験することがまずあって、経験によって行動が持続するということになる。

　この療法の特徴は、①客観性・行動・症状が対象となる、②行動を「刺激─反応」の図式でとらえる、③「症状・問題行動」を誤学習・未学習と考え、望ましい行動形成の獲得へと援助していく。

　この療法が提唱されたのは、1950～1960年代である。ウォルピ（Wolpe, J.）、アイゼンク（Eysenck, H. J.）、リンズリー（Lindsley, O. R.）らによって提唱された心理療法理論がそのもととなっている。

● 認知行動療法

　認知行動療法は認知療法と行動療法の総称を意味して使われることが多く、現在ではその認識が一般的である。ここでは医療やカウンセリングの現場で広く普及しているベック（Beck, A. T.）の認知療法を見ていくことにする。認知療法は人間の感情や行動が認知の仕方に強い影響を受けるという考えから成り立っており、不適応の背景にある不合理で否定的な歪んだ認知が合理的で肯定的な認知に変わることを目的としている。治療の効果はうつ病や不安障害などで顕著に認められており、さらには統合失調症や摂食障害、人格障害などにも適応の範囲を広げつつある。

　認知療法においてキーワードとなるのは自動思考（automatic thought）とスキーマ（schema）の2つの概念である。自動思考とはある状況において自動的にわき起こってくる思考やイメージのことで、これが歪んでいると認知が

現実や事実と大きくずれて不適応を起こすとされている。もう一方のスキーマは、心のより深層にあって自動思考を生み出しているものだと考えられている。スキーマはその人の人生観や世界観そのものであり、生得的な要因に環境的な要因の影響を受けながら形成されたものである。たとえば、「どうせ自分は誰からも必要とされていない」というスキーマを持っている人は、人間関係の中で存在意義に過剰な反応をしてしまう。このようなスキーマを持っている人は、「学校行事に参加してもつまらない」「仲間に入れないから集団活動では寂しい思いをする」といった否定的な自動思考が起きてくるかもしれない。スキーマの傾向に気づくだけでも十分意味のあることではあるが、自動思考のもととなるこのスキーマが修正されてこそ適応的な営みが期待できるのである。

◆家族療法

心理療法といわれる多くの技法は一般的に不適応を抱えるその個人を治療対象として扱うのだが、家族療法は家族全体を治療対象と考えることに大きな特徴がある。家族療法にはシステム論という理論的背景があり、家族のことを互いに作用し合う要素の複合体（つまり1つのシステム）と考えている。システム論では、家族全体の病理は影響を受けやすい個人に症状や不適応という形で現れるので、個人の精神的な病理を家族システムの機能不全と理解することができる。たとえば、離婚寸前まで仲が悪くなったある夫婦の子どもが、不登校や暴力などの問題行動を起こすようになったとしよう。この夫婦は絶えず日々喧嘩をしていたのだが、子どもの問題へ奔走することによって喧嘩をしている場合ではなくなってしまった。この家族に起きていた機能不全つまり夫婦の不仲という問題は、いつしか子どもの問題行動よりも目立たなくなったために、家族は崩壊に至らずギリギリの状態で維持するこができるようになったのである。このことを家族ホメオスタシスと呼び、家族内のある人物の問題行動は家族システムの均衡の維持に役立っていると考えられているのである。

家族療法では、特定の患者と見なされた人をIP（identified patient）というふうに呼んでいる。IP（ここでは不仲夫婦の子ども）の問題行動をいくら解決し

> コラム

アクスラインの遊戯療法

　遊戯療法（playtherapy）は、子どもを対象として、遊びの活動を利用して行われる心理療法である。遊びが子どもの発達にどのような形で寄与するかは、次のように考えられている。①心身の諸機能やさまざまなスキルを発展させ、統合していく。②行動による自己表現の機会を提供してくれる。遊びによる表現は、大人の言語による表現に匹敵する。③遊びにおける空想や演技を通して、これまでの現実認識の仕方を変えたり、現実を受け入れ、現実に対処する力を養っていく。④子どもにあっては、自由で創造的な対人関係や相互コミュニケーションは、自然ななりゆきとして遊びを媒介にして発展する。

　遊戯療法の目標は、表面的な問題行動の直接変容ではなく、個人としての総合的な心の発達、統合的な自我機能の発達、自己実現の過程などを実現し、具体的な問題行動の改善はその結果に生じるものと考える。

　図は、アクスライン（Axline, V. M.）が行った集団の遊戯療法の写真である。遊びを媒介とするが精神分析学派のアンナ・フロイト（Freud, A.）やクライン（Klein, M.）の児童分析と異なり、おもちゃがいっぱいあり、子どものための遊戯室という大きな部屋で子どもたちはのびのびと自由に遊ぶのがアクスラインの遊戯療法の特徴である。左は個人遊戯療法で、右は集団遊戯療法である。

個人遊戯療法　　　　　　　　集団遊戯療法
遊戯療法の写真（アクスライン，1972）

ようとしても、その問題行動が家族の崩壊を防ぐ防波堤となっているので、家族の機能不全が解決しなければいつまでたっても治らない。仮に治ったとしても別の形で問題を起こしたり、他の家族が別の症状や問題を起こすことが予想されるのである。

● ナラティヴ・セラピー

　ナラティヴ・セラピーは社会構成主義の影響を受けながら家族療法の流れで発展してきた心理療法の一種である。ナラティヴとは「語り」や「物語」を意味する言葉であり、治療はそのナラティヴを重視して展開される。そもそもクライエントの語りに焦点を置くのは多くの心理療法にあてはまることなのだが、ナラティヴ・セラピーでは治療者がクライエントに無知の姿勢で臨むことが求められている。治療者は指示的、操作的な専門家ではなく目撃者の立場として位置づけられるところが独特な考え方だといえるだろう。また、「クライエントは不適応を起こしているので行動の修正や認識の改善をしなければならない」という構造は極力避けるべきとされている。語りを通じて過去の経験に意味やまとまりを与えて自己を再構成することを目的としている。

　ナラティヴ・セラピーは、ただ単にクライエントの語りを聞きさえすれば良いというものではない。語りにはある状況において疑うことができず自明の前提とされているドミナント・ストーリーと、ドミナントが崩れた時に現れる代案ともいうようなオルタナティヴ・ストーリーにわけることができる。たとえば、「夫婦は夫が外で働き、妻が家庭を守らなければならない」というドミナントな考えに疑問を持つと、「夫婦の役割はそれぞれの夫婦が決めれば良い」という代替案（オルタナティヴ）がある。ナラティヴ・セラピーにおけるクライエントの語りは強要されるものではなく、自らの決まったドミナント・ストーリーを語れるようにすることでもない。治療者にはクライエントから自発的にオルタナティヴ・ストーリーが生まれるように面接をしていくことが必要とされている。

● サイコドラマ（心理劇）

　サイコドラマは集団療法の1つに位置づけられており、即興劇の形式を用いた心理療法で精神科医のモレノ（Moreno, J. L.）によって開発されている。普通ドラマや芝居では、あらかじめ決められた台本がありその台本に従ってストーリーが進んでいく。ところがサイコドラマで見られる即興劇という形式は、その場で生まれてくる演者の台詞に従ってまさにアドリブでストーリ

ーが展開していくのである。治療的な効果は、演者が即興劇の中で自身の感情を出してカタルシス（浄化作用）を得ることや、過去や現在の自分自身を見つめ直して自己洞察を得ること、日常生活での決まりきった役割から抜け出せるように自発性・創造性を獲得することなどが考えられている。

　ドラマの中で治療者は監督（ディレクター）や補助自我（助監督）の役割を担い、メンバー15人前後の参加者でグループを構成する。ドラマを始めるにあたって、まずはそのグループをウォーミングアップする必要があり、各メンバーの緊張を和らげ安心して自分を表現できる雰囲気を作り出さなければならない。ウォーミングアップを終えてからドラマのための主役を選び、その内容や目的は主役が監督などと話し合いをして決定する。たとえばドラマの目的が自分の課題の解決であるならば、そのことと関係する現在のある場面や過去のある場面を舞台上に構成していけば良い。ドラマを進める際に、監督は補助自我とともに役割交換（交替して他者の観点を持つ）、ミラー（補助自我をして演者と同じ振る舞いを鏡のように見せる）、ダブル（演者と体験をともにしながら先行して、表出し自己表現を促す）などの技法を用いて主役の自己表現や気づきを促している。目的を達成できたらドラマを終結し、最後に参加者それぞれがどのように感じたのかを語り合いシェアリングを行う。

●SST（ソーシャルスキルズトレーニング）

　SSTとはSocial Skills Trainingの略称であり、一般的には生活技能（社会的スキル）訓練と訳されている。これは、日常生活の中で必要とする対人的行動の獲得のために、構造的・体系的に体験学習させる技法である。1980年代に考案者であるリバーマン（Liberman, R. P.）が日本を訪れ、この時から精神科やデイケアを中心に広く普及していった。

　SSTの目的となっている獲得すべき生活技能は、対人関係において円滑な関係を築くためのやりとりが中心である。わかりやすくいえば「自分だけでは解決できない問題にあたった時どのように声をかけて他者の援助を受ければ良いのか」など、「○○のような場合には△△をする」といったことである。また生活技能には、言語的なものだけではなく、表情、身ぶり、手ぶり、視線、声のトーンなど非言語的なものが含まれもする。

生活技能の獲得は精神病患者や、集団で不適応を起こす子どもや発達障害を抱えることで対人関係が上手くいかない人たちにも有効といわれている。

●引用・参考文献
アクスライン，V. M.　小林治夫(訳)　遊戯療法　岩崎学術出版　1972
ドライデン，W. & ミットン，J. 著酒井汀(訳)　カウンセリング／心理療法の4つの源流と比較　北大路書房　2005
フォックス，J.　磯田雄二郎(監訳)　エッセンシャル・モレノ　金剛出版　2000
フロイト，A.　牧田清志・黒丸正四郎(監訳)　アンナ・フロイト著作集（全10巻）　岩崎学術出版社　1981-1984
ジェラード・イーガン　福井康之・飯田栄(訳)　カウンセリング・ワークブック：熟練カウンセラーをめざす　創元社　1996
橋口英俊・滝口俊子(編著)　新臨床心理学　八千代出版　2006
林昭仁・駒米勝利(編)　臨床心理学と人間　三五館　1996
本宮幸孝　こころのひきだし　第一プロジェ　1994
乾吉佑・氏原寛・亀口憲治・成田善弘・東山紘久・山中康裕(編)　心理療法ハンドブック　創元社　2005
一般社団法人「日本臨床心理士会雑誌」　一般社団法人日本臨床心理士会　2009
加藤豊比古　過敏性腸症候群で不登校の中学2年男子の箱庭療法　近畿大学教育研究所紀要　第13号，1988
河合隼雄　コンプレックスと人間1　河合隼雄著作集第Ⅱ期　岩波書店　1971
河合隼雄　カウンセリングの実際問題　誠信書房　1976
河合隼雄　河合隼雄の"こころ"　小学館　2008
ケラーマン，P. F.　増野肇・増野信子(訳)　精神療法としてのサイコドラマ　金剛出版　1992
北山修　精神分析理論と臨床　誠信書房　2001，p. 4
古今堂雪雄　あるカウンセラーのノート　(財)関西カウンセリングセンター・シリーズ　1983
こころの科学　特別企画―臨床心理士　日本評論社　33号，1990
前田重治　心理療法の進め方　創元社　1978
三木善彦・瀧上凱令・橘英彌・南徹弘(編著)　心理の仕事　朱鷺書房　1997
水島恵一　カウンセリング　人間性心理学大系 第2巻　大日本図書　1990
日本臨床心理士資格認定協会　臨床心理士の歩みと展望　誠信書房　2008
野口裕二(編)　ナラティヴ・アプローチ　勁草出版　2009
小川捷之(編集)　現代エスプリ別冊　臨床心理用語事典1 用語・人名篇　至

文堂　1981
小川捷之（編集）　現代エスプリ別冊　臨床心理用語事典2　診断・症状・治療篇　至文堂　1981
臨床心理学　心理的援助と生活を支えること　金剛出版　2004
下山晴彦（編）　よくわかる臨床心理学　ミネルヴァ書房　2010
鈴木丈（編著）　SSTと心理教育　中央法規出版　1997
内山喜久雄・坂野雄二（編）　認知行動療法の技法と臨床　日本評論社　2008
氏原寛他（共編）　心理臨床大辞典　培風館　1992
氏原寛・亀口憲治・成田善弘・東山紘久・山中康裕（共編）　心理臨床大事典　改訂版　培風館　2004

事例1　　箱庭療法事例

　箱庭の箱は50cm×72cm×7cmの大きさで、外は黒く内側は青く塗ってある。湿った砂を入れておき、玩具は人、動物、植物、乗り物、建築物、橋、柵、石、ビーズ、怪獣などを適当に用意しておく。「これで何でもいいから作ってみて下さい」というように教示して、作ってもらう。
　（「sandplay therapy」は、ユング派のカルフによって始められ、わが国には河合隼雄によって「箱庭療法」という訳語とともに紹介され、広く用いられている療法である。）
　事例：　中学2年男子A；過敏性腸症候群（下痢や便秘を繰り返す、あるいは一方のみで、激しい腹痛を伴う心身症の1つである）のため不登校状態となったことを主訴として入院した。性格テスト：Y-G性格テスト結果；A型で、プロフィールはほとんど中央に集中した。そのため、情緒安定型、社会適応性、向性ともに平均的で問題はないとされる。なお、池見酉次郎は心身症者に対する一般的な質問紙法の場合は、過剰適応のため「平均的で問題はない」と出ると指摘している。一方、P-Fスタディの結果；GCR=62.5％で、社会的な適応ができ普通の社会適応性を持つ。しかし、内容を見ると、超自我が強すぎて、叱責の念を抱いて何とか適応しようとする。基本的には外罰型で他者に攻撃心を向けるが、反応転移が見られ、はじめ攻撃性を向けていてもそのうちに攻撃心を向けることに葛藤を抱き、依存欲求を持つ一方で攻撃心を抑圧して何もないかのように問題を回避する傾向がある。
　図は、A君が作った箱庭の初回作品。

過敏性腸症候群の中学2年男子Aの箱庭作品

はじめ森の家を置いて作る。左上隅には何もなく、やや右よりに城、岩と岩をつなぐ橋。夫婦岩のよう。左側中央は3階建ての家。その前に男の子と女の子。左下の橋の前には夫婦とその足元にはカメ。中央に金色の三重塔が黒い敷物（?）の上にあり、その下のほうに木や花、老夫婦と親子の猫。右上側に鳥居や半透明の天使、その奥に神社。右下側に黄色の屋根の農家、その前に白と黒の2頭の馬、親子の牛がいて、家の右に隠れるように農夫婦が桶を持っている。

事例2　父親からの自立を願う既婚女性の心理面接

クライエント：　A、30歳、女性、会社員
主訴：　夫と別居中で将来が不安
生育歴及び現病歴：　Aは支配的な父親と自分の意思を持たない母親を持つ長女として育った。弟、妹よりもAに期待する父親は、小さな頃からAにはスポーツ選手を目指すように強いた。X社入社後、スポーツ部に入るが、膝のケガで入院中、父親から退部するようにいわれ、母親も自分の味方になってくれず、裏切られた気持ちを抱いた。そして父親から逃げるようにBと結婚するが、夫とはセックスレスで夫婦関係が成立しなく、Bは父親同様Aの行動をいちいち指図した。Aは日を追うごとに無力になりCクリニックを受診し、自律神経失調症と診断された。その後、当相談室にカウンセリングを求めて来室した。

　初回時、夫とは弁護士を介し離婚調停中であると話し「自分の人生は一体何かわからず、父親から自立したい」と訴えるAと面接目標を設定し同意した。

　面接では、父親への強い依存性と攻撃性のアンビバレントな気持ちを語りながら、Aは職場の上司との関係を話した。Aは仕事よりも上司に好かれることを優先する結果、ミスが増え体調を崩していると語った。面接者はこの悪循環に気づくようAに明確化を繰り返した。すると半年後に自宅から離れ、1人暮らしを始めた。面接1年後に夫との離婚が成立した。その間父親との分離不安を強く訴え、家事や物事の決断も苦手なAは1人でいることの辛さを訴えた。Aは面接者に助言を欲しいと望むが、面接者は〈お父さんと同じように助言を期待されますか〉と直面化すると、面接中トイレに立った。直面化後の面接は、現実の生活では、寂しさを埋める

かのように飲み会に参加して、男女の関係を持ったという話の行動化がしばらく続いた。その後「私の求めていたのは、セックスではなくて人とのぬくもりや愛が欲しかった。父の愛情を求めている」とAは父親に対する愛情を理解し始めた。その後Aは「父の運転で横に乗るのが自分だと思っていたが、自分が運転したい」と自ら教習所に通い出し、同じ頃上司から職場での昇進試験の打診があり、受けた。無事合格し、久々に実家に帰ると家の雰囲気が異なり、両親が仲良く話し合っているのを見てショックを受けた。しかし居心地は悪くなかった。面接をはじめて2年目弱の頃、母親との時間を共有できるようになり、Aの母親への見方が肯定的になるにつれて、女性性が強調される服装に変化していった。恋人Dさんと「精神面を大切に育てていきたい」と恥じらいながら話し、「私はまだ未熟ですが、何とかやっていけそう」と面接からの自立を決断し、これまでの経過を整理して終結とした。

第14章

臨床心理的援助の技法

　一般の人に考えられているカウンセリングや心理療法は、「相手の話をじっくりと聴いてあげること」という理解が多い。この「じっくり聴く」という行為が、どれだけ難しいのかは実際、カルチャーセンターなどで講座を聴いてその気になった経験を持つ学生や主婦たちの反応を見ればよくわかる。自分にとって都合の良いことは聴けるが、関心が持てないとうっとうしさを見せる。またただ「辛かったのですね」といえば共感できると思っていて、話し手は聴き手から同情されていると感じ、嫌になり「ありがとうございました」とお愛想で応答されることがある。

　この話は、「ただ話を聴けば良いと思っている」程度のカウンセリングの知識で聴く経験の乏しい人にはピンとこないだろう。実際には話を聴くことの難しさ、問題解決に進むことの難しさは経験しなければわからないのである。ここでは、基本的な技法について説明をすることにする。

1. 面接の基本的姿勢と心構え

　狭義の心理療法（行動療法等を除くため）を行うセラピストやカウンセラーが対象とするのは病気そのものでなく、悩める人間 (der Kranke Mensch) である。そのため、病気や問題で悩みを背負った、心理・社会的存在としての人間の残された健康的な部分や、潜在的な自己実現能力の開発・促進を目指し、心理学的診断や面接や治療を進めていくことといえる。

　面接者が患者やクライエントとかかわる面接場面の人間関係は、特別な人間関係であるといえる。つまり、クライエントは一般に、情緒の問題や自らの生き方に切実な疑問を抱きながら生きているのである。彼らにとって、面接者は親切な友達関係や親子関係のように接するのではなく、問題解決を手

伝う専門家として悩みや病気の専門的知識を持ちながらも、人間的な親しみ、暖かさ、包容力などを感じさせる人である必要がある。クライエントが悩みの話をセラピストなどにしている時に、「この先生なら自分のことをしっかりと聴いてくれて問題の解決を手伝ってくれそうだ」と思う、つまり信頼関係（ラポール〔rapport〕）を形成できることが大切である。また、セラピストは情緒的に安定し、他人の事柄に積極的に傾聴でき、自己課題として主体的に援助して協力してやろうという気持ちを持つことが必要である。時々あることだが、「かつて、自分は思い悩んで入院したことがあるので、クライエントの気持ちが理解できる」と安易に考える人がいるが、面接者はクライエントの複雑で深い気持ちや情緒に振り回されないほどの、情緒的安定性が求められる。もしも、セラピストがクライエントや患者同士のグループを作り、相談や解決をはかりたい場合は、患者の会やセルフヘルプ・グループ（自助グループ）として機能することができるので、そのようなグループに入ったほうがよいだろう。

2. 指導的・支持的な面接方法の場合

　じっくりと話を聞くのではなく、問題解決をすぐにしたいために助言やその場でどうすればよいのかを考える場合の基本的な技法である。

● 開かれた質問 (open questions)
　「はい」「いいえ」では答えにくく、より詳細な答えが欲しい時にする質問である。たとえば、「あなたは、〜についてどう思いますか」「いつから、始まったのですか」などで、クライエントに返答や会話の主導権をゆだねる質問形式である。次の閉ざされた質問と比べると、開かれた質問はクライエントの話や自己表現を促進する可能性が高いが、クライエントが自分の気持ちなどを内省するのが嫌で答えにくい場合、その分プレッシャーとなる。しかし面接の導入では、開かれた質問を有効に使うことで重要な情報を得ることができる。

🔴 閉ざされた質問（closed questions）

「あなたは〜ですか」「〜をしましたか」など、「はい」「いいえ」で答えるような質問形式である。事実関係を明確にする場合や、口の重いクライエントへの話の導入には有効である。このような質問を繰り返すと、セラピストの関心のある事柄ばかり聞いてセラピスト主導の面接になってしまうことがあり、また一方で、クライエントが自分で考えずセラピストがクライエントの気持ちがどうなのかを推測していくことになり、変な質問をしないようにとクライエントの機嫌をとるような質問だけをすることにもなるので注意をしなければならない。

セラピストがクライエントの語った内容を確認する場合には、「〜をしたのですね」「はい、そうなんです」と、話題を共有できる。

🔴 保証（assurance）

クライエントに問題や症状の性質、その原因や意味などよく説明し、あまり心配しないように指導する方法である。身体症状についていろいろな不安を訴える場合、専門医へ紹介することが必要である。医師による検査・診断・治療を受けるように勧めることが大切となる場合もある。

心身症など、身体の検査を十分受けてから、心理的にアプローチをする。また、思春期に多い「拒食を訴える」からといって、何でも心理的に原因があるのではないかと、自分勝手にカウンセリングを進めることは問題がある。たとえば、思春期やせ症（あるいは拒食症や摂食障害）の場合もあるが、下垂体前頭葉機能不全の結果起きる下垂体性悪液質であるシモンズ病の場合は、放っておくと生命の危険が生じることもある。

🔴 助言・指導（advise）

日常生活における現実的な悩みやストレスについて話し合い、必要な助言や示唆を与えて、現実生活を大きな支障がない程度に送ることを優先することである。これは知識や情報などが不足しているか、逆に、氾濫する知識を整理して、生活技術が未熟な人の場合に用いる方法である。育児でしつけや遊ばせ方などで相談を受ける場合、お母さんの性格を問題にするのではなく、直接的に答えて現実生活を送る目的である。

しかし、どのような助言があるかを知っていなければならない。たとえば、「夜尿」で相談を受けた時、器質的原因が見つからなかった場合、ある小児科医は「12時頃に起こせば良い」という人もあれば、「睡眠の妨げになるのでそれは逆効果だ」という人もいて、相談者が「どうすれば良いのかわからない」ということがあることを知っておかなければならない。また、現実には中学校に入る前に自然治癒を入れて99％以上の人が治っていく。

さらにより積極的に、不満や葛藤の処理を、現実社会の常識と自分の理想や欲求との関連で考えさせて、自分の理想を下げ欲求を抑えて、適度な運動や趣味を持たせて、欲求不満にあまり陥らないようにさせることもある。これは、新しく社会適応を送れるように、生活目標を修正するなどの再教育的に行うことでもある。

一方で、生活技術が未熟だからといって、より良い対処方法を教えれば理解してくれるかというと、そうでないことも多い。知的な問題や発達障害を持つ場合は、その人の性格や特徴に合わせた指導が必要となる。

● 心理教育（psycho-education）

1970年代後半にアメリカでアンダーソン（Anderson, C. M.）らやマクファーレン（Mcfarlane, W. R.）らによって、統合失調症の患者とその家族を対象に、精神障害の正確な知識を伝え、治療者とともに精神障害に対するより適切な対処法を検討するようになった。日本にも導入され、精神保健福祉センターや精神科病院などでも行われるようになった。家族に対しての心理教育の発展は、レフ（Leff, J. P.）とヴォーン（Vaughn, C. E.）による感情表出（expressed emotion；EE）の研究によるところが大きい。家族が統合失調症の患者に対して表出する感情（EE）のうち、EEの5つの測定項目、批判的コメント（critical comments）、敵意（hostility）、情緒的に巻き込まれすぎ（emotional overinvolvement）、暖かみ（warmth）、肯定的言辞（positive remarks）のうち、批判、敵意、情緒的に巻き込まれすぎを示す家族はEEが高いとされた。患者でEEの低い家族ではEEが高い家族よりも統合失調症の再発率が低いことから、心理教育が家族にも適応された。

近年、日本ではこの考えが広く応用され、幼稚園や小・中・高等学校の子

どもの症状や行動の心理的な意味を説明して理解させて、保護者にどのように対応するのかを教えることがある。

● 暗示（suggestion）

カウンセラーが与えた言葉や態度が、相手にとって受け入れられ、そのままその人の心に作用を及ぼすことである。思春期の子どもに将来の進路で何をしたいのかを尋ね、極端な理想でない場合に「君ならできる」と暗示を与え、実現できると「ほら、できただろう」ということも有効となる。

暗示で、治療として用いられるのが催眠療法である。古代から宗教的儀式や医療で用いられた催眠（hypnosis）は、一連の誘導操作によって引き起こされる被暗示性の進行した状態（トランス状態）で、特有な心理的反応を伴い、このトランス状態を治療手段として用いるのが催眠療法である。歴史的には、1776年のメスメル（Mesmer, F. A.）による催眠療法（メスメリズム）から始まるが、19世紀末にはフロイトがシャルコー（Charcot, J.）のもとへ留学をして「催眠療法」を学んだように、歩けない人に歩けることを暗示して歩けるようになった。フロイトは催眠効果の不安定さから、精神分析を創始したが自身も少なからず暗示を使いながら、解釈を用いていたといわれる。

● 環境調整（environmental manipulation）

本人にストレスとなっている社会的な生活条件を改善して少しでも負担を軽減させるよう、生活環境を調整する方法である。家庭や学校や、会社などに本人が再適応できるように調整をしてもらうことである。たとえば、プレイセラピーを受ける小さな子どもであれば、親に対し「しばらくの間、子どもがわがままをいう、あるいは親のいうことを聞かなく反抗的になるが、受け止めるように」とお願いし、退行した子どもが休息をとっている時間だと説明することがある。不登校の生徒の学校やうつ病にかかった社員の会社でも、対人関係に配慮し、「なぜ学校（会社）に来なかったのか」「気が弱いからだ」「元気そうだから、我慢してもう普通にしろ」などといわないことや、「配置換え」を依頼するなどである。周囲の理解と協力が得られない場合は、問題行動や症状は改善しにくいことがあり、場合によって悪化することもある。

● **情報提供・紹介（refer）**

　社会的資源としてさまざまな機関や施設、病院などをクライエントに紹介することがある。この場合、必ず複数の施設や病院を紹介することが必要となる。1カ所だと、何か結託をしていて相談に来た人を紹介して金儲けをしていると思われることがある。また、学校などでは民間の施設を安易に紹介すると同様に思われることがあり、行くあるいは行かないは相手の自由になるので、必ず公立の施設も紹介をすることが大切である。

　なお、精神病理学の基礎知識は必要である。何でもカウンセリングをすれば良くなると思うのは大変危険である。相談相手がカウンセリングに本当に適応するのか、精神科受診が必要なのか、判断に困りはっきりわからない場合は必ず専門家に相談や受診を勧めなければならない。少なからず、精神病レベルの相談相手をカウンセリングして、かえって混乱をさせ、妄想を出させたり、自殺に追いやるという失敗事例があるのである。

3. 一般的に共通する面接技法

　自己洞察を求める精神分析的な考えに基づかない方法で用いられる。

● **単純な受容（あいづち）（acceptance）**

　クライエントがどのような感情や態度を表現しようとも、カウンセラーはそれを受容しその感情をともに体験することにより、クライエントに十分に尊重されているといった感じが生じ、クライエントは話がしやすく自己表現が促される。

　例：「そう」「うん」「なるほど」とじっくり落ち着いて声に出す、あるいは軽くあるいは力強くうなずきながら話を聴くなどである。

● **繰り返し（restatement）**

　カウンセラーがクライエントの話に積極的に傾聴し、ある程度の話をしてから、話のポイントの言葉を相手の話すトーンで繰り返すことで、カウンセラーが共感的に理解しつつあるという姿勢がクライエントに感じとられ、カウンセラーにきちんと聴いてもらえていると理解される。

例： 辛くて辛くてもう本当に腹が立つ→「辛くて辛くてもう本当に腹が立ってしまうのですね」と憤りのない辛さを話す相手のトーンに合わせて力強く繰り返している。

例2： 「もう死にたい……」→ 深刻に訴える場合、ある程度クライエントが話したところで、カウンセラーは相手の目を見てゆっくりと落ち着いて、「死にたいと思うのですね」と相手の気持ちの重さを感じながら繰り返す。

● **感情の反射**（reflection of feeling）

繰り返しよりも深い感情のレベルでの応答であり、言葉だけでなく問題の中心的な感情に重点を置く。そのことによってクライエントはより深い共感的理解がなされていると感じられる。

例： 「死にたい」→「生きるのが辛く死にたいほど苦しいのですね」先と同じ言葉でもその発言の底に込められている感情に焦点をあて、言葉の繰り返しだけでなく、感情的内容を受け止めて、カウンセラーが伝え返すことになる。

● **再保証、支持的態度**（reassurance, supportive）

共感的に理解されていることがより直接的な表現によってわかり、支えてもらえているという安心感がクライエントに生じる。

例： 「大丈夫」「誰にでもありますよ」「そういう時は本当に辛いものですね」と、クライエントの発言や態度に対して、励ましやいたわりを述べる。ただし同情になる場合があり、相手がバカにされたと思われることもあるので注意する。

● **非指示的リード**（non-directive leading）

もっと具体的に問題に立ち入って話をしてもらうことや、そのことの説明をしてもらい、間接的に問題の焦点づけを進める。

例： 「うん、それから」「もう少し話を続けてくれませんか」と漠然としているところやカウンセラーが気になったところを話してもらう。これはある意味の質問であるが、ある点に関して相手の話したい気持ちや話したくない気持ちを尊重しながら、消極的に相手に話すように促しているのである。

● リード (leading)

　先の非指示的リードでなくて、「友人のことでもう少し話してください」「お母さんの話をもう少し続けて話してください」というのは話題の選択の強制になるが、その問題点を焦点づけるようにする一般的な質問である。これはカウンセラーが問題に関係していると考える分野を探索するようにクライエントを励ますことである。カウンセラーが何か言葉をはさむと何らかの影響をクライエントは受けるため、リードすべきかどうかが問題ではない。ロビンソン (Robinson, F. P.) の「カウンセリングの階段 (counseling ladder)」でクライエントが目標に向かって1段ずつのぼり、カウンセラーは1つの階段からのぼり次にいくように援助することであると述べている。このようにいつ、どのようになされるのかが問題とされるべきである。

4. 学派による特徴的な技法

● アクティブ・リスニング (active listening)

　ロジャーズ派では先に挙げた受容と共感はとくに強調される技法であるが、クライエントは自分が相談に来る目的など明確に述べないことがある。クライエントが自由に話ができると感じる雰囲気を作るようにしなければならない。クライエントの話す内容、事実関係などを理解すると同時にその話に込められた気持ちや感情などを話の内容と同等あるいはそれ以上に感知し、非言語的なメッセージも読み取り、クライエントに伝達し続けていくことである。積極的な傾聴によって、クライエントは防衛がとれ、自由になり内的変化へと動き出すのである。

● 自己開示 (self-disclosure)

　自分自身の「体験過程」との照合をし続け、自分自身とクライエントをも欺かないこと、その瞬間瞬間オープンにしてありのままであることが重要となり、相手に押しつけとなることなく表現されるが、何でも思ったり感じたりしたことをいえばいいのではない。セラピストが自分のありのままの感情や考えを適切にクライエントに伝えることである。

5. 分析的立場で強調される技法

● 明確化 (clarification)

クライエントが問題点に直面し、今考えようとしている心の現象に焦点をあて重要な部分を浮き彫りにしていく。不明な点を説明し直し、事実と結びつけ状況を意識化させる。

例：「友達が高価な物を送ってきて、もらうべきか、返すべきか、わからなくなった」→「高価な物をもらって嬉しい反面、何かあるのかと疑う気持ちが出て困っているのですね」と。クライエントの話を聴いていてカウンセラーが「こういう意味かな」とクライエントの気持ちをキャッチできた時、カウンセラーの言葉に置き換えられて伝えられる（感情の反射は、クライエントのいっている言葉を借りてクライエントの気持ちを伝え返すこと）。

● 直面化 (confrontation)

特定の現象に注意を向けさせ、その態度や表現の背後にある欲求や感情が問題や悩みを解決する上で重要な問題であることを気づかせていく。明確化はうすうす気づいていることを明確にすることだが、直面化は気づかずに同じことを繰り返し、不自然で矛盾をしていて気づこうとしないで避けている事実に目を向けさせる。

例：「今回は父親に感謝しているといい、前回の父親を憎いといった話とずいぶん違いますね」「お父さんのことばかりですが、お母さんの話はされないですね」（ただし質問攻めや批判にならないように気をつけること）

● 解釈 (interpretation)

クライエントの心の動きを理解し、気づき出しているが依然と十分には気づかない時に、問題点に気づかせ自己理解をさせる。「連結機能」で意識と無意識、現実と空想、過去と現在、内的幻想と症状を連結させるともいえる。内面を暴き、まとめつなぎ合わすが、いつ、何をどの程度解釈するかが問題ともなる。抵抗と転移をワークスルー（徹底操作）する時に使う（「介入〔intervention〕」は時たま行う能動的関与であるとメニンガー〔Menninger, K.〕は区別す

る。一般には介入はセラピスト側からの何らかの積極的な働きかけをする場合を総称していて、明確化も解釈も介入といえる)。明確化→直面化→解釈というように系統的に導く。

　例：「嫌っているというけれど、そうやってお母さんに甘えているのですね」「親が愛情をくれなかったというけれど、自分が自立しようとしないね」と。

●引用・参考文献
浜川祥枝・生松敬三・馬場謙一他(編)　フロイト精神分析物語　有斐閣ブックス　1978
前田重治(編)　カウンセリング入門：カウンセラーへの道　有斐閣選書　1990
野島一彦　クライエント中心療法　氏原寛・小川捷之・東山紘久他(編)　心理臨床大事典　培風館　1992
恩田彰・伊藤隆二(編)　臨床心理学辞典　八千代出版　1999
ルイス, E.C.　行田行雄(訳)　カウンセリングの心理学　関西大学出版・広報部　1976
ロジャーズ, C.R.　パーソナリティ変化の必要にして十分な条件　伊東博(編訳)　サイコセラピィの過程　ロージァズ全集4　岩崎学術出版　1987
佐治守夫・飯長喜一郎(編)　1997　ロジャーズクライエント中心療法　有斐閣新書

事例　相手に思ったことを伝えることができないクライエントの初回面接

クライエント：　B、30歳、女性、会社員
主訴：　家族や周囲の人間に対して、思ったこと、とりわけネガティヴなことが伝えられない。
　面接経過：　1回目、知り合いの紹介で相談室に来た。比較的能弁に話すが、Bが気になることや問題について尋ねると、家族とのコミュニケーションを少しだけ話した。「父親はBにかかわろうとはしない。母親は自分が思っていることを否定する。小さい頃から命令ばかりされていた」と話した。Bは「拘束されて」というので、その具体例について尋ねると、「ガミガミと説教される」と答えた。そのような母親に対してBは、「今は聞き流している」と話した。また、異性のパートナ

ー対しても抑制的であり、「思ったこと（とりわけ否定的なこと）がいえない」というので、具体的なエピソードを尋ねると、パートナーが自分以外の相手と交際していることをめぐってのさまざまな人間関係トラブルについてのエピソードを語った。そう語っているBの表情からアグレッションを感じたので、カウンセラー（以下Co）が〈怒っていますね〉と指摘すると、「涙が出てきます」と答えたが、Bの怒りの感情はさほど伝わってはこなかった。

　現在の身体の不調や症状について尋ねると、その一連の人間関係トラブルを契機として、軽微ではあるがいくつかの不調が生じたと話した。

　2回目、生育歴を尋ねた。「幼少期の記憶は乏しい。学生生活は楽しくなかった」と話したが、大学時代はバイトとクラブ活動に打ち込んでいたとも話した。大学卒業後会社員となった。家族歴を尋ねると、父親は自営業を営みBに対しては存在感が希薄だったが過保護であり、母親はパートをし、性格は感情的な一面があったと話した。

　また、これまでの団体行動へ参加することの苦手さや、時間の約束が守れないなどの対人コミュニケーションの困難さを語った。「初対面の人が苦手」というので、〈私とはどうですか〉とCoが問うと、「まだわからない」と自分の気持ちを抑えるようにいった。

　2回の面接から「思ったことを伝えることができない」という主訴は、Bと家族のかかわりのエピソードから、幼児期からの親との関係という環境因によってBの対人コミュニケーションの発達が阻害されていると推測した。しかし一方で、大学ではクラブにも所属し、アルバイトをし、現在も正社員として勤務しているところから、社会適応性も維持されており、経済状態も安定しており継続的なカウンセリングを行うことは可能と判断した。

　面接目標は、当面、対人コミュニケーションの改善を課題として、パートナーを含め、なぜ相手に思ったこと（ネガティヴなこと）をいえないか考えられるようになることとした。また、身体症状については悪化するようであれば医者に行くことを強く勧めた。

第15章

性格検査

　一般に、臨床心理的援助で面接を行う場合、面接を受ける人（多くはクライエントと呼ばれる）が、どのような心理的問題を持っているかを調べるために、心理テストを行うことがある。一般の人たちは「心を調べるテスト」ということで「心理テスト」と考えることがあるが、心理学では「心理テスト」には、「性格検査（性格テスト）」だけでなく「知能検査（知能テスト）」も含まれる。そして性格検査にはさまざまな種類のテストがあるので、それぞれのテストの概略を述べることにする。読者の皆さんがテストの知識を持つと、「簡単なテストなら、一度やってみよう」と思うかもしれない。しかし、テストを実施する場合には、そのテスト結果の処理を行うために専門的な知識が必要であるだけでなく、「誰がするのか」「何のためにするのか」「どこでするのか」など実施目的を明確にしておかなければならない。そのためにも、実際にテストを行う場合の諸注意を説明することにする。

1. 質問紙法

　性格検査は大きくわけて質問紙法、作業検査法、投影法の3種類がある。質問紙法とは、印刷された一連の質問票に対して被験者が意識的に考え回答を行うものであり、多くの場合「はい」あるいは「いいえ」で答えさせる二件法か、それに加えて「どちらでもない」を入れた三件法で被験者に回答を求める。質問紙法の特徴は簡易に実施できることであり、集団実施も可能であることが挙げられる。また検査者は決められた方式で数量的に処理をすることができるため、採点が容易で客観的な結果を得ることができるという長所がある。以下に代表的な検査を挙げることにする。

●Y-G 性格検査（矢田部・ギルフォード性格検査）

わが国において最も代表的な検査がこの Y-G 性格検査であり、教育から産業、臨床に及ぶ各方面において広く利用されている。実施方法は 120 項目の質問に対して、「はい」か「いいえ」のあてはまるものに○をつけていき、決められない時は「？」に△をつけていく。

Y-G 性格検査の結果は 12 の尺度で採点される。それらは D 尺度：抑うつ性、C 尺度：回帰性傾向、I 尺度：劣等感、N 尺度：神経質、O 尺度：客観性のなさ、Co 尺度：協調性のなさ、Ag 尺度：愛想の悪いことまたは攻撃性、G 尺度：一般的活動性、R 尺度：のんきさ、T 尺度：思考的外向、A 尺度：支配性、S 尺度：社会的外向からなっている。

判定は尺度レベル、因子レベル、類型レベルで行われる。類型レベルでの判定とは、結果のプロフィールを見て 5 つの性格類型のいずれかに分別するやり方であり、これが Y-G 性格検査においてもっとも重要な判定方法である。A 型（平均型）：ありふれ型などともいわれ特徴を示さない平均的なタイプ。B 型（不安定不適応積極型）：情緒不安定に陥りやすく、社会的に不適応を起こしやすい。活動的で積極的だが、性格の不均衡が反社会的行動（暴力など）としても現れやすいタイプである。C 型（安定適応消極型）：情緒が安定的で社会に適応しており問題を起こすことはないが、消極的で内向的なおとなしいタイプである。D 型（安定積極型）：調和的、適応的、安定的な行動をとる傾向にあり活動的で積極的な性格の良い面が表に出やすいタイプである。E 型（不安定不適応消極型）：性格のタイプも D 型とは逆で、情緒不安定、社会不適応、非活動的、消極的、内向的であり、ノイローゼを起こしやすい。以上のような見方を参考にプロフィールは解釈される。

●MMPI（minnesota multiphasic personality inventory：ミネソタ多面的人格目録）

MMPI はミネソタ大学の心理学者ハサウェイ（Hathaway, S. R.）と精神医学者マッキンリー（McKinley, J. C.）によって開発された。この検査は健康状態、習慣、興味、家族関係、職業など 26 カテゴリーの質問項目からなっており、1 回の検査で 550 項目の質問に答える必要がある。

それぞれの質問に対する解答は、4 種類の妥当性尺度と 10 種類の臨床尺

度とに採点される。4種類の妥当性尺度はL尺度：虚構尺度、F尺度：妥当性尺度、K尺度：修正尺度、？尺度にわけられており、被験者がどのような姿勢で検査に臨んでいるかを調べ、その解答が信頼し得るかどうかを採点している。10種類の臨床尺度は1：心気症尺度、2：抑うつ性尺度、3：ヒステリー性尺度、4：精神病質的偏倚性尺度、5：性度尺度、6：偏執性尺度、7：精神衰弱尺度、8：統合失調性尺度、9：軽躁性尺度、10：社会的向性尺度にわけられており、被験者の性格や行動の特徴、精神疾患の傾向などを採点する。妥当性尺度と臨床尺度は併せて基礎尺度と呼ばれている。なお基礎尺度に含まれていないA尺度：不安尺度、R尺度：抑圧尺度、ES尺度：自我強度尺度、MAS尺度：アルコール症尺度の4つの尺度は特殊尺度と呼ばれており、被験者の特定の心の機能を採点している。

　結果の採点は各尺度ごとに素点を求めてプロフィールを作成することから始める。プロフィールを理解するためには、各尺度を見るだけではなく尺度得点間の相互関係を考えることが重要である。点数の高い尺度を組み合わせて解釈をしたり、プロフィールのパターンを解釈することで検査の結果を判定することができる。

● エゴグラム（egogram）

　1950年代、バーン（Berne, E）は交流分析（transactional analysis）というパーソナリティー理論を創案した。そして彼の弟子にあたるデュセイ（Dusay, J. M.）がこの理論をもとにしてエゴグラムを開発した。わが国では1984年に刊行されたTEG（東大式エゴグラム）が、臨床現場や教育界、産業分野などでも幅広く使用されており、数多あるエゴグラムの中でもっとも使用頻度が高い。ここでは2000年に刊行された新版TEGを取り扱うが、実施法や解釈は他のエゴグラムとほぼ同様に行われる。

　新版TEGはCP、NP、A、FC、ACの5尺度を評価する計100項目の質問と信頼性を評価する15問の質問で構成されている。すべての質問に答えたら、次に各尺度の得点バランスを理解しやすくするためにグラフ化を行う。エゴグラムが測定しようとしている5つの自我状態と呼ばれる尺度は、それぞれコインの裏表のように長所と短所のような両面を持ち合わせていること

が特徴である。CP（critical parent）：責任感、リーダーシップ、義理堅さや権威的、排他的、批判的、頑固さなど。NP（nurturing parent）：他者へのいたわり、親切心、寛容的な態度を持つが、甘やかしなど他者の自主性を奪うような面につながる。A（adult）：理性的、現実的、合理的、事実に基づいて公正な判断をするなどの面。その一方で冷たく打算的な印象を与える場合も。FC（free child）：感情や欲求を自由に表現し本能的、好奇心、直感的、行動的。その反面、わがままさが出たり、他者への配慮に欠けるところがある。AC（adapted child）：協調性が高く周囲に適応的だが、主体性に欠けたり、他人の顔色を気にしすぎるところがある。

　エゴグラムを解釈する時には、グラフの中でどの自我状態がもっとも高いスコアか、また低いスコアかに注目する必要がある。そして次に、作成されたグラフをより近い形のパターンに分類して性格傾向を見るエゴグラムは被験者の正常、異常の判断をするためのものではなく、性格や行動パターンのあり方を測定するテストである。

　その他には、MAS、MPI、EPI、STAIなど多数ある。

2. 作業検査法

　作業検査法はある一定の作業、つまり目と手の協応作業を介した精神・運動反応を行わせ、その結果から被験者の生理学的な基盤などを含んだ個性を表現する性格傾向を読み取る検査である。作業検査法は指示通り作業をこなしていくだけなので意識による歪曲を受けにくいメリットを持っているが、作業にすぐに飽きてしまうような被験者の場合は、その人の性格が十分につかめないこともある。以下に代表的な検査を挙げることにする。

● 内田・クレペリン精神作業検査

　クレペリン（Kraepelin, E.）は連続加算法から得た作業曲線が被験者の精神状態を反映し一定の形を示すという理論を構築した。この理論を人格検査として日本に導き入れたのが内田勇三郎であり、本検査は両者の名前をとって内田・クレペリン精神作業検査と呼ばれるようになった。被験者には1桁の

隣り合う数字を加算して1の位だけ記入させ、左端から右端へ向かい計算を続けてもらう。1分ごとに1列ずつ行を変えそれを前半は15分、そして5分間の休憩をはさんでから後半は10分間行う。この一連の工程が連続加算法であり、作業後に各行の終了点を結んで作られる折れ線が作業曲線である。作業時間はこれまでに何度か変更されてきたが、現在は上記の30分法が定着している。

本検査の結果は以下の5つの点に注目して行われる。①初頭努力の有無：1行目は意思緊張も強くとくに頑張ろうとするので作業量が多くなる。②休憩効果率：前半の作業を終えて休憩をすると、疲労回復と練習効果のため作業効率が変化する。③動揺率：作業曲線は大きなふり幅を示し、この動揺は興奮と疲労、意思緊張と弛緩といったものを表している。上昇型、V字型落ち込み、下降型、波状型、誤謬過多型にわけられる。④平均誤謬量：計算間違えの量。⑤V字型落ち込み：V字型の落ち込みが何度も激しく繰り返されると作業曲線はのこぎりの歯のような波状型を示して異常曲線となる。

作業曲線には定型があり、前半の特徴は、①初頭努力の現われが顕著に見られる。②2行目から徐々に作業量が低下しそれが6、7行目くらいまで続く。③以後、作業量は増加し曲線は上昇する。また休憩後の特徴は、①休憩後最初の作業量は疲労回復と練習効果でぐんと上がる。②中盤の経過は休憩前とおおむね似ているが、終盤は疲労の現れが多く作業量は低下する。このような作業曲線を定型と呼び、異常傾向がないと判定される。定型結果を出す人は、命ぜられた仕事に没頭し、楽な気持ちで適度な緊張を保ちながら長時間の作業に従事できる。また外部の要因に適切な反応をして、不慮の失敗を起こすことが少ないなどの傾向がある。作業曲線のタイプは定型からどのようにズレているのかで、準定型、準々定型、中間疑問型、劣等型、劣等異常型、疑異常型、異常型にわけられる。本検査は、精神障害、脳の気質的疾患、知的障害、事故多発傾向、情緒安定性などを理解することができるといわれている。

● ベンダー・ゲシュタルト検査 (bender-gestalt test)

本検査を紹介するにあたって、まずはゲシュタルト心理学のことを知って

おく必要があるだろう。ゲシュタルト心理学は認知心理学の先駆けとして名高く、人間の意識ではなく知覚に焦点をあてて研究を進めてきた心理学の一分野である。この中で群化の法則と呼ばれる理論があり、これは「ある複数の刺激を単なる刺激の寄せ集めとして捉えずに、1つの刺激群として意味のあるまとまりを構成する」という考え方である。複数の刺激のまとまり方を規定する要因のことをゲシュタルト要因といい、「近接の要因」「類同の要因」「閉合の要因」「よい連続の要因」「よい形態の要因」「共通運命の要因」「客観的態度の要因」「経験の要因」などがある。ゲシュタルト要因は人間の知覚過程だけではなく思考過程にも働くと考えられており、このような理論を背景としてベンダー・ゲシュタルト検査は開発された。

　検査の実施は非常に簡便で、被験者は検査者の指示に従い9枚の幾何学図形を模写していくだけである。用具はベンダー (Bender, L) が採用した9枚の図版とA4の用紙、2Bの鉛筆、消しゴムである。時間制限はとくにない。実施の簡便さにもかかわらず被験者の情報を多く入手できるテストであり、器質的な脳障害、精神疾患、パーソナリティ傾向、知能的側面などを知ることができる。結果の解釈は、図形の形、相互の関係、空間的な背景、一時的な形づけなどから行われる。ある特定の精神疾患患者から特定の図形が描かれやすいなど、疾患群の図形の特徴が割り出されているので、その特徴とゲシュタルト機能の発達段階などを照らし合わせて判別が行われている。例えば、統合失調症の患者の特徴は、描画の形状が柔軟性のある歪みを持ったり、図版の丸の数を間違えるなどである。なお、ベンダー自身は判別的な解釈だけでなく、投影法的な解釈も試みていたようである。

　その他には、ブルドン末梢検査、ダウニー意志気質検査などがある。

3. 投　影　法

　投影法 (projective technique) は、慣習的・表面的・形式的な判断や表現による応答ではすませることができず、その被験者の固有の解決様式を適用しなければ完成できないよう、曖昧な刺激を与えるなどが設定されている。た

とえば、文章の一部だけが書いてあったり、インクのしみなどがそれにあたり、それらは不完全であったり多義的であることが必要である。

そのような特徴から、投影法の応答は正解や唯一の答がないため、被験者は、質問紙のように検査者の気に入るように答えたり嘘をついたりするなど、意図的に調整したり操作できない反面、検査者のほうも被験者の応答の処置、解釈に時間がかかることが多く、経験と熟練を要する。以下に代表的な検査を挙げることにする。

● ロールシャッハ法（rorschach techinique）

1921 年スイスの精神科医ロールシャッハ（Rorschach, H.）が創始したものである。日本では、クロッパー法、片口法、阪大法、エクスナー法などがあり施行・採点方法が異なる。

紙の上にインクを落とし、それを 2 つに折り、広げた後にでき上がった左右対称のインクのしみの図版（無彩色カード 5 枚と有彩色カード 5 枚、計 10 枚）を 1 枚ずつ被験者に提示し、「何に見えるか」などその偶然的なしみに意味づけを自由に話してもらう。10 枚行った後、最初のカードに戻って質問をする。この過程を通して、「何に見えたのか」（内容）、「どの部分を見たのか」（領域）、「どんな特徴から見えたのか」（決定因）、また、反応の形態がどの程度明確で（形態水準）、一般的な反応か（平凡性、独創・稀有性）など複数の側面から検討され、さらに反応数の量や時間、反応の流れの分析も行われる。つまり、「何を見たか」だけが重要なのではなく、「どこをどのように見たか」という観点も大切であるといえよう。それらを合わせて被験者の人格を理解する方法である。

●TAT（thematic apperception test：主題統覚検査）

これは、マレー（Murray, H. A.）とモーガン（Morgan, C. D.）によって創始された。マレーを中心とするハーヴァード大学心理クリニックのスタッフの臨床的な検討を経て選ばれた一連の絵画図版を刺激材料とし、それについて物語を作ってもらい、作った人の人格を明らかにしようとする検査である。多様な受け取り方ができる場面を描いた図版が 30 枚と白紙の図版 1 枚、計 31 枚からなるが、実際の検査ではその中から 20 枚程度の図版を選んで行う。

図版は、①危機場面を暗示する物語性、②生活場面を取り入れた状況性、③感情を刺激し同一視を促す人物の配置をした感情移入性の3条件で作られている。

フロイトの力動的人格論の影響を受けたマレーは、欲求—圧力分析（need-perss analysis）を唱えた。この理論は、人間の生活や行動はその人の環境に向かって発する力（欲求〔need〕）と環境からその人に働く力（圧力〔press〕）の相互作用の結合体である主題（thema）から成り立っているという考えに基づいている。TATの個々の図版に出てくる主人公について被験者が話すことは、その被験者自身を表わしており、検査者はそれらの分析、解釈を通して被験者を理解できると考えられている。

精神医学や犯罪、福祉などの心理療法の臨床分野や、文化人類学の分野など広く活用されている半面、TATにはロールシャッハ法よりも分析・解釈面に未確定部分も多く、信頼性と妥当性をめぐる論議もある。

● バウムテスト（baumtest：樹木画）

コッホ（Koch, K.）によって発案された描画法である。A4用紙と鉛筆をわたし、日本では「実のなる木を1本描いてください」と伝えて描いてもらうのが標準的な実施方法である。用具が少なく、言語を使わずして行うことができるため、抵抗も少なく実施しやすい。そのため、医療関係機関だけでなく、教育関連機関など幅広く用いられている。

描かれた木は、木の形、鉛筆の動き、用紙における木の大きさと位置などから、発達的側面、臨床的側面からと多角的に分析、解釈することができる。

木の形は、幹や枝、根はどのように描かれているか、どちらの方向に伸びているのか、また樹冠の有無や形、描かれ方などから、自我のあり方やさまざまな象徴性を読み取っていく。年齢とともに木の描画は変わり、各年代によって主な特徴の頻度が違い、統計比較の研究もなされている。

解釈は視覚的なバランスや印象をもとに、全体的は視野に立って特徴をとらえることも重要である。また、象徴的表現の理解には、空間図式（図15-1）が参考になることもあるが、1対1対応的な単純な解釈にならないことが大切である。

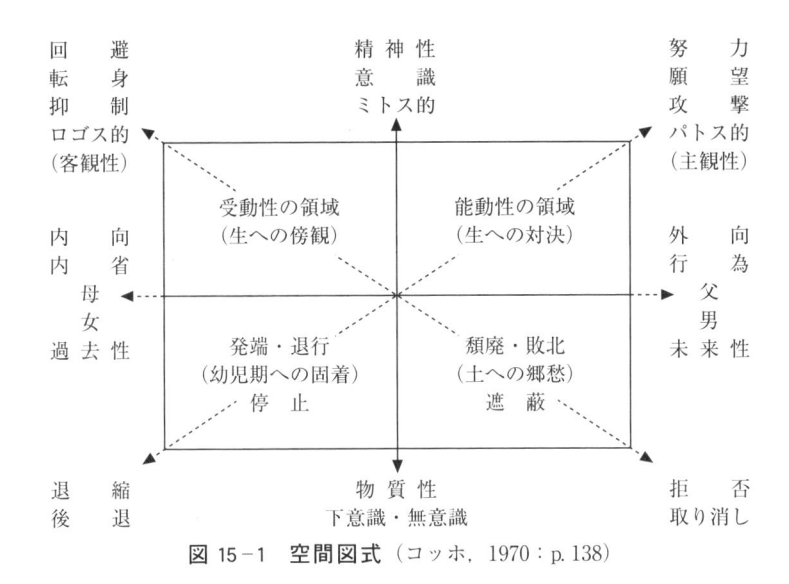

```
回 避          精 神 性         努 力
転 身          意  識          願 望
抑 制          ミトス的         攻 撃
ロゴス的  ▲              ▲   パトス的
(客観性)                      (主観性)
       ┌──────┬──────┐
       │受動性の領域│能動性の領域│
       │(生への傍観)│(生への対決)│
内 向  │      │      │ 外 向
内 省◀─┼──────┼──────┼─▶行 為
 母   │      │      │  父
 女   │      │      │  男
過去性 │発端・退行 │頽廃・敗北 │ 未来性
       │(幼児期への固着)│(土への郷愁)│
       │   停 止   │   遮 蔽   │
       └──────┴──────┘
退 縮          物 質 性         拒 否
後 退         下意識・無意識      取り消し
```

図 15-1　空間図式（コッホ，1970：p. 138）

●P-F スタディ（rosenzweig picture-frustration study：絵画欲求不満テスト）

　ローゼンツァイク（Rosenzweig, S.）が独自の欲求不満理論をもとに、抑圧、置き換え、投影の実験的研究を行い、人の欲求不満場面における反応を分類することが、その人の反応の背景にある精神力動性を見つける手がかりになると、1945年に考案した。

　このテストは各場面に2人の人物が吹き出しとともに漫画風に描かれており、片方の人物が、日常生活で誰もが経験するような欲求不満場面が描かれている（図15-2）。場面を特定しているため、他の投影法に比べて被験者の自由度が低くなっている一方、各絵に描かれている欲求不満状態の人物に自分自身を同一視して反応し、被験者自身の人格の独自性を明らかにし、自我防衛水準が明確に引き出されやすいと考えられている。

　テストは児童用、青年用、成人用があり、いずれも24の欲求不満場面で構成されている。反応の結果は、「アグレッションの方向」E-A（他責的）、I-A（自責的）、N-P（無責的）と「アグレッションの型」O-D（障害優位型）、E-D（自我防衛型）、N-P（要求固執型）という独自の用語を用い、2次元かつ3タイプの組合せ、計9のカテゴリーにわけられ解釈される。

図 15-2　P-Fスタディ場面（三京房　承認済）

児童用　　　　　　　　　　　　青年用

その他に、家と樹木と人物を描かせるHTP（the H-T-P technique）、人物画などの描画テスト、SCT（sentence completion test：文章完成法）、言語連想テストなどがある。また治療法である箱庭療法の作品を投影的観察法の1つとして用いることがある。

4. 検査の方法

　性格検査だけに限らず、知能検査などを含んだ心理検査は、実施する時に、「実施することが被験者の役に立つ」ことが明確であることが必須である。そうするためには、検査者あるいは検査を勧める者は、「被験者の何を理解しようとしているのか」「それを理解した上で、どのように被験者に還元するか」「自分にできることは何か」を自分自身に問い続けることが肝要である。
　実施の際には、被験者が安心感を持ち落ち着いて臨める状況を設定するこ

とが大切である。たとえば、部屋の雰囲気、椅子の居心地、静かさの具合などであるが、検査者との関係のあり方も無視できない。心理検査は限られた時間内で、しかも初対面同士で行われることが多く、検査者と被験者がすぐに信頼関係を結ぶということは難しいだろう。しかし検査の前に少し雑談をするなどして、被験者の気持ちをほぐすよう努めることが重要である。

時には、被験者を多面的に理解するためにテストバッテリーを組み、人格構造などをとらえる目的が異なる複数の検査を行うこともある。たとえば、質問紙法（Y-G性格検査やTEGなど）と投影法（ロールシャッハ法やバウムテストなど）、知能検査（WISC、田中・ビネー式検査など）と性格検査（質問紙法や投影法のいずれか）などの組合せで行う。

1つの検査は、それ1つだけでは決して万能でないし、絶対的なものでもない。被験者のその時の気分や調子、検査者との関係などが結果に影響を与えることもあるだろう。信頼性のより高い結果を得るためには複数の検査をすることも有益である。しかし、複数の実施は、被験者に時間や労力等、より一層の負担をかける可能性も高くなる。その辺を考慮して検査の組合せを工夫し、さらに「どの検査から始めるか」といった検査の順番についても配慮することが大切である。

●引用・参考文献

乾吉佑・氏原寛・亀口憲治・成田善弘・東山紘久・山中康裕（編）　心理療法ハンドブック　創元社　2005

コッホ，K.　林勝造他（訳）　バウムテスト　日本文化科学社　1970

小川捷之（編集）　現代エスプリ別冊　臨床心理用語事典1　用語・人名篇　至文堂　1981

小川捷之（編集）　現代エスプリ別冊　臨床心理用語事典2　診断・症状・治療篇　至文堂　1981

岡堂哲雄（編）　心理査定プラクティス　至文堂　1998

臨床精神医学編集委員会（編）　精神科臨床評価検査法マニュアル　アークメディア　2004

ローゼンツァイク，S．　林勝造他（訳）　P-Fスタディ解説：基本手引　三京房　1987

東京大学医学部心療内科TEG研究会（編）　新版　TEG解説とエゴグラムパタ

　　　　ーン　金子書房　2002
　辻岡美延　新性格検査法：YG性格検査実施・応用・研究手引き　日本心理
　　テスト研究会　1982
　氏原寛他(共編)　心理臨床大辞典　培風館　1992
　氏原寛・亀口憲治・成田善弘・東山紘久・山中康裕(共編)　心理臨床大事典
　　改訂版　培風館　2004

事例　心理テスト

　人物画の歴史は、1926年グッドイナフ(Goodenough, F.)の「描画による知能測定」という本に始まり、人物描画テスト(draw-a-man-test)を考案した。
　以後修正が加えられ、「1人の人間をできるだけ上手に描いてください。もし間違えたら消しゴムで消してもいいですよ」という教示を与えるGHDAM（グッドイナフ・ハリスDAM; Goodenough,F.,Harrris,D.DAM）ができた。また1945年マコーバー(Machover, K.)は「人物画への性格検査」を著し、DAP(draw-a-person-test)を作り、その教示は「1人の人間を描いてください」といい、描画後に「今度は男（あるいは女と反対の性）を描こう」という。
　図1は20歳男性で、2年続けて留年をした大学生である。描写では、弱く重なった描線やぼんやりした手などは、不安の強さ、自信のなさの目立つ特徴である。しかし、十分に大きい全身像で、大きい肩幅、顎の張りなどは自己アピールの強さを示し、自己愛的といえる。
　図2は、1歳半検診で発達の遅れを指摘され、3歳児検診でも指摘され、公立の幼児教室で遊戯療法を受けていた軽度発達遅滞の6歳の女児である。図3は46歳男性の統合失調症者の描画である。

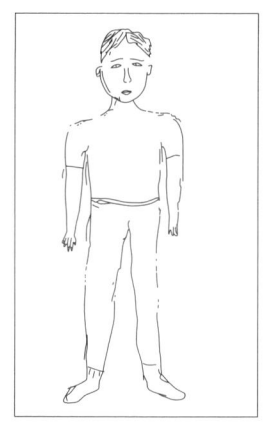

図1 20歳男性 留年を繰り返すステューデント・アパシー

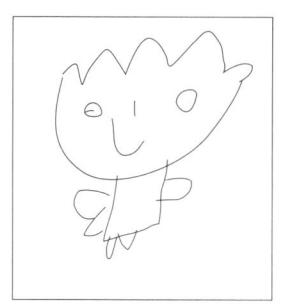

女の子　　　男の子
（小林の検査方法によると、MAは4歳11カ月、IQは81.9）
図2 6歳女児 軽度の発達遅滞あり

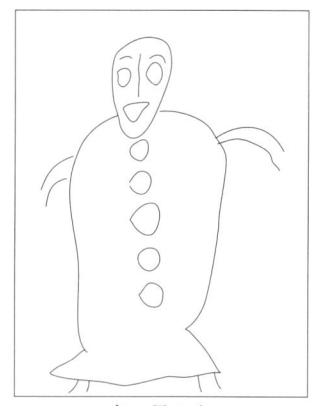

左：男の人　　　　　　　右：女の人
（MAは6歳1カ月）　　（男女とも同じようで、ほとんど
　　　　　　　　　　　　ステレオタイプといえる）
図3 46歳男性 統合失調症

●引用文献
加藤豊比古　人物画における正常と異常　岡堂哲雄（編集）　精神病理の探究　現代のエスプリ別冊　臨床心理テスト・シリーズ2　至文堂　1994

第16章

精神病理学の基礎

　心理学や福祉学やその関連分野で、臨床心理的援助を行いたいと考える人たちは多い。誰かが何かに悩んでいてその人の話を聞いて、「それはあなたの心の問題であるのでカウンセリングが必要ですよ」と安易に心の問題と考える人がいる。そのため精神科医などから、「心理の人たちは安易に心理的な問題だと答えている」と、批判されることがよくある。たとえば、「認知症」でもぼんやりすることがあるが、「うつ病」でも無気力な状態が生じる。面接をする場合には、このように精神病理学の知識が必要である。かなり専門的になるために、面接に必要な最低限度の基礎的知識についてできるだけわかりやすく説明することとする。

1．乳幼児期の病気

●てんかん

　WHO（世界保健機関）の定義によると、てんかんは「種々の病因によって起こる慢性の脳障害（a chronic brain disorder）で、大脳ニューロンの過剰な発射の結果起こる反復性発作を主徴とし、これに種々の臨床症状および検査所見を伴うもの」とされている。てんかん発作はさまざまな様相を呈するためその発作形から分類されており、最近では、てんかん発作の国際分類（てんかん発作の国際分類、1981）やてんかんの国際分類（てんかんおよびてんかん症候群の新しい国際分類、1989）も提唱されている。てんかんの国際分類によると、てんかんは大きくわけると局在関連性てんかん（部分発作、発作の起始部位が局在しているもの）と全般てんかん（発作の起始部位が不明瞭なもの）とに大別され、それぞれが特発性と症候性にわけられる。てんかんの症状としては、てんか

ん発作だけでなく精神症状を伴うことがあり、特徴的な性格傾向（粘着性と爆発性）を示したり、知的障害を伴うこともある。

てんかんの成因はさまざまである。双生児研究などから遺伝素因の関与が大きいと示唆されている。外因としては、器質性脳障害（脳腫瘍、脳炎、頭部外傷、脳血管障害など）や内分泌・代謝障害、アルコール離脱時や一酸化炭素中毒などが考えられる。また、睡眠不足、ストレス、飲酒などが発作発現の誘因になる。

てんかんの診断には、反復する（2回以上の）発作の確認が必須である。発作中および発作前後の症状、発作の頻度、状況と誘因などを詳しく聴取しなければならない。脳波検査にて突発性異常波を反復して確認できれば、診断の有力な根拠になる。脳波異常があっても、臨床発作が認められなければてんかんとは診断しない。頭部CT、MRI画像やPETなども診断の助けになる。てんかんと鑑別が必要な疾患としては、急性症候性けいれん、失神発作（主に血管迷走神経性失神）、偽性てんかん発作、片頭痛、一過性脳虚血発作、不随意運動、チック、夜驚症などがある。もちろん、一過性の意識消失発作を起こしただけでは、てんかんと診断できない。何といっても、診断の大きな根拠になるのは発作の病歴である。

治療はてんかん発作の抑制が第1目標となり、生活指導とともに薬物療法が治療の中心となる。難治例では外科的治療が行われることもあるが、稀である。

●発達障害

発達障害とは、発達障害者支援法（2004年）によると、「自閉症、アスペルガー症候群その他の広汎性発達障害、学習障害、注意欠陥多動性障害その他これに類する脳機能の障害であってその症状が通常低年齢において発現するもの」と定義されている。また、「発達障害者とは、発達障害を有するために日常生活又は社会生活に制限を受ける者」と定義されており、生活上で問題がなければ発達障害者とはいわない。

自閉症とは、①他人との社会的関係の形成の困難さ（社会性の障害）、②言葉の発達の遅れ（コミュニケーションの障害）、③興味や関心が狭く特定のもの

にこだわる（想像力の障害）ことを特徴とする行動の障害が、3歳くらいまでに現れる。中枢神経系に何らかの要因による機能不全があると推定されている。男児のほうが女児よりも4〜5倍多く見られ、病因解明のため遺伝子研究が進んでいる。

　アスペルガー症候群とは、知的発達の遅れを伴わず、かつ、自閉症の特徴のうち言葉の発達の遅れを伴わないものである。高機能自閉症とは、自閉症の特徴を持ちながら、知的発達の遅れを伴わないものを指し、高機能自閉症やアスペルガー症候群は、広汎性発達障害に分類される。

　学習障害とは、基本的には全般的な知的発達に遅れはないが、聞く、話す、読む、書く、計算するまたは推論する能力のうち特定のものの習得と使用に著しい困難を示すさまざまな状態を指す。学習障害は、その原因として、中枢神経系に何らかの機能障害があると推定されるが、視覚障害、聴覚障害、知的障害、情緒障害などの障害や、環境的な要因が直接原因となるものではない。

　注意欠陥多動性障害とは、年齢あるいは発達に不釣り合いな注意力、および／または衝動性、多動性を特徴とする行動の障害で、社会的な活動や学業の機能に支障をきたすものである。また、7歳以前に現れ、その状態が継続し、中枢神経系に何らかの要因による機能不全があると推定される。

　発達障害は、全般的に中枢神経系の機能不全と推定されており、根本治療はいまだ見つかっていない。注意欠陥多動性障害では症状の改善を目的に、精神刺激薬が用いられるが、対症療法であり根治を目指すものではない。2009年には非精神刺激薬である選択的ノルアドレナリン再取り込み阻害薬が発売され、注意欠陥多動性障害の治療薬として今後の働きに期待が持たれている。適応の改善を目指すには日々の療育が重要であり、本人の症状をコントロールすることよりも本人の特性に合った環境を整えることが重要である。また、心理療法、行動療法によって効果が見られることもある。

● チック

　チックとは、限局した筋群の不随意的、急速で反復的、非律動的、突発的で明確な目的を持っていない運動あるいは発声である。ストレスで増悪し、

睡眠中は明らかに減少する。運動性と音声性があり、それぞれ単純型と複雑型にわけられる。診断としては、一過性チック障害、慢性運動性あるいは音声チック障害、音声および多発運動性の合併したチック障害（ジル・ド・ラ・トゥレット症候群）、その他に分けられる。学童期前後に発症しやすく、男児に多い。原因は心因性のものが多く、心理療法や環境調整で改善することが多い。

　ジル・ド・ラ・トゥレット症候群は小児期から青年期に発症し、しばしば青年期に悪化し成人期まで持続する。ジル・ド・ラ・トゥレット症候群の音声性チックは、爆発的で反復的な発声や、ひわいな言葉や語句を特徴とする。他のチックとは違い、抗ドーパミン薬剤などの薬物治療が有効である。

● 夜　尿　症

　夜尿は、乳幼児期から継続している１次性夜尿と、いったん排尿訓練が成立した後に再び始まる２次性夜尿とにわけられる。１次性夜尿のほとんどは成長とともに自然に治癒する。２次性夜尿は精神的誘因で起こることが多く、第１子が、第２子の出生した時に、親の愛情を独占できなくなり、親の関心を引くために退行して出現することが多い。治療としては叱責するのではなく、精神的な誘因を解明し、感情の安定をはかるとともに、夜間排尿の癖をつけるなどである。

● 吃　　音

　吃音とは、単音、音節、単語を頻繁に繰り返したり、長く延ばす、あるいは話のリズミカルな流れをさえぎる、頻繁な口ごもりや休止に特徴づけられる話し方を指す。幼児期に一過性に吃音を呈することがあるが、これは児童が興奮したり緊張した時に、構音装置や語彙が思考についていけなくなるために起こるもので、生理現象であり障害と診断すべきではない。話の流暢さを著しく阻害する場合にのみ障害として分類するべきである。２〜７歳の間に発症しやすく、男児に多い。幼児発症例の約80％は成長とともに自然に軽快する。治療は、吃音を指摘したり叱責すると不安、緊張、劣等感を増して増悪してしまうので、どもってもいいからゆっくり話すようにと指導する。精神療法や環境調整などとともに、言語療法が有効な場合もある。

● 緘 黙 症

　選択性緘黙ともいい、ある状況では話せるが、他の（限られた）状況では話せないという、会話が情緒によって決定され選択されるのが特徴である。幼児期に出現することが多く、男女ともほぼ同じ頻度である。患者は話したくないのではなく、話したいのに話せない点を認識しておかねばならない。社会的不安、ひきこもり、敏感などの性格特徴が認められることが多い。治療は、話さない状態が適応的にならないよう、低年齢のうちに開始することが重要である。欧米では年齢の低い子どもに対して、まず安心できる人と一緒に整った環境の中に置き、小さなステップを用意しながら、徐々に他の人を招き入れていくという、刺激フェイディング法が一般的に行われている。その他、脱感作療法などとともに、薬物療法が効果的だという報告もある。周囲の対応としては、目立たないようにさりげなく接する、手紙やメールなどを通して意思の交流をはかる、できることを見いだして褒める、自信を持たせる、安定した受容的なかかわりにより緊張・不安などの軽減をはかる、話すことだけを目的とせず社会的な能力全般について見ていく、いじめのターゲットにならないように細心の注意をはかる、などが必要である。

2．児童・青年期の病気

● 不 登 校

　文部科学省は「不登校児童生徒」とは、「何らかの心理的、情緒的、身体的あるいは社会的要因・背景により、登校しないあるいはしたくともできない状況にあるために年間30日以上欠席した者のうち、病気や経済的な理由による者を除いたもの」と定義している。不登校は現象であって、その発生機序にはさまざまな要因が関与している。たとえば、精神疾患が存在するために学習についていけなくなり、そのために自尊心が傷つけられ、友達との関係が保てず不登校に至る者もいる。その一方で、仲の悪い両親から「おまえがいるのが悪いんだ」と責められて、そのために抑うつ状態に陥り不登校になってしまう者もいる。また、学校の管理体制についていけず不登校にな

る者もいる。このように、不登校の原因は多様であり、一疾患として語ることはできない。

　1ついえることは、その子どもは登校しないという行動を示すことによって、何かを表現しサインを出しているのである。そのサインを見逃さず、対応をしていくことが必要である。治療としては、身体疾患を含め疾患があればその治療が優先される。とくに疾患が存在しない場合は、心理的、情緒的な問題の可能性が高いと思われるため、患者の話をていねいに聞いて不登校になっている要因を探る。必要ならば環境調整などを行いながら、支持的精神療法を導入する。子ども自身が治療や面接の場に来たがらないことも多く、その場合は両親への面接、親ガイダンスが有効なこともある。また、担任教師と面接をして子どもの状態を尋ね、両親とともによく理解することも有効である。

● 子ども虐待

　子ども虐待（児童は小学生を指す場合があり、広く子どもとされることがある）は、近年増加する一方である。児童相談所における相談対応件数は、1999年に1万件を超えてから2007年には4万件を超え、2010年には5万5154件にものぼっている。

　2000年に「児童虐待の防止等に関する法律」が制定された。その中の「児童虐待」を要約すると、以下のようになる。

　保護者がその監護する児童（18歳に満たない者）に対し、①から④に掲げる行為をすること。

　① 身体的虐待：　子どもの身体に外傷が生じ、または生じるおそれのある暴行を加えることであり、虐待の中ではもっとも発見しやすい。生命にかかわる危険なものもあり、子ども虐待の中でもっとも相談件数が多い。

　② 性的虐待：　子どもにわいせつな行為をすることまたは子どもをしてわいせつな行為をさせることである。性的虐待は、子どもに心的外傷後ストレス障害を引き起こさせる可能性が高い。

　③ ネグレクト：　保護者としての監護を著しく怠ることである。心身の正常な発達を妨げるような衣食住に関する養育の放棄や、健康や安全に配慮

がなされていない状態への放置。
　④　心理的虐待：　児童に対する著しい暴言または著しく拒絶的な対応、子どもが同居する家庭における配偶者に対する暴力、その他の子どもに著しい心理的外傷を与える言動を行うこと。

　子ども虐待は、虐待者が経済的困窮や離婚など生活が危機的状況に陥っている時、親しい友人がおらず社会から孤立している時、望まない妊娠などで育児に対する準備が不足している時、多胎や障害児などで養育が困難な時、虐待者自身が子どもの時に愛されたという実感がなく愛着形成が上手くいかない時などに起こりやすい。虐待の結果、子どもの身体面では栄養不良による発育・発達の遅れなどが生じ、精神面では人に対する信頼感や愛着を持つことが難しく（愛着障害）、虐待の苦しい記憶を自分から切り離す（解離という）ようになる。自尊心は損なわれ、精神的な活動が抑え込まれるため知的発達にも障害が現れることがある。そして、行動面では落ち着きがなく、衝動的な行動をとりやすく、攻撃的になりやすい。自分が生きている存在であると感じるために、また周囲の注意を引くために自傷行為に及んだり、自分を受け入れてくれるか拒絶されるのかを確かめるために「ためし行動」をとることもある。

　虐待への対応としては、まず虐待の事実がある事例を正確に把握することから始まる。被虐待者である子どもに対するケアはもちろんであるが、虐待者に対するアプローチも不可欠である。

● 薬物依存

　薬物依存とは「薬物の作用による快楽を得るため、あるいは離脱による不快を避けるために、有害であることを知りながらその薬物を続けて使用せずにはいられなくなった状態」である（大熊，2008：pp. 245-261）。精神作用物質の乱用を繰り返した結果、依存が生じる。依存には大きくわけると精神依存と身体依存がある。精神依存とは、その薬物を使用せずにはいられなくなった心理的欲求を指し、すべての依存性薬物により引き起こされる。身体依存とは、その薬物を使用することによってかろうじて生理的平衡を保っていて、使用を中止すると離脱症状が出現するようになった状態である。身体依存を

生じやすい薬物は耐性形成が起こりやすい強い薬物が多い。すなわち、満足できる刺激を求めて薬物量が増えやすい薬物ほど身体依存が起きやすいといえる。

依存に基づいて乱用を続けることにより、中毒症状が出現するようになる。中毒は大きくわけると、急性中毒と慢性中毒にわけられる。急性中毒ではパニック、意識や知覚の障害、時には昏睡状態から死に至ることもある。慢性中毒としては、幻覚・妄想状態を中心とする精神病性障害、認知障害、人格変化などの他、種々の臓器障害などが認められる。薬物乱用を中断した後も、長期にわたり慢性中毒症状が継続することも少なくない。

国際疾病分類（ICD-10）では、精神作用物質として、アルコール、アヘン類、大麻類、鎮静剤または睡眠薬、コカイン、カフェインを含むその他の精神刺激薬、幻覚薬、タバコ、揮発性溶剤、多剤使用、その他の精神作用物質を挙げている。

薬物依存の症状や治療などの詳細は専門書に譲るが、いずれにしても治療には専門機関の関与が必要であり、本人の治療意欲が必須である。

● 強迫神経症

強迫神経症は強迫性障害ともいわれ、反復する強迫思考あるいは強迫行為あるいはその両方が認められる。強迫思考は、常同的な形で、繰り返し患者の心に浮かぶ観念、表象あるいは衝動であり、常に患者に苦痛をもたらす。患者はその思考に抵抗を試みるが成功しない。つまり、患者は嫌だと感じているにもかかわらず、その思考を止めることができないのが特徴である。強迫行為は、何度も繰り返される常同行為である。強迫思考と同様に、患者にとってその行為は愉快なものではないものの、止めたいと思っても止められないのが特徴である。また、うつ病と合併することが多い。治療としては、セロトニン再取り込み阻害剤（SSRI）が有効とされており、病因としてはセロトニンの調整障害が考えられている。また、行動療法の中でも、暴露・反応妨害法や除反応などが治療方法として効果を上げている。

● ひきこもり

ひきこもりという用語は社会問題としてメディアで取り上げられることが

多く、精神医学や心理臨床の領域を超えて世間にもずいぶんなじみのある言葉になってきた。ひきこもりは病名とは異なり厳密な定義はされていないのだが、斉藤による定義では「6ヶ月以上自宅にひきこもって社会参加をしない状態が続き、精神障害がその第一の原因とは考えにくいもの」を指し、それが一般的となっている。「ひきこもり状態」とはいいながらも時間帯や移動手段など条件次第では外出可能な者も多くいる。そのため、「外出できるのだからひきこもりではない」といった安易な判断はしないほうがよいだろう。ポイントは、家族以外とも継続的な人間関係を築いて社会参加をしているかどうかにあり、自宅以外に生活の場を持てているかどうかが重要である。このような特徴から社会的ひきこもりという呼び方をすることがある。

　ひきこもり状態へと至る経過には、その人の性格傾向やコンプレックス、不安、挫折体験、心の傷などのいろいろな要因が複雑に作用していると推測されるが、原因は多用で複合的、時には無自覚的なこともあるので特定できないことが少なくない。そのため支援のプロセスにおいて優先されることは、ひきこもり状態に陥った当事者に原因を追究するのではなく、その長期化を防ぐことにあると考えられる。多くの場合、ひきこもり状態にある当事者は社会参加をしていないことに自尊心が傷つき、自己を否定的にとらえて苦しんでいることがある。そこに周囲の人間の「いつまでもこんなことをしている」などと不適切な言動が加わると、ひきこもり状態が強まることで悪循環が起き、次のステップへと進めなくなることが危惧される。ひきこもり状態が長期化する前に専門機関の力を借りて、まずは早期に適切な対応を心がけることが重要である。また専門機関を訪れる際は、両親など本人以外の家族がアドバイスを受けるだけでも十分な効果を得ることもある。本人の気持ちを無視して無理やり病院や相談機関へ行かせてしまうと逆効果になりかねないので注意が必要である。

3. 成人期の病気

● 心 身 症

　あらゆる症状や病気は、心身症であるともいえる。心身症であるともいえるというのは、心身症には 2 つのテーマが含まれているからである。心身症というとらえ方が日本の医学会に正式に存在する始まりは、1959 年の 11 月 30 日の日本精神身体医学会が設立し、1975 年の 7 月 23 日に日本心身医学会に学会名が変更されてからといえるだろう。戦後の西洋医学の発展は、目覚ましく、治る対象の病気が増え、今日につながっている。一方で、どうしても薬物や医療技術のみでは解決しない病気や症状があることも、今日まで認識されていることである。日本心身医学会では、「身体疾患の中で、その発症と経過に心理社会的因子が密接に関与し、器質的な意思機能的障害が認められる病態を呈している病気」と定義している。したがって、心身症というのは、「1 つの独立した疾患単位として病気があるのではなく、心理社会的な要因が解消しない限り、病状が軽快や良くならない時にその病気が心身症であったといえるのである」ところから、心身症は病態であるということができる。この時、病気の治療にあたっては、その患者の心理社会的なことは当然考えているという反論もあり、わざわざ、心身医学ということは必要がないとする考えもある。先に心身症には、2 つのテーマが含まれていると述べたのは、このことである。1 つは、医療技術の進歩だけでは、治癒しない、病態への治療のあり方という面とどのような病気への治療も、もともと心身症へのアプローチは含まれているというテーマである。このことは、奇しくも医療技術と心理社会的存在としての人への関心を失わせないバランスを保っている上で効果が大きい。たとえば、気管支ぜんそくはアレルギー性の病気だが、手元に薬がないと思ったとたんに発作が出たり、ストレスの影響で発作が増強する人がいる。また、高血圧や糖尿病の人で会社の決算日になるとストレスによって数値が上がる人がいる。

　心身症は、病態であると述べた。今日の社会は、人への心のストレスが日

表 16-1　心療内科が対象とする病気

1. 機能疾患：自律神経失調症、過喚気症候群、過敏性腸症候群
2. 心身相関のはっきりした身体疾患：消化性潰瘍、気管支ぜんそく、緊張性頭痛、神経性食欲不振症
3. 身体症状を呈する精神疾患：不安障害、軽症うつ病、転換性障害
4. 身体疾患に伴う精神症状：心筋梗塞、膠原病、パーキンソン病、脳梗塞、ターミナルケア、ICU 症候群

常的にあり、そのストレスは、人間の存在自体まで、不安を感じることも稀ではない。その背景には、人の働きの必要がないほどに、サービス産業の隆盛と満ち溢れた物社会によっている。いつの間にか、人間は自分たちの生産したものによって、かえって人としての存在が希薄となっている影響を受けているのである。人の上に起こる、症状や病気への援助ばかりではなく、日常的に人への援助が必要な状況に現代人はあるということができる。心身症のことを取り上げた理由はここにある。人と人の何でもない会話、1 人の人のできることに立ち返ること、何よりもこうした時代にあっては、「自ら感じ、考え行動する」ということを意識して過ごすことが求められる。

なお、心療内科が対象とする病気には表 16-1 のようなものがある。

● アルコール依存症

わが国においての飲酒人口は、1998 年の厚生省の推計では、6000 万人とされている。この中で、アルコール依存者予備軍と考えられる大量飲酒者は、213 万人と推定されている。わが国ばかりでなく、諸外国において、アルコールについては、さまざまな問題を提出している。1990 年には、WHO（世界保健機関）は、アルコール乱用の部門を精神保健の部門から、薬物乱用およびアルコール乱用の部門を独立させている。

もっとも、大量飲酒をしなくともアルコール依存症になることがある。

表 16-2 は、久里浜式アルコール依存症スクリーニング・テストである。

アルコール乱用については、疾患として考えられるようになったのは、ここ 50 年余のことである。近年、アルコール乱用によって、事故、事件、家庭崩壊、人格崩壊など憂えるべき社会問題が多発している。しかも、低年齢

表 16-2　久里浜式アルコール依存症スクリーニング・テスト（KAST）

◎最近6カ月の間に次のようなことがありましたか　　回答カテゴリー　　　　点数

No.	質問	回答カテゴリー	点数
1	酒が原因で、大切な人（家族や友人）との人間関係にひびが入ったことがある。	ある。 ない。	3.7 -1.1
2	せめて今日だけは酒を飲むまいと思っても、つい飲んでしまうことが多い。	あてはまる。 あてはまらない。	3.2 -1.1
3	周囲の人（家族、友人、上役など）から大酒飲みと非難されたことがある。	ある。 ない。	2.3 -0.8
4	適量でやめようと思っても、つい酔いつぶれるまで飲んでしまう。	あてはまる。 あてはまらない。	2.2 -0.7
5	酒を飲んだ翌朝に、前夜のことをところどころ思い出せないことがしばしばある。	あてはまる。 あてはまらない。	2.1 -0.7
6	休日には、ほとんどいつも朝から酒を飲む。	あてはまる。 あてはまらない。	1.7 -0.4
7	二日酔いで仕事を休んだり、大事な約束を守らなかったりしたことが時々ある。	あてはまる。 あてはまらない。	1.5 -0.5
8	糖尿病、肝臓病、または心臓病と診断されたり、その治療を受けたことがある。	ある。 ない。	1.2 -0.2
9	酒がきれた時に、汗が出たり、手がふるえたり、いらいらや不眠など苦しいことがある。	ある。 ない。	0.8 -0.2
10	商売や仕事上の必要で飲む。	よくある。 ときどきある。 めったにない・ない。	0.7 0 -0.2
11	酒を飲まないと寝つけないことが多い。	あてはまる。 あてはまらない。	0.7 -0.1
12	ほとんど毎日3合以上の晩しゃく（ウイスキーなら4分の1本以上、ビールなら3本以上）をしている。	あてはまる。 あてはまらない。	0.6 -0.1
13	酒の上の失敗で警察のやっかいになったことがある。	ある。 ない。	0.5 0
14	酔うといつも怒りっぽくなる。	あてはまる。 あてはまらない。	0.1 0

総合点（　　　）

判定方法

総合点	判定	（グループ名）
2点以上	きわめて問題多い	（重篤問題飲酒群）
2〜0点	問題あり	（問題飲酒群）
0〜(-5)点	まあまあ正常	（問題飲酒予備群）
(-5)点以下	まったく正常	（正常飲酒群）

層にも飲酒習慣のある者が増えている。

全国学校アルコール健康教育研究会によれば、高校生で毎日飲酒している者が、男子で全体の 2.5％、女子で全体の 0.8％あり、飲酒経験があった中学生は男子で 90％、女子では 85％と報告されている。

● 睡 眠 障 害

人間は、眠ることによって生命を維持している。ところが、人は、いつの間にかこのことを意識しなくなったように見える。「都会は眠らない」とかつていわれたことは、このことを象徴している。

今日、人間の欲望は、1日の中で収めることができないほどに、肥大化の傾向にある。ここでは、眠っていられないほどにどうしてなったのかは、ひとまず置いておく。また、1990年に睡眠障害について3つの分類が発表された。①睡眠変調症、②睡眠随伴症、③内科・精神科的障害に伴う睡眠障害の3つである。睡眠障害については、これらの3つの分類を見てもわかるように、さまざまな病気や症状の可能性を示唆する面があり、専門医の受診を考慮した上で対応をすることを促しておきたい。

● うつ病、躁うつ病

うつ病や躁うつ病は、総称して気分障害といわれている。気分障害とは、感情と欲動の障害を主徴とする精神障害であり、躁状態あるいはうつ状態の病相期を1回あるいは2回以上繰り返すものである。病型には躁病相かうつ病相の一方だけが認められるものと、両方を呈するものがある。うつ病相を呈するものに比べると躁病相を呈するものは少なく、中でも躁病相のみを呈するものはさらに少ない。一般に各病相期の間の寛解期（症状が収まっている状態）には、ほぼ正常な状態に回復するのが特徴である。しかし、躁うつ両病相を長い期間にわたって反復していると、人格障害、持続性の軽躁状態を呈することがあるといわれている。従来、気分障害は内因性の精神障害の1つと考えられており、遺伝素因の関与も示唆されているが、詳細の解明には至っていない。脳内における神経伝達物質であるノルアドレナリンやセロトニンの量の低下が関与しているといわれており、研究が進んでいる段階である。症状発現の誘因として、エピソードのあと症状が出現するケースが多い。

たとえば、近親者の死亡、職務上の失敗、家庭内の不和、病気や昇進（男性に多い）、引越し（女性に多い）などである。

うつ病：　気分の障害と意欲・行動の障害が1次的に出現し、2次的に思考の障害が出現することもある。うつ病の基本は気分の障害、つまり抑うつ気分である。気分が憂うつになり、すべてが面白くなくなる。周囲のことが生き生きと感じられなくなり、喜怒哀楽の感情が薄れる。ひとりでに涙が流れてきたり、強い焦燥感、苦悶を認めることもある。自己を過小評価したり、劣等感や自責感が見られることもある。意欲・行動の障害としては、やる気がなくなり、増悪すると何1つ行動できなくなる精神運動制止の状態に陥ることもある。思考障害としては、思考の形式の障害として、考えが止まってしまう思考制止と、思考の内容の障害として、罪業妄想（自分は罪をおかした）、貧困妄想（経済的に大変貧困であると思う）、心気妄想（健康なのに病気にかかっていると確信する）などの微小妄想が認められる。精神運動制止が極度に強くなると、外部から刺激に反応しなくなるという昏迷状態（うつ病性昏迷）を呈することになる。その他、身体症状として、睡眠障害（入眠障害、熟眠障害、早朝覚醒、離床困難、睡眠過剰）、食欲低下、便秘、下痢、性欲低下などが認められる。うつ病の治療としては、まず薬物療法が重要である。抗うつ剤を中心に抗不安薬や睡眠薬、時には少量の抗精神病薬を用いることもある。再発予防なども考え、感情調整薬を使用する場合もある。精神療法も大切である。主に支持的にかかわることになるだろう。他に、認知行動療法なども効果的である。難治性のうつ病には電気ショック療法が用いられる場合もある。治療者としては、以下の6つの点について注意しながら治療にあたる必要がある。①できるだけ早く休息をとらせ、患者の負担を軽減させる。②患者に病気であることを伝え、怠けているのではないことを明確にする。③患者との信頼関係を確立し、自殺しないよう約束させる。④冷静な判断ができるようになるまで、重要な決定は先延ばしさせる。⑤使用する薬物の特徴について説明しておく。⑥いったん良くなってから多少悪化しても心配しないよう伝える。家族には、自殺の危険性について、最重症の時よりもその前の時期か回復期に多いので注意が必要であることを伝える必要がある。

うつ病の中には仮面うつ病と呼ばれるものがある。めまいや頭痛、吐き気などの身体症状だけが認められ、内科で検査するが異常が見つからないような場合である。本人は気分の障害の自覚はないが、精神的な治療を勧められて行ってみると、症状が改善し、はじめて精神的な問題に気づくこともある。

最近は軽症のうつ病の増加が指摘されており、未熟型うつ病などといわれている。未熟型うつ病では気分の障害は認められるが、内因性の精神障害とは別のものとして考えるべきである。背景には、未熟な人格構造や他罰的で欲求不満耐性の低いことが挙げられる。そのような人物は、社会人として仕事をしていると困難な状況に陥ることがあって当たり前だが、困難に立ち向かうことが難しく、周囲の環境に適応できなくなり、うつ状態を呈して仕事を休んでしまったりするのである。これらの患者は薬物の効果が認められにくく、内省に乏しいため精神療法に導くことも難しい。

躁病（躁状態）：　うつ病と同様に感情の障害と意欲・行動の障害、そして思考の障害が認められる。感情の障害では、爽快気分、易刺激性、攻撃性、自我感情の亢進（楽観、自信過剰）などが認められる。意欲・行動の障害としては、欲動が亢進し、多弁、多動、瞬時もじっとしていられずに手あたりしだいに何かをするがまとまりのない状態（行為心迫）になり、さらに状態が進むと精神運動興奮を呈することもある。思考の障害としては、思考の形式の障害である観念奔逸（考えの飛躍、脱線、反復など冗長でまとまりがなく話す）や思考の内容の障害である誇大妄想（自己を過大評価する妄想）が認められる。身体症状としては、眠らずに行動し、眠ってもすぐに起きるが本人は平気だというようになり（睡眠障害）、食欲や性欲の亢進が認められる。治療としては、薬物療法が中心になる。抗精神病薬を中心に、感情調整薬を用いる。また、難治例には電気ショック療法を行う場合もある。

● 統合失調症

統合失調症とは、「思考と知覚の根本的で独特な歪み、および状況にそぐわないが鈍麻した感情によって特徴づけられる。ある程度の認知障害が経過中に進行することはあるが、意識の清明さと知的能力は通常保たれる」（ICD-10より）精神疾患であり、躁うつ病（気分障害）とともに内因性精神病と呼

ばれてきた。

　統合失調症の歴史としては、1890年代にクレペリン（Kraepelin, E.）が思春期に発症し慢性に経過しついには痴呆状態に至る疾患として、早発痴呆という概念を記述してから一般に知られるようになった。その後、ブロイラー（Bleuler, E.）は統合失調症（schizophrenia）という名称を提唱し、その基本症状として連合弛緩（Assoziationslockerung）、感情鈍麻（Affektverblö dung）、自閉（Autismus）、両価性（Ambivalenz）という4つのAと呼ばれる症状を提唱した。シュナイダー（Schneider, K.）は自我障害を統合失調症に特有なものと考え、統合失調症の一級症状として、以下の8項目を提唱した。①考想化声、②問答形式の幻聴、③自己の行為に随伴して口出しをする形の幻聴、④身体への影響体験、⑤思考奪取やその他思考領域での影響体験、⑥考想伝播、⑦妄想知覚、⑧感情や衝動や意志の領域に現れるその他の作為・影響体験。

　疫学としては、男女差はなく、発症は10代後半から20代前半に多く、発症率は1％前後である。発症には遺伝素因が関与しており、遺伝子研究も進んでいる。中脳辺縁系におけるドーパミンの過剰が幻覚や妄想などの陽性症状出現に関与しているというドーパミン仮説が提唱されている。

　症状は複雑、多彩であり、急性期には幻聴や妄想などの陽性症状が目立ち、慢性期に至ると無為、自閉などの陰性症状が前景に認められるようになる。ここでは主要な症状のみ挙げたい。

　思考内容の障害として妄想が認められる。何となく周囲がおかしい、無気味だと感じる妄想気分から、原因なしに突然考えが浮かんできて確信される妄想着想、何かに対して突然特別な意味づけがなされ確信に至る妄想知覚などが認められるが、時間の経過とともに妄想は体系化され、確信の程度も深まっていく。妄想は内容によって、被害妄想（他者から被害を加えられている）、微小妄想（自分を過小評価する）、誇大妄想にわけられる。被害妄想の中には、関係妄想（自分に関係ないものを自分に関係づける）、注察妄想（他者に監視されている）、被毒妄想（飲食物に毒を入れられている）、追跡妄想（誰かに跡をつけられている）、嫉妬妄想（配偶者や恋人が浮気をしている）などがあり、微小妄想には貧困妄想、罪業妄想、心気妄想などが含まれ、誇大妄想には発明妄想（偉大な発

明をした)、血統妄想（由緒正しい血統の生まれである）などがある。思考過程の障害としては、話の内容は理解できるものの、まとまりが悪くなったり（連合弛緩）、その状態が進行すると話に論理的関連がなくなって滅裂思考に陥ることがある。また、幻覚などによって考えが止められると、思考が突然に中断・停止する（思考途絶）こともある。知覚障害としては幻聴がもっともよく見られ、静かなはずなのに車が発車する音が聞こえたり（要素性幻聴）、誰も居ないのに悪口をいっている声が聞こえたり（言語性幻聴）することがある。言語性幻聴が聞こえる時には、それに答えたり言い合いをするために独語することもある。黒い人影がスッと通りすぎるなどの幻視や、他には幻嗅、幻味、身体の中に虫が這っているなどの体感幻覚などが認められることもある。これらの妄想や幻覚に対して、患者本人は最初は半信半疑なこともあるが、病期が進むと妄想や幻覚内容が事実だと確信し病気である自覚は全くなくなる（病識欠如）。感情障害として、感情鈍麻や過敏性、あるいはその両方が同時に見られることもある。無関心や不調和な感情反応なども認められる。

　治療としては、抗精神病薬を中心にした薬物療法が効果的である。急性期や症状悪化時には入院による治療が必要になることもある。病状が安定してくると社会復帰を目的に精神科リハビリテーションが行われる。生活技能訓練などもその1つである。原則として精神療法のみの治療は行われない。

● 更年期障害

　更年期とは、加齢により女性ホルモンを分泌する働きが衰えて、女性ホルモンが欠乏した状態に身体が慣れて安定するまでの期間を指す。具体的には、閉経をはさんだ前後の約10年間をいうが、個人差が大きく一概にはいえない。更年期には月経周期の乱れとともに、女性ホルモンのバランスが崩れる。そうすると、自律神経の働きや気分にまで影響が出て、さまざまな症状が現れるようになる。これが更年期障害である。更年期障害の中でもっともよく見られる症状はホットフラッシュと呼ばれる、のぼせとほてりである。突然、何の前触れもなく頭に血がのぼったような状態になったり、身体がカーッとして顔が紅潮して汗が出てくる。その他、冷えやめまい、疲労感、情緒不安定や気分の落ち込みなどさまざまな症状が出てくる。症状は個人差が大きく、

ほとんど何もないという人もいれば、起き上がることすら困難な人もいる。

治療としては、女性ホルモンの補充療法や、情緒不安定や気分の落ち込みに対しては精神科での治療が必要になる時もある。最近は、男性の更年期障害も注目されるが、加齢による男性ホルモンの低下は女性ホルモンの変化に比べると緩やかに起こるため、症状が表に出にくいことが多い。

4. 老人期の病気

● 老人性うつ病

老人性うつ病は、加齢に伴う生物学的変化や心理、社会的変化などの老化現象が複雑に組み合わさって生じる。老年期とは65歳以上を指し、老年期の疾病の特徴は、病気知らずの人もいれば多くの疾患に罹っている者もいたりと個人差が大きく、症状は非定形的で、慢性疾患が多く、治りにくいことである。その予後は、疾患の重篤度だけではなく社会的環境に影響を受けやすい。老年期になると疾病や生理的変化による身体機能の低下だけではなく、精神機能、とくに記憶機能、意欲・行動力の低下が認められるようになる。これらの変化に伴い、多くの人は現役から退き、家庭や社会から期待される役割が少なくなる。社会的な変化が生じるのである。そして、このような変化に対して、自分のことを役に立たない者と感じるなど、心理的にも変化が起きる。以上を踏まえた上で、老人性うつ病を発症要因から考えていきたい。

老人性うつ病では、老化による脳機能の変化が関与していると考えられる。高齢者のうつ病では、経過とともに認知症に移行することも稀ではなく、萎縮や多発性脳梗塞などの脳の器質的変化が見られることもある。アルツハイマー型認知症や脳血管性認知症では、うつ病併発の頻度が高いことはよく知られている。また、脳血管性障害では、発症を契機にうつ病が誘発されることがある。うつ病は認知症の初期やその少し前に発症しやすく、認知症が進行するにつれてうつ病は不明瞭になっていくことが多い。知的機能が低下していく不安や老化による人格の先鋭化（老化に伴いその人の性格がより先鋭されること）なども、発症要因の1つと考えられる。生化学的要因としては、加齢

> コラム

脳梗塞（脳卒中）とリハビリ

　脳卒中には、血管が破れて発生する脳出血・くも膜下出血と、血管が詰まる脳梗塞がある。いずれの疾患も、発症した際に脳細胞が破壊され、その破壊された部位に応じたさまざまな症状（損傷部位の反対側の麻痺・感覚鈍麻、言語障害、嚥下障害、高次脳機能障害など）を呈する。症状は患者によって異なり、症状のパターンによって介助の量と種類が異なるので、症状を評価してリハビリ計画を立てる必要がある。

　損傷されたニューロンは新たに再生しないと信じられてきたが、最近、げっ歯類を用いた研究で、自己複製能と多分化能を有した神経幹細胞が増殖・維持され、一部は神経回路に組み込まれることが示された。ヒトの脳内にも神経幹細胞が存在するので、成人でも神経を再生できる可能性がある。しかし、現在、霊長類では、新たに導入された神経幹細胞をニューロンに分化させて壊されたニューロンと同じように軸索を延長してもと通りの神経回路を形成させることは不可能である。一方、神経系には環境や経験によって、その構造や機能を変える可塑性があり、大人になっても維持されている（日々の出来事の記憶や学習がこれにあたる）。この可塑性を利用することは、脳卒中になるまで使われなかった損傷周囲の神経回路を利用して、失った機能をなるべく回復させていくことであり、これがリハビリの目的の1つである。しかし、早期より集中的なリハビリを行っても、何らかの症状が残存することが多く、障害を抱えた状態で生きていくことになる。この場合、失われた能力（歩行やコミュニケーション能力など）を、何らかの代償手段を用いながら（杖、装具など）再獲得して、自宅や社会へと復帰していくことをサポートすることが必要になり、これこそがリハビリの重要な目的である。

　代償手段を獲得するためには、患者自身が障害のことを自覚する必要があるが、脳卒中後の患者は精神的に不安定なことが多く、注意が必要である。特にうつ病が脳卒中後に多いことは、脳卒中後うつ病（post stroke depression：PSD）として知られ、ロビンソン（Robinson, R. G.）らのグループは、左前頭葉前部に病変を持つものが有意にPSDの頻度が高いとする左前頭葉障害仮説を報告している。また、Apathy（普通なら感情が動かされる刺激対象に対して関心がわかない状態）も認められ、脳卒中患者のリハビリ阻害因子と考えられる。PSDを合併していると考えがまとまりにくく、判断力も障害されるため、嫌な出来事が1度に押し寄せてきて、それに圧倒される感じを強く持つことが多いとされる。障害を受け入れるために、患者に対して後遺した障害を説明することが大切だが、PSDやApathyのことを十分に考慮し、その接し方には一定の配慮が必要となる。

●参考文献
Clinical Neuroscience（月刊 臨床神経科学）　神経疾患のリハビリテーション：update. Vol. 27, No. 9. 中外医学社　2009

Hama, S., Yamashita. H. & Shigenobu, M., *et al.* Post-stroke affective or apathetic depression and lesion location: Left frontal lobe and bilateral basal ganglia. Eur. Arch. Psychiatry Clin. Neurosci, 257, pp. 149-152.

Hama, S., Yamashita, H. & Shigenobu, M., *et al.* Depression or apathy and functional recovery after stroke. Int. J. Geriat. Psychiatry, 22, pp. 1046-1051.

Hama, S., Yamashita, H. & Kato, T., *et al.* 'Insistence on recovery' as a positive prognostic factor in Japanese stroke patients. Psychiatry Clin. Neurosci, 62, pp. 386-395.

Robinson, R. G., Kubos, K. L., Starr, L. B., Rao, K. & Price, T. R. Mood disorders in stroke patients: Importance of location of lesion. Brain, 107, pp. 81-93.

に伴い感情安定化に関与する神経伝達物質であるセロトニンの活性が低下するためうつ病を発症しやすくなる。環境要因として、高齢者は身体疾患にかかりやすく、生活能力が低下しやすいため、社会から孤立しやすくなるなど、生活環境からうつ病が発症しやすい状況が作られる。加齢による知的機能の低下とともに、加齢により柔軟性も低下していくため、生活環境への適応が低下する。親族や身近な人の死、経済的困窮、不本意な転居などを引き金にしてうつ病が発症することも多い。配偶者のいない者の自殺率は高い。視覚、聴覚、味覚、嗅覚、触覚などの感覚機能は低下してくるが、とくに視覚や聴覚の能力の低下は生活のし辛さと直結するため抑うつ気分を生じやすくなる。

　老人性うつ病の症状の特徴としては、抑うつ気分と興味や喜びの低下が認められ、不安感と絶望感、心気傾向が目立ち、貧困妄想や心気妄想などが認められることもある。悲哀感は少なく、被害的になりやすい。焦燥感を伴いやすく、症状は長引きやすい。自殺による死亡は13～14％といわれており、その予防には十分な配慮が必要である。

　診断にあたっては、認知症とせん妄状態との鑑別が必要である。せん妄状態とは、意識混濁と錯覚や幻覚、精神運動興奮・不安などが加わった特殊な意識障害である。高齢者では夜間に起こる夜間せん妄が有名であるが、軽い意識変容が日中も継続する場合にはうつ病との鑑別が困難になることもある。

　老年期の気分障害の中には、うつ病ほど重篤ではないものの、抑うつ状態や気分変調性障害と診断される者も多い。気分変調性障害とは、慢性的にそ

れほど強くはない抑うつ気分が存在し、疲労感があり、不眠がちで不全感を持つような状態であり、日常生活は何とかできる程度である。老年期の3％程度に見られるともいわれている。

　治療については、青・壮年期のうつ病に比べ、家族や友人による支援、生活環境などの環境調整が重要である。また、身体疾患やその治療薬の副作用により病状が悪化したり、経過が長引くことが比較的見られるため、身体疾患の精査、治療薬には十分な配慮が必要である。薬物療法は、基本的には青・壮年期のうつ病と同様である。抗うつ剤を中心に、抗不安薬や睡眠薬、少量の抗精神病薬を用いることもある。漢方薬が効果的な場合もある。ただし、副作用の出現頻度が高いため十分な注意が必要である。頻度の高い副作用で注意が必要なものとしては、便秘、転倒、せん妄である。もともと、高齢者は便秘傾向のことが多いが、服薬により増悪する場合がある。便秘は悪化すると腸閉塞に至ることがあるため、日頃の注意を怠らないようにする。転倒は、向精神薬の副作用による起立性低血圧やふらつきのためであり、特に夜間排尿で起きた時に起こりやすい。対策としては、覚醒してからゆっくり起き上がるよう指導したり、歩く時には手すりなどを持ちながら歩くと良い。せん妄は、とくに認知症を伴う場合は、向精神薬によって誘発されやすくなるため注意が必要である。せん妄が出現した場合は、原因薬剤の中止とともに、治療を進める。

● キューブラ・ロスの死の受容

　キューブラ・ロス（Kübler-Ross, E.）はスイス生まれの精神科医で、死と死ぬことについて書かれた画期的な本、『死の瞬間』（1998）の著者である。死に向かう患者とのかかわりの中で、死の受容のプロセスについて考えるようになり、その概念は後のホスピス活動の基礎になっている。

　キューブラ・ロスによると、死を宣告された者はいくつかの段階を経て、死を迎えるという。まず、患者は自分が死にゆく病に罹っていると告げられると、強い衝撃を受ける。そして、最初の段階ではそれを「否認」しようとする。このような病に罹っているのは嘘で、自分に限ってそんなはずはないと考えるのである。そして、否認しきれなくなるとなぜ自分が死ななければ

> コラム　認知症

　ものを忘れるという能力は、神様が人間に与えて下さった偉大な能力のうちの1つだと思うが、皆さんはどう思われるだろうか。
　体や脳が老いるということを受け入れるのは、なかなか辛い作業である。自分が認知症ではないかと心配して精神科の外来を訪れる方は数多く、問題がないとわかると皆さんホッとされる。それだけ「老いる」ということは恐ろしいことなのだなぁと、考えさせられる。しかし、年齢を重ねれば重ねるほどものを忘れるようにならないと、辛いのではないかと思ったりもする。体が動きにくい、目が見えにくい、耳が聞こえにくい、あちこちが痛いなど、年齢を重ねるごとに不自由なことが増えてくる。それでも幸せに楽に生きるには、上手にものを忘れる必要があると思うのである。年齢を重ねて身体の辛さが増えていく頃にはもの忘れが出てくるとは、人間はうまいことできているなぁと感心せずにはいられない。ものを忘れるのは素敵な能力だと考えられれば、もうちょっと認知症に対する抵抗感が減るのではないかと願っている。
　認知症に対する心配は本人だけではない。ご家族の方も大変心配しておられることが多い。本人の様子が変わっていくことに対する悲しみや寂しさ、そして認知症の進行に伴い介護が必要になってくると、これもなかなか大変である。認知症自体は死に至る病ではないため、他の身体疾患を併発しない限り、いつまで認知症と付き合わなければならないのか、その期限はない。介護する大変さや辛さから早く逃れたいと思うのは人間だったら当たり前の気持ちだと思われるが、そう願うということは自分が介護している者の死を願うことになる。この辛さから離れたいだけであって、その人の死を願っているわけではないので、そこに罪悪感が生まれる。そこが介護する家族の1番葛藤の深い、辛いところである。1つの解決方法として、老人施設を利用することが挙げられる。本人が望まないからと家族で介護しておられる方もいらっしゃるが、その家族が倒れては元も子もない。周囲の人間の助けや福祉を上手に使って、介護者の辛さがなるべく軽減されるように願って止まない。

いけないのかという「怒り」が生まれる。なぜ他の人ではなく自分なのかという怒りは、妬みに変わり、やがて周囲の人たちに対する攻撃となる。次の段階では、自分の運命を認める代わりに「取り引き」をして、延命を願ったり、死なずにすむようにと試みる時期である。たとえば、孫が誕生するまで生きていたい、その願いが叶うなら医者のいう通りに何でもするといった取り引きをしようとするのである。病状がさらに悪化してくると、第4段階と

して「抑うつ」状態を呈するようになる。身体機能が衰えてくる悲しみや家族との決別を覚悟しなければならない悲嘆などが見られるようになる。このような死を迎えるいくつかの段階を経て、第5段階として最後に自分が死にいくことを受け入れる「受容」に達する。すべての者が同じ経過をたどるわけではなく、3段階に達していたが再度2段階に戻ったり、それぞれの段階に行きつ戻りつしながら死の時を迎える。

●引用・参考文献

吾郷晋浩・生野照子・赤坂徹(編集)　小児心身症とその関連疾患　医学書院　1992

ドライデン, W. & ミットン, J.　酒井汀(訳)　カウンセリング／心理療法の4つの源流と比較　北大路書房　2005

長谷川浩(編集)　人間関係論　系統看護学講座　医学書院　2003

橋口英俊・滝口俊子(編著)　新臨床心理学　八千代出版　2006

林昭仁・駒米勝利(編)　臨床心理学と人間　三五館　1996

菱川泰夫・村崎光邦(編著)　不眠症と睡眠障害(上)　新精神科選書6　診療新社　1999

本宮幸孝　こころのひきだし　第一プロジェ　1994

一般社団法人「日本臨床心理士会雑誌」　一般社団法人日本臨床心理士会　2009

河合隼雄　コンプレックスと人間1　河合隼雄著作集第Ⅱ期　岩波書店　1971

河合隼雄　カウンセリングの実際問題　誠信書房　1976

河合隼雄　河合隼雄の"こころ"　小学館　2008

古今堂雪雄　あるカウンセラーのノート　(財)関西カウンセリングセンター・シリーズ　1983

こころの科学　特別企画─臨床心理士　日本評論社　33号，1990

キューブラー・ロス, E　鈴木晶(訳)　死ぬ瞬間　完全新訳改訂版　読売新聞社　1998

三木善彦・瀧上凱令・橘英彌・南徹弘(編著)　心理の仕事　朱鷺書房　1997

日本臨床心理士資格認定協会　臨床心理士の歩みと展望　誠信書房　2008

大熊輝雄　現代臨床精神医学　改訂第11版　金原出版　2008

太田龍朗(編集)　精神医学レビュー　No.4　睡眠・覚醒とその障害　ライフ・サイエンス　1995

臨床心理学　心理的援助と生活を支えること　金剛出版　2004

斉藤学・高木敏・小阪憲司(編)　アルコール依存症の最新治療　金剛出版

1995
斉藤環　社会的ひきこもり　PHP新書　1998
斉藤環　ひきこもり救出マニュアル　PHP出版　2002
島薗安雄・保崎秀夫(編集主幹)　中沢洋一(編集企画)　アルコール依存症の治療　精神科 MOOK No.30　金原出版　1994
田中俊英・金城隆一他　分岐点に立つひきこもり　ドーナツトーク社　2005
冨田和巳・加藤敬(編著)　多角的に診る発達障害　診断と治療社　2006

第17章

カウンセリング技法

　ここでは、相談に来られた人への面接の仕方について考えてみることにする。たんに面接をして話を聞くのではなく、どのようなことが悩んでいることの背景にあるのかを理解するために、さまざまな情報を得ることが必要である。そして、その人と面接を続けて考えていくことが良いのか、あるいは他の機関への紹介をしたほうが良いのか、などの判断が必要となる。面接を行っていく上での注意点や、どのようにして問題解決をはかっていくのかについて考えることにする。ここでは認知行動療法などの問題行動の除去を考えるのではなく、性格などの改善をはかる「一般的な心理面接」という視点から説明することとする。また、面接者となるためにはどのような訓練や指導を受ければよいか、また他の機関との連携する場合の注意点や、面接で語られた内容に対しては秘密保持が守られなければならないなどの面接者としての倫理についても説明することにする。

1. 面接の進め方

● 初回面接・診断面接

　当たり前のことだが、初回面接とは、クライエントとセラピストの双方にとってはじめての面接である。つまり、初回面接では、セラピストがクライエントの話を聞いて見立てをするだけではなく、クライエントもセラピストを見定める最初の出会いになるのである。このことをセラピストは肝に銘じておく必要がある。また、面接はその内容だけではなく、場所や時間設定などの治療構造からも影響を受ける。他の人が頻繁に出入りするような場所や隣の部屋の声が筒抜けの場所では、落ち着いた面接は進められない。また、十分な時間がとれなかったり、日によって面接時間が変わることも避けたい。

しかし、実際の臨床場面ではいつも理想的な治療環境を用意できるとは限らない。セラピストはできる限り治療環境を整えるように努力すべきだが、できない場合はそのマイナス面も理解した上で面接を進めるべきである。

　初回面接では、クライエントが面接を求めて来た動機を尋ねることから始まる。いわゆる主訴である。この主訴はクライエントの意識にのぼっているものであり、クライエントが本当に辛いと感じていること、つまり無意識に閉じ込められている主訴とは異なることもあるので注意が必要である。初回面接ではある程度の見立てを立てるように努力しなければならない。これは、ただ診断名をつければ良いということではなく、クライエントの病態水準の見立て、神経症圏なのか人格障害圏あるいは精神病圏なのかを含め、今後の面接の見通しを考えるためには、クライエントの脆弱な部分はどこなのか、どのようなしんどさを抱えているのかなどを思考することが重要である。面接時のセラピストの態度としては、クライエントが自分の気持ちや意見などをできるだけ自由に話せるように働きかけなければならない。しかし、初回面接・診断面接である程度の情報を得る必要はある。セラピストが聞きたいことを一方的に質問するのではなく、クライエントの話したいことを大切にしながら、クライエントの言葉に質問をするような形で情報を得るのが良い。たとえば、クライエントが仕事の辛さを述べたら、その機会に仕事の内容やいつからその仕事を始めたのか、自分の希望で仕事を選んだのかなど尋ねるのだ。セラピストは誠意を持ってクライエントの話に耳を傾けつつ、クライエントの態度に客観的な目を向ける必要がある。とても悲しい話をしているのにニコニコと笑っているなど、話の内容と表情や態度がかけ離れているような場合、何が起こっているのか考える必要がある。クライエントがウソをついているのか、防衛として笑ってしまっているのかなど考え、セラピストはその情報を頭に入れて、見立てを立てる時の重要な情報とする。このようにクライエントの話の内容を追うだけではなくて、態度を観察することも大切である。

　初回面接・診断面接で聞いておくべき情報は、まず、先にも書いたが面接を求めた動機である。そこからクライエントがどのような話を繰り広げるの

か、セラピストはクライエントの話についていくのが良いだろう。症状がある場合は、症状について聞く必要がある。何かきっかけがあったのか、いつ頃から始まったのか、どのような時に症状が軽くなってどのような時に悪くなるのかなどである。ジェノグラム（家族系統図）を完成させるために、家族についての情報も必要である。家族力動を理解するには、各々の家族についても質問する。クライエントが思い出す最初の記憶を尋ねることも、重要である。クライエントの無意識を理解するための糸口になることが多いからである。クライエントのこれまでの歴史、いわゆる生活史も欠かせない。クライエントの人生の物語を知ることで、クライエントの考え方や感じ方などが理解しやすくなる。もちろん、現在の生活環境についても尋ねる必要がある。パートナーはいるのか、経済的には自立しているのか、仕事をしているか、友人との関係を長く続けることができているのかなどである。このように書くと、クライエントの話を聞くどころではなく、クライエントを質問攻めにしないと情報が得られないと思ってしまうかもしれないが、あくまでクライエントの話を聞きながら質問するのが理想である。

● アセスメント

　初回面接・診断面接においてアセスメントを行うということは、見立てを立てるということとほぼ同義と考えて良いだろう。見立てとは、「診断と予後を含む全体の見通しであり、治療過程全体についての見通しを持つこと」（西田，1992：pp. 178-180）である。そして、見立てを立てるには少なくとも5つの留意する点があるという。①クライエントと接した時に面接者が抱くクライエント・イメージ、感情、身体感覚などの非言語的コミュニケーションに関する点を吟味すること。②クライエントの視覚的情報を吟味すること。③クライエントが発する、主に言語的な情報を吟味すること。④面接者が依拠する心理学的理論に基づき、症状を理解し、病態水準を推測すること。⑤クライエントに関する総合的考察を行うこと（名島，1990：pp. 90-98　石垣，2001：pp. 317-322）。このようにアセスメントを行い、継続的な面接へ導入するのか、導入しないのかも含め、今後の面接の展開についての見通しを考察するのである。以上のアセスメント結果は一定の書式に従ってまとめると良

> コラム

パーソナリティ障害（DSM）

　パーソナリティ障害（personality disorder）とは、どのような状態を指して診断するのだろうか。米国精神医学会（APA）による「新訂版・精神疾患の分類と診断の手引き」（以下、DSM-IV-TR）から抜粋すると、パーソナリティ障害の全般的定義は下記のようになる。

　A. その人の属する文化から期待されるものより著しく偏った、内的体験および行動の持続的様式。この様式は以下の領域の2つ（またはそれ以上）の領域に現れる。
　　(1) 認知
　　(2) 感情性
　　(3) 対人関係機能
　　(4) 衝動の制御
　B. その持続的様式は柔軟性がなく、個人的および社会的状況の幅広い範囲に広がっている。
　C. その持続的様式が、臨床的に著しい苦痛、または社会的、職業的、または他の重要な領域における機能の障害を引き起こしている。
　D. その様式は安定し、長期間続いており、その始まりは少なくとも青年期または成人期早期にまでさかのぼることができる。
　E. その持続的様式は、他の精神疾患の現れ、またはその結果ではうまく説明されない。
　F. その持続的様式は、物質または一般身体疾患の直接的な生理学的作用によるものではない。

　以上を要約すると、パーソナリティ障害とは、認知や感情、対人関係、衝動制御などの領域において、著しく偏った考えや態度、行動が生活全般において持続している状態をいう。その考えや態度、行動には柔軟性がなく、さまざまな場面において障害や不適応が生じ、周囲の人を巻き込むことも多々認められる。自己中心的で自分勝手に振る舞っているように見えるが、本人も非常に苦痛を感じているのである。

　DSM-IV-TRではパーソナリティ障害は3つの群に分類され、合計11の診断がなされるようになっている。それぞれの診断基準については成書に譲り、ここでは簡単にまとめるにとどめる（図）。

A群パーソナリティ障害	B群パーソナリティ障害	C群パーソナリティ障害
妄想性パーソナリティ障害：すべてにわたって他人から搾取され危害を加えられると予期し、疑い深く攻撃的である。	反社会性パーソナリティ障害：虚言、窃盗、破壊行為など反社会的行為をとり、すぐに怒り、他者への自分の影響を反省しない。	回避性パーソナリティ障害：少しの非難でも傷つけられたと思い、仕事や学校場面を避ける。親しい人はできず、引っ込み思案。

スキゾイドパーソナリティ障害：社会的関係から孤立し、感情表現が限られており無関心に見える。	境界性パーソナリティ障害：同一性の障害で、空虚感、対人関係が不安定で衝動性が強い。他者を理想化したりこき下ろす。	依存性パーソナリティ障害：過剰に他者に面倒をみてもらいたいと欲求し、しがみつきと、分離不安が強い。
統合失調型パーソナリティ障害：統合失調症ではないが、対人関係が上手くいかず、認知や知覚に歪曲や奇妙さが認められる。	演技性パーソナリティ障害：他者から絶えず賞賛を求め、他者から注目されないと不快になり、過度に身体的魅力を気にする。	強迫性パーソナリティ障害：課題の達成を妨げても完全を目指し、細かいことにとらわれる。柔軟性に欠け、融通がきかない。
	自己愛性パーソナリティ障害：自己を誇大的に感じ特別な人間と思い他者の賞賛を求める。批判には憤怒を抱き、共感性に欠ける。	特定不能のパーソナリティ障害

パーソナリティ障害

い。まとめ方は精神分析的立場、行動療法的立場など、さまざまな理論的立場によって違いがあるため、成書に譲る。

● 面接への導入

　面接に導入するには、まず初回面接・診断面接において行ったアセスメントに基づき、面接を行うか否かの判断を行わなければならない。クライエントが面接を希望したとしても、セラピストが条件がそろっていないと判断した場合は面接を断るべきである。たとえば、あまりにもクライエントの行動化が激しく面接という治療構造ではクライエントを支えられない場合や、面接を行うことでクライエントの病状が悪化する可能性が高い場合、面接を継続して行える場所がない場合、セラピストが面接に割く時間を確保できない場合などである。このような場合は、勇気を持って面接を断らなければならない。

　面接を行うと決定したら、クライエントとセラピストの間で治療契約を行う。いつ行うのか、面接時間は何分にするのか、費用はどうするのか、面接回数を設定するのか回数を決めずに行うのかなどである。原則的に、面接は同じ場所で、同じ曜日、同じ時間帯で行うなど、治療構造は一定している必要がある。カウチを使うか、対面法で行うかなど、面接室内の環境も決定し

なければならない。それらは、クライエントのアセスメント結果から導き出されるべきである。治療構造が決定したら、次にセラピストはクライエントに対してある程度の見立てを伝え、面接の治療目標ともいうべき目的を相談の上、クライエントから面接を行う同意を得なければならない。面接はクライエントとセラピストの共同作業であり、セラピストだけの考えで進めるべきものではない。

2. 面接の流れ

● 初　　期

　面接が始まりその回数を重ねていくと面接者とクライエントの関係が深くなっていく。面接全体の中で初期の意味するところは、面接者とクライエントが協力的な関係を築いて、継続的に面接をするための土台作りをする時期であると考えれば良いだろう。

　インテーク面接（受理面接）では面接者から積極的に質問をして進めていく形が多いのだが、面接が開始されるとクライエントは頭に思い浮かんだ内容を自発的に話していくというやり方に変わる。はじめて面接を受ける人には、思いつくことをただひたすら語るということに対して戸惑いがあるもので、最初のうちは「何を話せばよいのか？」ということを考えながらの語りになる。しかし、面接者がクライエントの言葉に否定や批判、指導や指示めいたことをせずに、ただじっくりと耳を傾けて共感的な理解を示していると、クライエントは「ここではどんなことを話しても大丈夫なのだ」と思えるようになり、同時に面接者に対して安心感を得るようになる。このようなことを感じ始めると、これまで意識的にも無意識的にも制限をしていた自身の内的な世界のことを、クライエントは次々と語るようになってくる。また面接者は、クライエントがこれまで表現することを控えていたさまざまな性格や思考の傾向を知ることができるので、より深くクライエントのことを理解できるようになる。初期の間に見られる重要な概念としてラポール（rapport）と呼ばれるものがある。ラポールとは信頼関係のことであり、これはすべて

の心理療法においてセッションを継続していくためにもっとも大切な要因となっている。面接では心の内面を見ていくという非常に大変な作業が行われるため、ラポールを形成していなければそれが上手くいくとは考えにくい。たとえば、アイマスクをして目隠し歩行をしなければならない時に、傍でサポートをしてくれる相手のことを全く信頼できていなければ、強い不安を感じて前に進むことはできないだろう。そのことと同じように考えることができる。もちろん信頼関係というものは、クライエントがただ面接者のことを信じているという一方通行のものではいけない。面接者もクライエントのことを信頼し、互いに「この相手とならやっていける」と思えるようになることが非常に重要なことである。

● 中　　期

　初期の段階で面接を継続していくための土台ができ上がると、クライエントは内的な世界のより深い部分を面接者に預けるようになってくる。心の深い部分というところはなかなか気づきにくいところであり、無意識的、無自覚的な領域に相当すると考えられる。心の深部に気づいていくということや、新たな自分に気づいていくということは面接の目的でもあるのだが、このことを自己理解などと呼んでいる。ところで、面接を受ける人はその人にとって問題だと思う何かがあり、それは神経症的な症状、人間関係の困難さ、情緒不安定という形で現れてくる。とくに精神分析的な考え方によれば、これらの表層に現れてくるような問題の背景には、無意識的な心の葛藤が潜んでいるとされている。自己理解が進んでいけばそのような葛藤に気づくことができて、いわば問題の根源と見られる部分と対峙することが可能になるだろう。本来向き合うべき問題というものが何なのかを理解することができなければ問題の解決ははかれない。

　また面接が初期から中期へと移り変わるくらいの時期になると、クライエントは面接者に対して転移（transference）と呼ばれる特別な感情を向けることがある。転移という概念はとくに精神分析的な心理療法で面接を進展させるために必要な要素だと考えられている。面接初期の過程で、クライエントは面接者に対して何でも自由に話せるようになると説明をした。これはクラ

イエントの心の制限や制御が緩和してくるためであり、一般的に退行と呼ばれる幼児返りのような現象が起きていることがある。退行は心の制限や制御に影響を与えるだけでなく、クライエントの持つ面接者に対する感情にも影響を及ぼしている。その影響によって、クライエントは自分が幼かった頃に親へ向けていたような感情を面接者に対しても向けてくるようになる。転移はある人が幼少期から続けている人間関係のパターンのようなものなので、面接でこれを扱うことがクライエントの人間関係の理解にとって大いに役に立つと考えられる。

　面接が進んでいく一方で、抵抗（resistance）といわれる面接の進展を妨害するような行動もクライエントに現れてくる。抵抗という言葉から、面接が上手くいっていない時に起きてきそうなイメージを描きやすいが、このことは面接が一見、順調に進んでクライエントの問題に改善が見られそうな場合でも起きてくる。ほとんどのクライエントは自分の問題に対して意識的なレベルにおいて問題の解決を願っているのだが、無意識的なレベルではそうでないこともある。心の問題というものは、その性質上、非常に長い期間クライエントの内面に滞在していることもあり、または問題が起きていることで本人にとってメリットとなるようなことが起きている場合もある。このようなことから、心の奥深くの無意識的なレベルでは、長い期間慣れ親しんだその問題が変わってしまうことに対して潜在的な不安や恐怖を抱き、改善を拒否することが起きてくるのである。たとえば、パニック発作という症状を抱えている人がそのおかげで複雑な人間関係のある職場に戻らなくてすんでいるとすると、症状がよくなることで職場に戻らなければならないから、無意識のレベルでは改善を望んでいないことがあるかもしれない。抵抗は面接場面において、キャンセルや遅刻、沈黙、話題の転換や、表面的に面接者に従順さを装い攻撃心を抑えるなどの形で現れることもある。

● 後　　　期

　面接の終わりは、時に中断という形で迎えることもある。中断は、クライエントが面接者や面接そのものに失望した時や、面接を続けることに強い不安を感じた時などに起きてくることが予想される。もちろん心理的な問題以

外（引越しや転勤、金銭的理由など）が原因で中断になることもある。面接が中断されず、一定の目標までたどり着いて面接者とクライエントがともに合意をすることで終える場合は終結というふうに呼んでいる。面接の後期は終結に向かうためのまとめを行う期間であると考えればよい。

　後期になると、クライエントは自分の内面に存在するそれまで気づかなかった心の部分に出会うことが多い。しかし場合によっては、「元気になったので学校や職場に復帰する」と主張し、問題をそれ以上考えないでいる「健康への逃避」ということが起きることもある。

　心理面接は成長と表現できるような永続的な変化を目標としていることが多いので、クライエントが自らの葛藤と向き合い乗り越えるための対決という作業を必要とする。対決は面接の過程における山場となり、これを上手く乗り越えることで終結へと向かっていく。面接を終えてもよい時期になると、クライエントの自己中心、自己不信、他者不信などの特徴が、自己受容、自己信頼、他者受容などへと変化をしていくかもしれない。またそうすることで人間関係にも変化が見られ、より適応的になると考えてよいだろう。さらには、過去の出来事に縛られたりこだわったりしなくなることで、「今」を大切に思うようになり、その先の将来を見据えることも可能になってくる。考え方に変化が出てくると視野が広くなり、不安、恐怖、不自由といったマイナスの感情が安心、独立、自由へと導かれるようにもなる。自己実現（self actualization）といわれるような、その人が自分らしい生き方を発見することもよく見られる。面接者やクライエントの個性、面接の経過などによってさまざまな違いが見られるかもしれないが、効果としては以上に挙げたようなことが期待できる。面接を終結する時には、面接者とクライエントの双方が納得できるようにこれまでの面接経過を振り返り話し合うことも必要である。

3. カウンセリングの上達と連携

　カウンセリングという行為は、他者との関係において成り立っている。す

ると、カウンセリングの行為は、自己におけるプロセスと相手におけるプロセスの少なくとも2つの観点がある。2つの観点ではあるが、カウンセリングの行為の結果がクライエントの自己表現への援助になっていることが中心である。カウンセリングの上達と連携について、この2つの観点について知り、結果としてクライエントの自己表現への援助となるあり方への気づきに向けた取り組みが必要となる。この取り組みには、次の5点が関係している。

● スーパーバイズ（supervise）

　カウンセリングは、クライエントが何らかの来談理由をもって来談することによって始まる。カウンセラーは、この時カウンセリングについての学びをしている。カウンセラーがカウンセリングについての学びをしているとはいえ、実際にクライエントとの間でどのようにカウンセラーとしての自分の表現になっているのかは、自分で知ることは難しい。そこで、経験を積んだカウンセラーに自らカウンセリングを受けることによって、クライエントの（観点の）体験ができると同時に、自分のクライエントへの援助のあり方を知るコツを得ることとなる。こうした体験をすることをスーパーバイズを受けるという。カウンセラーとしてクライエントへの援助をする上で、スーパーバイズを受けることは、カウンセリングの向上に有効な方法であり必要なことである。

● 教育分析（didactic analysis、訓練分析〔traning analysis〕）

　カウンセリングをする自分は「いったいどういう自分であるのか」という問いも、カウンセリングをする上で欠かせないことである。この問いを、習熟したカウンセラーとともに考えていくことおよびプロセスそして、自己への気づきを得ていくことが教育分析である。教育分析を受けていくことによって、正に自分自身が今ここを生きる1人の人間としての自分に気づいていけるのである。このことは、クライエントの援助を通して、クライエントが1人の人間としてかけがえのない自分の気づきへの共感的体験につながっていくことになる。

● 事例研究（case study）

　カウンセラーとクライエントとの共有できる客観的なものは、2人で行っ

た面接の中身という「事例（case）」そのものである。事例は、クライエントの語るたんに表面的なことばかりではなく、クライエントの意味するところをキャッチしているかが問われる。面接の内容を複数の専門家で検討し合い（case conference：事例検討会）、カウンセラーがどういうふうにクライエントの表現をキャッチしているかを通して、クライエントへの援助になっているかどうかを具体的なクライエントと共有できる現象（来談理由―問題や症状など）を通して学んでいくことができる。何よりも、事例研究は、カウンセリングの上達につながる上でもっとも必要なことである。その理由として、①カウンセリングは、実践を通して自ら学んでいく行為であり、教えることは本質的にできない行為であるということであること、②①の実践事例の研究によって、自らの体験として（＝すなわち、援助素材として）経験でき、自らの援助枠を語ることにつながっていくということである。フロイト派、ユング派、ロジャーズ派などいろいろな技法は、このようなプロセスから生まれてきたのである。

● 連携の仕方

カウンセリングにおける連携については、次の２点が考えられる。

(1) カウンセリングをどこで、受けるか

これは、来談したクライエントの来談理由についての話し合いの中で、カウンセリングをクライエントが、承諾することになるかどうか、というカウンセリングの契約ということになる。先に述べた、サイコセラピーあるいは心理療法の技法とも関係がある。クライエントの来談理由に対してどのように援助していくかのプロセスで、場合によってはクライエントの希望で、他の相談機関への紹介という連携が選択されることがある。

(2) 他職種の援助が必要である

カウンセリングのプロセスにおいて、体の症状が見られる時、まず、身体の健康のチェックを優先する必要がある。体の症状以外にも、虐待などの情報については、優先して、法的機関への通報義務がある。また、不登校の相談などの場合に、家庭や学校との連携の必要な事例もある。このように、医療、法的連携、家族連携、学校連携などの必要性がカウンセリングにおいて

生じてくる。大事なことは、クライエントとの相談において、進めることである。

● 秘密保持（confidentiality）

秘密保持は、倫理綱領の中で重要な1つである。どのような職業でも、世の中の人々に役に立つことが求められる。このことは、自分の側だけで、職業感覚が育つのではないことを示唆している。人々の役に立つということで、賞賛されることもあれば、人々に役に立つためには、自分の気づかない多くのことがある。その中には、どうしても受け入れられないこともあるのである。しかし、受け入れることのできないことは、同時に、人の役に立つ学びの瞬間でもあることが多い。秘密保持は、一般的に共有でき、理解できるような秘密もあれば、クライエントにとって特有な秘密もある。カウンセリングの場においては、基本的には、クライエントの語ったことは、秘密の保持が守られている。カウンセリングによる援助では、カウンセラーはクライエントの秘密を保持する責任がある。しかし、犯罪や生命にかかわる場合は個人よりも公共の福祉が優先されることも考えておかなければならない。

●引用・参考文献

馬場禮子　精神分析的心理療法の実践　岩崎学術出版社　1999
ドライデン，W．＆ミットン，J．　酒井汀（訳）　カウンセリング／心理療法の4つの源流と比較　北大路書房　2005
橋口英俊・滝口俊子（編著）　新臨床心理学　八千代出版　2006
林昭仁・駒米勝利（編）　臨床心理学と人間　三五館　1996
本宮幸孝　こころのひきだし　第一プロジェ　1994
一般社団法人「日本臨床心理士会雑誌」　一般社団法人日本臨床心理士会　2009
石垣琢磨　臨床心理学　第1巻第3号，2001，pp. 317-322.
ジェラード・イーガン　福井康之・飯田栄（訳）　カウンセリング・ワークブック：熟練カウンセラーをめざす　創元社　1996
河合隼雄　コンプレックスと人間1　河合隼雄著作集第Ⅱ期　岩波書店　1971
河合隼雄　カウンセリングの実際問題　誠信書房　1976
河合隼雄　カウンセリングの実際問題　誠信書房　1997
河合隼雄　河合隼雄の"こころ"　小学館　2008
古今堂雪雄　あるカウンセラーのノート　（財）関西カウンセリングセンタ

ー・シリーズ　1983
こころの科学　特別企画―臨床心理士　日本評論社　33号，1990
前田重治　心理療法の進め方　創元社　1978
三木善彦・瀧上凱令・橘英彌・南徹弘（編著）　心理の仕事　朱鷺書房　1997
水島恵一　カウンセリング　人間性心理学大系　第2巻　大日本図書　1990
村本詔司　心理臨床と倫理　朱鷺書房　1998
名島潤慈　診断面接法　小川捷之・鑪幹八郎・本明寛（編）　臨床心理学を学ぶ　臨床心理学体系　第13巻　金子書房　1990　pp. 90-98.
成田善弘　精神療法家の仕事　金剛出版　2003
日本臨床心理士資格認定協会　臨床心理士の歩みと展望　誠信書房　2008
西田吉男　インテーク面接　氏原寛・小川捷之・東山紘久他（編）　心理臨床大辞典　培風館　1992　pp. 178-180.
臨床心理学　特集・事例研究　金剛出版　2001
臨床心理学　心理的援助と生活を支えること　金剛出版　2004
臨床心理学　日常臨床における危機対応　金剛出版　2009
滝沢武久（編著）　臨床心理学と子どもの精神保健　八千代出版　1997

> 事 例

境界性パーソナリティ障害

　20代の清楚な女性が、気分の落ち込みを訴えてクリニックを受診した。意欲が低下しており、小さな声でポツリポツリとしか話ができない状態であったが、彼女は友人関係がストレスになり辛いと話した。彼女は友人のことを心配していろんなことをやってあげるが、友人は彼女の親切を無下にするようなことばかりいい、挙句の果てには彼女を非難して悪口までいいふらされたとのことであった。彼女は話の合間に「私が悪いんです」「私さえ我慢すればいいんです」などの言葉をはさみ、とても謙虚であった。私は彼女の態度や話から、悪い友人に振り回されて辛くなりうつ状態を呈したと考え、うつ病の診断をして抗うつ剤を処方した。1週間後、彼女は見違えるように元気な様子で受診し、「先生にお話しを聞いてもらい、お薬をもらって、ずいぶん楽になりました。だけど、まだ涙が出て止まらない時がある」と述べた。そして、友人の話をしては辛い気持ちを切々と語った。そのような診察が続いた。診察室では主治医のアドバイスを受け入れて「そうします」というものの、診察室外では同じ状態が続いていた。「何も変わっていないのは変わりたくない気持ちがあるのではないか」と指摘すると、彼女はキッときつい表情になって怒って帰った。彼女の豹変ぶりに、私は唖然とした。次回は30分遅刻し、「遅れてすみません」といいながらも、診察終了後も診察室を出ようとしなかった。彼女のことを好きだという男性が現れたことが語られた。その男性は随分年上で、彼女の

知人の友人であった。彼女は男性に対して興奮しては暴力を振るい、人格を否定することをいったが、男性は「病気だから仕方ない」といって彼女を許していた。その後、彼女の反社会的な行動が明らかになってきた。気に入らないことがあると、他人のせいにしては怒りをぶちまけて、挙句の果てに暴力に至ることもあった。また、家に帰って1人になると不安や落ち込みがひどくなり、リストカットを繰り返していた。

　当初、私はうつ病と診断したが、経過を経て境界性パーソナリティ障害と診断を変更した。パーソナリティ障害では不安やうつ気分を伴う症例が多く、初期にはパーソナリティ障害とうつ病の診断の鑑別が困難な場合がある。

第18章

コミュニティ支援

　コミュニティ心理学は1960年代半ばのアメリカで生まれた。これにはアメリカ社会の複雑な要因が影響されていた。そして、臨床心理学が取り組むべき課題が大きくなり、新しいアプローチも必要となっていった。この章では、現在まだ国家資格ができていないが協会が認定する臨床心理士や学校場面で働くスクールカウンセラー、会社など産業の場で働く産業カウンセラー等の説明をすることにする。また、カウンセリング的な技法の応用で、学校場面での教師によるカウンセリングの進め方や、職場で同僚や上司が行うカウンセリングについても少し考えてみることにする。

1. コミュニティ心理学

　一般市民であるビアーズ（Beers, C.）は、うつ病で入退院の繰り返しをしたが、その間の病院での処遇は治療といえるような内容でないと改善を強く求め、『わが魂に出会うまで』という自叙伝をも書いた。ビアーズは、哲学、心理学、教育学で第一人者であったジェームズ（James, W.）、精神医学での第一人者マイアー（Meyer, A.）そして看護学での第一人者ウェルシュ（Welsh, W.）に協力を求め、精神障害者の処遇改善運動をした。マイアーはこの運動を「精神衛生（mental hygiene）運動」と名づけた。多くの人の支持を得てビアーズは1908年コネチカット精神衛生協会を設立し、1928年全米精神衛生協会を設立し、1930年第1回国際精神衛生会議を開催し、1948年にはWHOの協力により世界精神保健連合が結成された。また、第2次世界大戦からの帰還兵のうち約半数近くが専門的な精神科治療を必要としたといわれる。その対応にアメリカ政府はアメリカ心理学会に協力を要請し、臨床心理

学分野が発展する機運が高まった。

　一方、1954 年「ブラウン対カンザス州トピカ教育委員会裁判」で、連邦最高裁判所は「公立学校における黒人と白人の分離教育は憲法違反である」という判決を出し、公民権運動が活発となった。アフリカ系アメリカ人で人種差別撤廃を求めたキング牧師 (King, M. L.) 率いるワシントン大行進は、1963 年 20 万人以上が参加した。また 1957 年、旧ソビエト連邦が世界ではじめて人口宇宙衛星スプートニクを打ち上げ、アメリカが世界で 1 番進んでいたという思いが潰された。これを「スプートニク・ショック」と呼ぶ。アメリカは科学技術の発展と教育水準の向上が叫ばれ、それに伴い、アメリカ社会のマイノリティや貧困層の子どもの教育機会不均衡を是正するために、補償教育であるヘッドスタート (head start program) も始まった。

　1952 年イギリスのアイゼンク (Eysenck, H. J.) は、これまでに個人レベルの治療をしていた精神分析を含めあらゆる心理療法には効果がないと批判し、行動療法を提案した。1954 年、ベトナム戦争が始まり、ベトナム帰還兵たちの心理治療は困難をきわめ、いわゆる PTSD という概念が生まれ、新しいアプローチが模索された。コミュニティ心理学誕生の大きな原動力は、1963 年ケネディ (Kennedy, J. F.) 大統領が「精神病者および精神薄弱者 (現在でいう知的障害者) に関する教書」を発表し、「地域精神医療保健センター法」が成立したことであった。これまで人里離れた病院で長期入院を余儀なくされていた患者たちは、地域社会に戻り地域で夜間病院、リハビリテーション、セルフヘルプ・グループ (患者の会で自助グループ) などの医療を受けた。1965 年、ボストン郊外のスワンプスコットで、「地域精神保健に携わる心理学者の教育に関するボストン会議」が行われた。会議の合意は、「コミュニティ心理学は個人が生活し参加している社会システムに焦点を当て、治療よりも予防を強調し、新しいメンタルヘルスへのアプローチを目指す」というものであった。つまり、個人が直面する心理的な問題の背景には、必ず文化的、社会的、政治的な問題が含まれており、コミュニティ心理学者は、個人の心理的問題として扱うのではなく、その人の置かれた社会的状況を調べ、改革の提言をすべきだとした。「治療よりも予防」「生態学的視点 (自然な日常生活

環境下の人間行動を研究する）」などがその後のコミュニティ心理学の特徴とされた。この会議をきっかけに、1967年アメリカ心理学会の第27部門としてコミュニティ心理学が認められた。

2．カウンセリングに携わる人々

● 臨床心理士

　日本臨床心理士会は、2009年4月1日から、一般社団法人となった。

　臨床心理士の他に、心理カウンセラー、サイコセラピスト、心理士、心理相談員などの名称で呼ばれている人たちがいるが、臨床心理士は、文部科学省の認可による日本臨床心理士資格認定協会の認定を受けており、5年ごとに資格の更新の審査があり、実践と質の向上と研鑽を担保に活動している。日本臨床心理士資格認定協会の資格認定は、1988年から行われており、2009年4月1日現在、臨床心理士の有資格者は、1万8971名となっている。

　臨床心理士の主な働きとして、次のようなことがある。

　①　心理アセスメント：　問題の状況や課題などを面接や心理検査などによって明らかにし、自己理解や支援に役立てる。

　②　心理相談：　心理カウンセリング、心理療法といわれるもので、相談に来られる方々の課題に応じてさまざまな臨床心理学的方法を用いて、心理的な問題の克服や困難の軽減に向けて支援する。

　③　研究活動：　臨床心理学の知見を確実なものにし、社会で役立てるために、研究活動を行っている。

　④　臨床心理的地域援助：　悩みの解決のためには、個人だけではなく、その人を囲む環境に働きかけ情報整理や関係の調整を行ったり、他の専門機関と連携したりする。

　また、臨床心理士の働きの特徴として、(1)他職種との連携、(2)他職種の働きへの援助があり、さまざまな場面で、心の健康を支えている。

● 臨床心理士が働いているところ

　①　産業・労働：　企業内健康管理センター・相談室、外部EAP（従業員

支援プログラム）機関、公共職業安定所、障害者職業センターなど

② 司法・法務・警察： 司法関係機関（家庭裁判所など）、法務省関係機関（少年鑑別所・少年院・刑務所・保護観察所など）、警察関係機関（相談室・科学捜査研究所など）

③ 大学・研究所： 大学（学生相談室を含む）、短期大学、専門学校、研究所、研究機関、大学付属臨床心理センターなど

④ 教育： 公立教育相談機関、教育委員会、幼稚園、小学校、中学校、高等学校、予備校（職名は、スクールカウンセラー、教育相談員、保育カウンセラーなど）

⑤ 医療・保健： 病院、診療所、精神保健福祉センター、保健所、保健センター、リハビリテーションセンター、老人保健施設など

⑥ 福祉： 児童関連（児童相談所、市町村子育て支援担当課、さまざまな児童福祉施設）、障害関連（身体・知的障害者施設、療育施設、発達障害者支援施設など）、女性関連（女性相談センター、DV相談支援センター、婦人保護施設、母子生活支援施設など）、老人福祉施設（特別養護老人ホーム、養護老人ホームなど）

⑦ 私設心理相談： 臨床心理士が、個人またはグループで運営している心理相談機関。自分のこと、家庭のこと、学校や職場のことなど、種々の心理的悩みや課題の解決に向けてクライエントとともに取り組み、その人間的成長を支援する。メールカウンセリング・訪問カウンセリングなどを実施しているところもある。

● スクールカウンセラーと子育て支援

　現代社会における家族の問題は多種多様である。とくに子育ての問題は、核家族化、女性の就労の増加などに加え、社会では情報が氾濫し、保護者、とくに母親に負担がかかり疲れきって育児ノイローゼに陥ったり、閉塞的な母子密着が起こったりすることもある。また虐待の問題も無視できない。

　一般的に"子育て支援"とは「子育てをしている人」の支援を指す。スクールカウンセラー（以下、SCと略す）は、主に中学校（自治体によっては保育所・幼稚園や小学校、高校）に配置されている。そこでは、保護者の相談も多い。

　保護者と不登校やいじめ、非行の問題など、「子どもの問題にどのように

対応すればよいか」を具体的に話し合ったり、あるいは「最近、急に無口になり、どう接していいかわからない」「お友達が上手くできない」といった日常生活の中で起こる、誰でもが経験するような悩みについて一緒に考えたりする。このように保護者が持つ「わが子についての悩みや問題」の解決をサポートすることは、子育て支援の1つといえる。

また、PTAや地域の子育てボランティアの人々を対象とした研修や講習の講師として招かれ、子どもの心の発達の話をしたりするのも子育ての予防的な支援の1つと考えることもできる。子育ては、国や地域、あるいは文化等によって、その考え方は違う。世代や個人よっても違うだろう。SCが子育てに悩む保護者に接する時、その保護者の子育てに対する考え方やその仕方に十分な理解を示し、その人が子育ての「何に困っているのか」「どうしたいと思っているのか」を明確にした上で、主体的にその人が子育てをできるように支援することが望ましい。

SCと子育て支援の関係を考える際、さらに2つの視点が考えられる。

① SCが園や学校で出会う園児・児童・生徒は発達途上にあり、成長し続けている。SCが児童・生徒らに会い、「悩みを聴く」カウンセリングを通して子どもの成長を支援することは、SCが子育ての"直接の"支援者としての役割も持っていることを示す。

② もう1つの視点は、教職員へのコンサルテーションや、児童相談所（子ども家庭センター）や子育て支援課、健康福祉課などの行政機関や他の専門機関との連携における、子どもや保護者への間接的支援の視点である。

現代社会の複雑化に伴い、学校は「学校の中で起こった問題を内部の教職員だけで解決する」ことはとても難しくなっている。「担任だけが頑張れば解決する」ほど、今の子どもに生じている問題、あるいは子どもが抱えている問題は単純なものばかりではない。複雑な問題の解決には、教職員同士、あるいはSCやスクールソーシャルワーカーなど校内に配置・派遣されている他職種の者との校内連携、さらに他機関との校外連携なしでは難しいだろう。

SCはケース会議を通して、子どもだけでなく「保護者をどのように支え

るか」についても考え、校内・校外における連携とその際の役割分担を明確にする。さらに困難な問題を抱える子どものサポートを真剣にするあまり、現実の壁にぶつかり、疲労感や無力感を感じている教員を支えるのもSCの役割である。これらも子育ての"間接"支援といえる。

たとえば、ネグレクト（虐待の1種）が疑われ、なかなか連絡がとれない保護者を持つ子どものケースを考えてみよう。SCは、校内ケース会議で児童相談所への通告を教員と検討する一方、かかわりのある教員をねぎらう。また、関連機関に集まってもらって開かれる校外ケース会議では、身体面、医療面、福祉面、教育面、心理面など、「どのようなケアが子どもに必要か」「それをどのように行うのか」、さらに「保護者を支えるサポート（たとえば、行政機関が行っている家事代行サービスを活用したり、経済面の支援を受けることができるシステムの情報提供など）は何か」「誰がどのように行うか」などを一緒に検討する。これらの支援はソーシャルワーク的な面を持つが、だからといって「SCには関係ない」ということではなく、サポート内容が具体化し、現実面が安定することによって、教員の、さらに保護者の心に余裕と安心が生まれ、引いてはそのことが保護者の子育てを支援するエネルギーにつながると考える。

● **産業カウンセラー**

かつて日本は、「家」を中心に生活をする連携があった。そこでは、生活の中に仕事があったといえる。いわゆる、家族が一生を家族として過ごすように、仕事もまた一生をそこで働くものとの認識で、終身雇用であり年功序列が特徴であった。戦後、産業形態の変化、物・金の豊かさに伴い、人々の欲望を刺激するサービス産業に移行し、また仕事が成果主義、実力主義の場と変貌していった。家という家族を中心とした仕事の特徴は、人のつながりとその助け合いの精神である。ところが、成果主義、実力主義の働きにあるのは、個としての社員より会社の利益が優先され、働きや生活上のストレスへの対応が個人に内在化されるものとなった。表18-1は、戦後の夫婦スタイルである。これによると、昭和56年の粗大ゴミ時代以降夫の存在が出なくなり、家族の中においても人の存在が見えない傾向にあることがわかる。

表 18-1　戦後の夫婦の変遷（毎日グラフティに加筆）

①	終戦後	・・・家父長時代
②	昭和 27 年	・・・恐妻時代
③	昭和 35 年	・・・家付きカー付きババ抜き時代
④	昭和 41 年	・・・三食昼寝付き時代
⑤	昭和 42 年	・・・核家族時代
⑥	昭和 45 年	・・・共働き時代
⑦	昭和 55 年	・・・カアチャン休めの時代
⑧	昭和 56 年	・・・粗大ゴミ時代
⑨	昭和 60 年	・・・家庭内離婚時代
⑩	昭和 61 年	・・・亭主元気で留守がいい時代
⑪	昭和 63 年	・・・DINKs（Double Income No Kids）
⑫	平成元年	・・・化粧濃くなる同窓会、わたしゃ愛より金がいい

　1998 年以降 11 年連続で、わが国における年間自殺者が 3 万人を超えている。このうちの 3 割が労働者の自殺である。厚生労働省の「平成 14 年労働者健康状況調査」によれば、仕事や職業生活に関する強い不安、悩み、ストレスを有する労働者の割合は、1982 年から 2002 年までの 5 年ごとの調査では、50.6％、55.0％、57.3％、62.8％、61.5％とじつに 60％以上の労働者にストレスが日常的な状況にあるということがわかる。職場の環境の変化が、家族環境にも及んでいることは、先に述べた。このことは、産業カウンセリングを考える上で重要である。なぜなら、働いている家族の誰かがストレスによって、心身の不調を訴えた時に、その家族のケアをすることが困難な環境であることを示唆しているからである。

　家族の 1 人が、不調に陥ることは、家族全体の機能がしなくなる危惧をはらんでいるという環境を理解して、産業カウンセリングでは援助をする必要がある。もちろん、その基礎として、労働法やその職場のシステムへの理解なども学ぶことが産業カウンセラーには必要であろう。

　日本産業カウンセラー協会は、1960 年に設立され、1970 年には労働省（現厚生労働省）所轄の公益法人として認可され、産業カウンセラーの養成事業を展開している。わが国の、労働者へのメンタルヘルス対策の指針とともに、現在では、上記に述べた産業を取り巻く環境によって、働く人の心身の危うさへの危機に対して援助をしている多くの任意の民間団体の活動がある。

厚生労働省の労働基準局安全衛生部・労働衛生課健康班からは「職場におけるメンタルヘルス対策・過重労働による健康障害防止対策・心身両面にわたる健康づくり」が示されている。

3. 領域別カウンセリング

● 教師がするカウンセリング的対応

学校現場には不登校、いじめ、校内暴力などさまざまな問題が起こっている。また、進路を迷っている生徒もいれば、友人関係に悩む児童生徒もいる。あるいは保護者の疾病や経済問題、離婚など家庭の問題を背負っていたり虐待を受けているなど、複雑な問題を抱えている児童生徒も少なくない。また、非行の問題を起こす児童生徒もいる。それらの問題にスクールカウンセラー等、心理学的援助の専門家である臨床心理士がかかわることが増えた。しかし、問題を起こした、あるいは問題を抱えている児童生徒への対応には、教師がさまざまな場面、場所でカウンセリング的に対応することも必要である。

教師の児童生徒へのカウンセリング的対応は、臨床心理士等が行う心理臨床、とくに専門の相談機関で心理療法として行うカウンセリングにおける相談者（クライエント）への対応のあり方とはかなり違う。"教育相談"日として学期のはじめや末など、定期的に担任が設定するクラス全員の児童生徒と個別に面接の中で行われるものもあれば（定期面接）、休み時間にふらっとやってきて自主的に「相談にのって欲しい」とやってくる中で（自主面接）行われる場合もある。また、問題を起こしたり気になる児童生徒の場合は、呼び出して（呼び出し面接）「どうしたのだ。困っているのではないか？」とサポーティブに尋ねたりする対応もあるだろう。

相談内容についても、「クラブ活動が充実している高校はどこか」「自分の特徴が生かせる職業は何か」等、情報を与え、それをもとに検討すればある程度の答えが出るガイダンス的なものもあれば、犯罪につながったり巻き込まれたりする可能性がある行動を起こした児童生徒に対し、注意を促すといった指導や矯正の色合いの濃いものもある。また、児童生徒の体にあざを発

見した時や「妊娠してしまったがどうすればよいかわからない」といった、学校内だけではなかなか解決しにくい問題に対応しなくてはならないこともあれば、「友達ができないがどうすればよいのか」「怖いから、乱暴なA君の隣の席は嫌」といった、正解が見いだせない相談もある。「不登校がこれ以上続けば、留年になるが……」とか「授業中に勝手な行動をして、授業が進まず、他の保護者からクレームが出始めているのだが……」といったような、すぐに対応せねばならない場合もあるだろう。

　専門相談機関で臨床心理士等が行う心理臨床活動は、「(いつ話すか、何分話すか等の)時間を決める」「(どこで話すか)場所を決める」「(話した内容の)秘密は守られる」という枠を原則としている。しかし、学校で教師が行う相談活動や上記のような問題への対応は、いつ何時突然にどのような場面でも起こり得る。その一方で教師は、時間割や学期・学年という単位、出席日数、夏・冬・春休みといった学校独特の時間の流れを無視することはできない。また、「誰にもいわないで欲しい」といって話し始めた相談内容も、児童生徒の心身を第1と考えた場合、その要求には応じられない場合もある。

　このように、教師が児童生徒の起こした、あるいは抱えている問題を通してその児童生徒に対応する時（それがガイダンスであっても指導であっても、また、すぐに正解が見いだせない場合でも急いで何らかの答えを考えなくてはいけない場合でも、あるいは一緒に悩むことしかできない時もあれば有無をいわさず決断しなくてはならない時もあろう）、どのような内容、状況であっても、その対応は何よりも「児童生徒のため」であることが重要である。さらに「児童生徒のため」の対応は、その子どもへの理解と普段からの信頼関係がなければ、単に教師の独りよがりに陥ってしまう可能性がある。

　教師の、児童生徒に対する大切な姿勢の1つにカウンセリング・マインドがある。カウンセリング・マインドとは、児童生徒の内面的なものを受容、共感しようとする教師の姿勢のことであるが、理解と信頼関係はまさにカウンセリング・マインドなくしては難しいであろう。

● 職場で同僚や上司がするカウンセリング的対応

(1) 職場の人間関係

　労働環境にあるストレスに対してどのような配慮が必要であるかは、産業界の大きな問題である。なかんずく機械化による人の能力を超えた仕事の能率への可能性に対して、人としての自分が希薄になっていく日々をどう人として過ごしていくかということは労働者が安心して働く上での急務である。すると、職場において、同じ場で出会った仲間としての意識が互いにあることが、労働者にかかるストレスを軽減することに役立つ。そこで、まず挙げられるのは、上司や同僚の間に人間的な配慮や同僚や上司のカウンセリング的な対応が求められることとなる。

(2) 同僚や上司がするカウンセリング的対応にある葛藤

　職場内において、どこまでカウンセリング的な対応ができるかについては、その職場自体が社員に対してどういうメンタヘルスの姿勢であるかが反映される。同僚や上司はそれでも、会社の生産性への責任という意識から完全に逃れることは難しい。相談をする社員もまた、同僚や上司としての立場への理解のもとの相談であるということを理解している。どこまで話をすればよいのか、どう話を聴けばよいのかという葛藤が双方にある。

(3) カウンセリングのポイント

　カウンセリング的対応というのはこの双方にある葛藤をそのまま、あるがままに認めて、話を聴いていくところに何か、開かれていくヒントがある。それがアメリカで行われたホーソン工場の実験といわれる（詳しくは第6章参照）。

　このホーソン工場の実験は、生産性の向上を目指して1924年から8年間の歳月にわたって行われた。調査ははじめ、質問紙による面接を用いた調査であった。ところが、質問以外には、沈黙が続いたり、質問以外は、面接するほうも興味を示さなかったりという状況であった。ところが、この面接をしていて、質問紙の途中の休憩の時には、実にいろいろな話が出てくることに気づき、今度は、質問紙なく、フリーに話を聞いたところ、職場における人間関係、働く意欲に関する個人的な理由が語られて、これまで以上の生産

性と意欲と満足が得られたというものである。この実験を通して、従業員をたんに生産性のための道具と考えて対応するのでは、従業員は人としての表現を閉ざすが、対等の人とし尊重されると、意欲が湧いて、充実感につながる結果が得られた。

　この時の面接時のポイントは、ロジャーズがいうカウンセリング的対応といえるものである（古今堂，1983 参照）。

① 被面接者に対しては、面接者は集中し、しかも面接者がそうしていることを明らかにする。

② 傾聴すること。（面接者がしゃべらない）

③ 決して議論をしてはいけない。忠告も与えない。

④ 被面接者がいいたがっていること、いいたがらないこと、人の助けを得なければいえないことなどに耳を傾けて聴くこと。

⑤ 被面接者の言葉を時々要約し、コメント（批評、評注）してもらうために提出すること。

⑥ 被面接者の話に対し秘密を守り他にもらさないこと。

●引用・参考文献

ドライデン，W. & ミットン，J.　酒井汀（訳）　カウンセリング／心理療法の４つの源流と比較　北大路書房　2005

橋口英俊・滝口俊子（編著）　新臨床心理学　八千代出版　2006

林昭仁・駒米勝利（編）　臨床心理学と人間　三五館　1996

東山紘久　心理療法と臨床心理行為　創元社　2002

ヒルガード，E. R.　成瀬悟策（監訳）　アメリカ心理学史　誠信書房　1983

本宮幸孝　こころのひきだし　第一プロジェ　1994

伊吹山太郎（編）　産業心理学の方法と問題　ミネルヴァ書房　1969

一般社団法人「日本臨床心理士会雑誌」　一般社団法人日本臨床心理士会　2009

岩堂美智子・松島恭子（編）　コミュニティ臨床心理学　創元社　2001

ジェラード・イーガン　福井康之・飯田栄（訳）　カウンセリング・ワークブック：熟練カウンセラーをめざす　創元社　1996

河合隼雄　コンプレックスと人間 1　河合隼雄著作集第Ⅱ期　岩波書店　1971

河合隼雄　カウンセリングの実際問題　誠信書房　1976

河合隼雄　河合隼雄の"こころ"　小学館　2008
関西福祉科学大学 EAP 研究所紀要　第 2 号　関西福祉科学大学 EAP 研究所　2009
古今堂雪雄　あるカウンセラーのノート　(財)関西カウンセリングセンター・シリーズ　1983
こころの科学　特別企画―臨床心理士　日本評論社　1990
前田重治　心理療法の進め方　創元社　1978
三木善彦・瀧上凱令・橘英彌・南徹弘(編著)　心理の仕事　朱鷺書房　1997
水島恵一　カウンセリング　人間性心理学大系 第 2 巻　大日本図書　1990
村本詔司　心理臨床と倫理　朱鷺書房　1998
村山正治・滝口俊子(編)　事例に学ぶスクールカウンセリングの実際　創元社　2007
日本臨床心理士資格認定協会　臨床心理士の歩みと展望　誠信書房　2008
臨床心理学　日常臨床における危機対応　金剛出版　2009
臨床心理学　心理的援助と生活を支えること　金剛出版　2004
臨床心理学　特集・事例研究　金剛出版　2001
植村勝彦・高畠克子・箕口雅博・原裕視・久田満(編)　よくわかるコミュニティ心理学　ミネルヴァ書房　2007
氏原寛・亀口憲治・成田善弘・東山紘久・山中康裕(共偏)　心理臨床大事典 改訂版　培風館　2004
山本和郎　コミュニティ心理学：地域臨床の理論と実践　東京大学出版会　1986

事例 1　スクールカウンセラーの事例

　中学 2 年女子 A の不登校の事例：　A は友人のブログに自分の悪口を書かれたことをきっかけに不登校になり、家の自室に閉じこもる状態になる。A は部活動に熱心な生徒であった。担任の勧めで母親がスクールカウンセラー（以下、SC）を訪れ、週 1 回の面接が始まる。母親は A について「明るい性格だが、時々調子にのり行きすぎ、友人と気まずくなることがある」と述べた。
　SC は担任へのコンサルテーションも行い、月に 1 回開催される学校の不登校対策会議にも参加した。担任へのコンサルテーションでは、「家庭訪問をしても A に会えない」状況の中でまず「担任としてできることは何か」を SC は担任とともに考えていった。配布物を母親に渡すだけの家庭訪問に対し、SC は A 宛に"一言"添えることを提案した。すると担任は A のペンケースに描かれていたキャラクターを思い出し、同じシリーズのメモ帳を用意し、そこに「席替えで A さんの席は

窓際の前から3番目になったよ」「来月の遠足は僅差で奈良に決定！ Aさんはどう思うかな？」など、ちょっとしたクラスの様子を書き、それを配布プリントと一緒に母親に渡した。それを読んだAの様子を母親から聞いたSCは、不登校対策会議（ケース会議）でAの心理状態の説明と見立てを話し、今後のAへの対応について作戦を会議に参加している教員らと一緒に練った。

そんな中、担任はしだいに「自分のクラスだけ不登校生徒が3人もいるし、トラブルが多い。他の先生方に迷惑をかけている」と教員としての不安を話すようにもなった。SCはそれを丁寧に聞きつつ、Aへの具体的な対応を一緒に考える作業を通して担任をサポートした。

不登校対策会議（ケース会議）の話し合いを踏まえ、2年の学年を担当する教員らは、"携帯電話のマナーについて"の生徒研修を行い、Aのクラブ顧問が他生徒に働きかけ、時々、Aの家を訪問させたりしているうちに、Aは午前中だけ保健室登校をするようになった。さらに、教科担当の教員が短時間、保健室で勉強を見たり、休み時間にクラブの生徒が保健室にやってきて雑談をする等の経過をたどり2カ月後、Aは教室に復帰することができた。

このようにSCは児童生徒や保護者の面接による直接のサポートだけでなく、教員をサポートしたり、教員との会議を通して間接的に児童生徒や保護者をサポートすることもある。

事例2　産業カウンセリングの事例

ここでは、産業医とカウンセラーとの協働で進められた産業カウンセリングの事例を紹介する。

事例：　55歳（うつ病）男性A。Aさんは、まじめで几帳面。人情に厚く、職場での友人も多くあった。バブルがはじけた影響でAさんの会社も、リストラの方針が打ち出された。Aさんはこの時、どの1人も会社からいなくなることが想像できない思いに強く駆られたという。Aさん自身は、この時、自分は辞めさせられてもいいと腹をくくっていた。そして、Aさんは、自分が今よりももっと働き成績を上げれば、誰も止めずにすむのではないかとの思いで、がむしゃらに働いていたが、2カ月をすぎた頃に、出社できなくなった。地域にある総合病院を受診。そこに勤める自社の産業医の受診をし、産業医は、過労による疲れ、それによる食欲の減少、睡眠障害へのケアをし、カウンセラーは、Aさんの気持ちへのケアを進めた。

援助の環境：　①Aさんと会社の関係：創業間もない頃からの社員のAさんへの会社の信頼は厚く、ゆっくり治して下さいという会社の方針がAさんには、伝えられていた。この時、Aさんにとっては、良くしてもらえていることが、かえって、申し訳ない（会社とリストラとなった同僚に対して）と、ストレスになってい

た。②妻子との関係：妻は、夫の体のことが大事ということで、夫が仕事を離れてもいいと覚悟をしていた。

　援助の方針の中心：　Ａさんが納得できるように、Ａさんの話を聴いていく。

　援助の経過：　①産業医の薬の処方などによる心身の落ち着きとともに、Ａさん自身が納得できるような経過が見えてきた。②段々と動けるようになったＡさんは、以前からの趣味でもあった近くの神社・仏閣めぐりを始めた。③Ａさんの思うところ、気づいたことなどに焦点を置き、カウンセリングを進める中で、現実に対応していく気持ちができたのが窺えた。約8カ月後に、Ａさんは、復職を果たした。

主要人名索引

●ア 行

アイゼンク（Eysenck, H. J.） 185, 260
アクスライン（Axline, V. M.） 187
アッシュ（Asch, S. E.） 75
アトキンソン（Atkinson, R. C.） 106
アリストテレス（Aristoteles） 115
イタール（Itard, J. M. G.） 35
ヴィゴツキー（Vygotsky, L. S.） 56, 66
ウィニコット（Winnicott, D.） 45
ウェクスラー（Wechsler, D.） 116, 122, 124
ウェルニッケ（Wernicke, K.） 2, 64
ウェンガー（Wenger, E.） 96
内田勇三郎 210
ウルフ（Wulf, F.） 111
エインズワース（Ainsworth, M. D. S.）
　　　　　　　　　　　　　　 45-6
エクマン（Ekman, P.） 58, 74-5
エバール（Eberle, B.） 127
エビングハウス（Ebbinghaus, H.）
　　　　　　　 104, 109-10, 120
エリクソン（Erikson, E. H.） 83, 156
オールポート（Allport, G. W.） 135-6
オズボーン（Osborn, A. F.） 125

●カ 行

カートライト（Cartwright, D.） 171
カーンバーグ（Kernberg, O.） 149
ガレヌス（Galenus） 132
北山修 183
キャッテル（Cattell, J. M.） 119
キャッテル（Cattell, R. B.） 136-7
キューブラ・ロス（Kübler-Ross, E.） 241
ギルフォード（Guilford, J. P.） 118, 125
グッドイナフ（Goodenough, F.） 218
クライン（Klein, M.） 187
クレッチマー（Kretschmer, E.） 133
クレペリン（Kraepelin, E.） 210, 236
ケーラー（Köhler, W.） 94

ゲゼル（Gesell, A.） 30
ケンドン（Kendon, A.） 59
コールバーグ（Kohlberg, L.） 178
ゴールマン（Goleman, D.） 119
ゴダード（Goddard, H. H.） 31
コッホ（Koch, K.） 214
ゴルトン（Galton, Sir F.） 119

●サ 行

サーストン（Thurstone, L. L.） 117
サリバン（Sullivan, H. S.） 169
サロモン（Salomon, G.） 99
シェルドン（Sheldon, W. H.） 133
ジェンキンス（Jenkins, J. G.） 110
ジェンセン（Jensen, A. R.） 32
シフリン（Shiffrin, R. M.） 106
シモン（Simon, T.） 120
シュテルン（Stern, W.） 116
シュナイダー（Schneider, K.） 236
スキールズ（Skeels, H. M.） 38
スキナー（Skinner, B. F.） 89, 92-3
スキャモン（Scammon, R. E.） 6
スターン（Stern, D.） 164
ストッダード（Stoddard, G. D.） 116
ストリックバーガー（Strickberger, M. W.）
　　　　　　　　　　　　　　 29
スパーリング（Sperling, G.） 104-5
スピアマン（Spearman, C. E.） 115, 117-8
スピッツ（Spitz, R.） 42
スペンサー（Spencer, H.） 115
セリグマン（Seligman, M.） 99

●タ 行

ターマン（Terman, L. M.） 115, 120, 123
高橋浩 127
ダラード（Dollard, J.） 95
タルビング（Tulving, E.） 108-9
ダレンバック（Dallenbach, K. M.） 110
チャッセル（Chassell, L. M.） 125

ディオン (Dion, K. K.)	75	ポルトマン (Portmann, A.)	5
デュセイ (Dusay, J. M.)	209		

●ハ 行

●マ 行

ハーシー (Hersey, P.)	175	マーシャ (Marcia, J. E.)	161
パーテン (Parten, M. B.)	169	マーラー (Mahler, M. S.)	162
バート (Burt, C.)	33, 118	マール (Mahl, G. F.)	59
ハーロー (Harlow, H. F.)	41, 99	マッキンリー (McKinley, J. C.)	208
バーン (Berne, E.)	209	マネー (Money, J.)	168
ハサウェイ (Hathaway, S. R.)	208	マレー (Murray, H. A.)	213-4
バドリー (Baddeley, A. D.)	107	ミード (Mead, M.)	141
パブロフ (Pavlov, I. P.)	89, 101	三隅二不二	171
ハル (Hull, C. L.)	98	ミラー (Miller, G. A.)	105
バロン・コーエン (Baron-Cohen, S.)	73	ミラー (Miller, N. E.)	95
バンデュラ (Bandura, A.)	95	ムーア (Moore, M. K.)	72
ピアジェ (Piaget, J.)	62, 66, 77-9, 116, 176	メーヨー (Mayo, E. G.)	77
ヒッチ (Hitch, G.)	107	メスメル (Mesmer, F. A.)	199
ビネー (Binet, A.)	120	メニンガー (Menninger, K.)	203
ヒポクラテス (Hippocrates)	132	メルツォフ (Melzoff, A. N.)	72
ビューラー (Bühler, K.)	95	モーガン (Morgan, C. D.)	213
ファーフェイ (Furfey, T. H.)	170	モレノ (Moreno, J. L.)	188
ファンツ (Fantz, R. L.)	71		

●ヤ 行

フィードラー (Fiedler, F. E.)	173-4	ヤコブソン (Jacobson, L.)	77
フィールド (Field, T. M.)	72	ヤロウ (Yarrow, L.)	49
フリッシュ (Frisch, K. von)	53	ユング (Jung, C. G.)	134, 154
フォング (Fong, G. T.)	83		

●ラ 行

藤永保	37		
ブランチャード (Blanchard, K. H.)	175	リービット (Leavit, H. J.)	171
フリーセン (Friesen, W. V.)	58	リバーマン (Liberman, R. P.)	189
ブルーナー (Brunner, J. S.)	55, 73	ルリア (Luria, A. R.)	56, 58, 66
フロイト (Freud, A.)	187	レイナー (Reyner, R.)	91
フロイト (Freud, S.)	111, 139, 151, 154-5, 183-5, 199, 214	レイブ (Lave, J.)	96
ブロイラー (Bleuler, E.)	236	レヴィン (Lewin, K.)	138, 170
ブローカ (Broca, P. P.)	2, 64	ローゼンタール (Rosenthal, R.)	77
ベクストン (Bexton, W. H.)	70	ローゼンツァイク (Rosenzweig, S.)	215
ベック (Beck, A. T.)	185	ロールシャッハ (Rorschach, H.)	213
ベンダー (Bender, L.)	212	ローレンツ (Lorenz, K.)	44
ボウルビィ (Bowlby, J.)	43-4, 48	ロジャーズ (Rogers, C. R.)	182-3, 269
ボーリング (Borring, E. G.)	116		

●ワ 行

ホール (Hall, E. T.)	60	ワトソン (Watson, J. B.)	32, 91

事項索引

●ア行

愛着	44, 177
アイデンティティ	158
アヴェロンの野生児	35
アクティブ・リスニング	202
アスペルガー症候群	223
アセスメント	247
アナクリティック・ディプレッション	
（委託抑うつ）	42-3
アニミズム的思考	80
アハァ体験	95
アルコール依存症	231
アンビバレンス	152
EQ（心の知能指数）	119
移行対象	45
意味記憶	108
因子分析	117, 136
印象形成	73
インテーク面接	250
ウェクスラー式知能検査	121
ウェルニッケ中枢	2, 64
打ち消し	148
内田・クレペリン精神作業検査	210
うつ病	233-4
運動性言語野	18
運動性失語症	64
運動発達	18
エゴグラム	209
エス	139, 184
SST	189
エディプス・コンプレックス	153
NM-T法	127
エピソード記憶	108
置き換え	148, 215
オペラント条件づけ	89
オルタナティヴ・ストーリー	188
音韻ループ	108

●カ行

外言	66
解釈	203
カウンセリング	183
学習	87
学習曲線	97
学習障害	223
学習性無力感	100
学習優位説	32
学童期	158
家族ホメオスタシス	186
家族療法	186
葛藤	185
仮面うつ病	235
感覚	69
感覚運動期	79
感覚記憶	104
感覚性言語野	18
感覚性失語症	64
環境調整	199
観察学習	89, 95
干渉説	110
感情の反射	201
感情表出	198
間脳	15
緘黙症	225
寛容効果	76
基準喃語	61
吃音	224
気分障害	233
記銘	103
逆向抑制	110
ギャング・エイジ	170
教育分析	254
強化	90, 92
境界性パーソナリティ障害	257
共感的理解	183
共生期	162

共同注意	72-3	産業カウンセラー	264
強迫行為	228	三件法	207
強迫神経症	145, 228	参照視	73
恐怖症	145	シェマ	78, 116
共鳴動作（エントレインメント）	72	自我	139, 184
協力的遊び	170	自我防衛機制	140
クーイング	60	視空間記銘メモ	107
具体的操作期	81	自己一致	183
クラインフェルター症候群	34	試行錯誤学習	94
繰り返し	200	自己開示	202
形式的操作期	82	自己感	164
系列位置曲線	106	自己実現	253
ゲシュタルト心理学	212	自己中心性	81
言語中枢	18	自己中心的談話	66
言語的コミュニケーション	58	支持的態度	201
顕在記憶	109	思春期	155
検索	103	視床下部	15-6
原始反射	19	システム論	186
高原現象	97	失語症	64
口唇期	151	質問紙法	207, 217
行動形成	93	自動思考	185
行動療法	185	シナプス	12
更年期障害	237	死の受容	241
肛門期	152	自閉期	162
合理化	148	自閉症	222
コード化	103	社会性談話	66
心の理論	73	社会的学習	95
子育て支援	262	社会的参照	73
誇大妄想	235	ジャルゴン	61
古典的条件づけ	88-9	収束的思考	125
子ども虐待	226	自由連想	184
コミュニケーション・ネットワーク	171	種の保存	7
コミュニティ	259	順向抑制	106, 110
昏迷状態	234	昇華	148
●サ 行		消去	90
		状況即応理論	173
再学習法	104	状況対応理論	175
サイコセラピー	182	条件刺激	90
再生法	104	条件反応	90
再認法	104	象徴	55
再保証	201	初回面接	245
催眠療法	199	助言・指導	197
作業検査法	210	初頭効果	76, 107

事例研究	254	早期幼児期		158
進化	1	相互作用説		32
心気症	145	創造的思考		125
親近効果	76, 107	躁病		235

●タ　行

心誌	136			
心身症	230			
新生児模倣	72	ターナー症候群		34
診断面接	245	体液学説		132
信頼関係（ラポール）	196	退行	147, 252
心理教育	198	対象関係機能		140
心療内科が対象とする病気	230	対象の永続性		79
心理療法	182	対人関係		167
睡眠障害	233	大脳辺縁系	1, 14, 16
スーパーバイズ	254	対比誤差		76
スキーマ	185	代理学習		96
SCAMPER法	127	ダウン症		34
スクールカウンセラー	262, 266	多重貯蔵庫モデル		107
スクールソーシャルワーカー	263	脱愛着		45
ステレオタイプ	76	短期記憶		105
ストレンジ・シチュエーション法	46	男根期		153
刷り込み	44	単純な受容		200
性格	132	知覚		69
性格検査	207	知性化		148
性器期	156	チック		223
成熟優位説	31	知能検査		217
成人期	159	知能指数		120
精神性的発達	151	注意欠陥多動性障害		223
精神年齢（MA）	120	中央実行系		108
精神分析	183	中枢神経		12
正統的周辺参加（LPP）	96	長期記憶		108
青年期	158	超自我	140, 184
性別役割同一性	155	調節	78, 116
生理的早産	6	直面化		203
脊髄	12	貯蔵		103
宣言的記憶	109	TAT（主題統覚検査）		213
潜在記憶	109	抵抗		252
前操作期	80	ディスクレパンシー		122
選択性緘黙	225	デカラージュ		83
前頭葉	13, 17	適応		142
潜伏期	155	手続き記憶		108
せん妄状態	240	転移	98, 184, 251
躁うつ病	233	てんかん		221
想起（再生）	103	転換ヒステリー		145

同一化	147
投影	146, 215
投影法	212, 217
同化	78, 116
道具的条件づけ	88, 92
統合失調症	235
洞察学習	89, 94
道徳性の発達理論	176, 178
ドーパミン仮説	236
閉ざされた質問	197
ドミナント・ストーリー	188

● ナ 行

内因性精神病	235
内観療法	182
内言	66
ナラティヴ・セラピー	188
喃語	60
二件法	207
乳児期	157
乳幼児健診	22
ニューロン	12
認知	69
認知行動療法	185
認知症	238, 242
認知療法	185
ネットワーク型組織	173
脳幹	13, 15
脳性麻痺	27
脳の発生	11

● ハ 行

パーソナリティ障害	248
パーソナル・スペース	60
胚葉起源説	133
バウムテスト（樹木画）	214
発育速度	6
発散的思考	125
発達障害	222
発達段階	156
場理論	138
ハロー効果	76
般化	90

ハンチントン病	34
ハンド・リガード	20
反動形成	148
反応制止説	98
P–F スタディ（絵画欲求不満テスト）	215
PM 理論	171
ひきこもり	228
ピグマリオン効果	77
非言語的コミュニケーション	58
非指示的リード	201
微小妄想	234
人見知り	46, 167
ひとり遊び	169
否認	144
ビネー式知能検査	120
秘密保持	256
病識欠如	237
表象	55
開かれた質問	196
不安神経症	145
フェニールケトン尿症	34
不登校	225
部分強化	93
プライミング効果	109
ブレイン・ストーミング	125
ブローカ中枢	2, 64
プログラム学習	93
分化	90
分離―個体化理論	162
分離不安	167
――障害	49
平行遊び	169
ベンダー・ゲシュタルト検査	211
弁別	91
傍観者遊び	169
忘却	109
忘却（保持）曲線	110
ホーソン効果	77
保持	103
保証	197
ホスピタリズム	43
母性的養育の剥奪	38, 43, 48
ホメオスタシス	142

事項索引 279

●マ 行

マザーリング	49
マジック・ナンバー7	106
未熟型うつ病	235
無意識	184
無条件刺激	90
無条件の肯定的配慮	183
無条件反応	90
明確化	203
面接の基本姿勢	195
面接の進め方	245
面接への導入	249
モデリング	95
森田療法	182

●ヤ 行

薬物依存	227
夜尿症	224
遊戯期	158
遊戯療法	187
抑圧	111, 144, 184, 215
抑うつ神経症	145
欲求―圧力分析	214
4気質説	132

●ラ 行

来談者中心療法	183
ライフサイクル	83
リーダーシップ	170
力動論	138
リビドー	134
臨界期	38
臨床心理士	261, 266
臨床心理的援助	181
類型論	132
レスポンデント条件づけ	88
レディネス	31
連携	255, 264
連合弛緩	236-7
連合的遊び	169
連合野	2, 15, 17
連続強化	93
老人期	159
老人性うつ病	238
ロールシャッハ法	213
論理的錯誤	76

●ワ 行

ワーキング・メモリー（作動記憶）	107
Y-G性格検査	208

●編著者紹介●

加藤豊比古（かとう・とよひこ）
　近畿大学総合社会学部教授。主著に『生徒指導の方法と実際』（編著・八千代出版）、『心理臨床家のための119冊』（共著・創元社）など。

本宮幸孝（ほんぐう・ゆきたか）
　関西福祉科学大学社会福祉学部教授。主著に『こころのひきだし』（第一プロジェ）、『人間関係』（共著・ナカニシヤ出版）など。

磯谷隆文（いそがい・たかふみ）
　近畿大学総合社会学部非常勤講師。

臨床心理的援助

2012年4月20日　第1版1刷発行

編著者――加藤　豊比古
　　　　　本　宮　幸　孝
　　　　　磯　谷　隆　文
発行者――大　野　俊　郎
印刷所――シ　ナ　ノ　㈱
製本所――グ　リ　ー　ン
発行所――八千代出版株式会社
　　　　　東京都千代田区三崎町 2-2-13
　　　　　TEL 03-3262-0420
　　　　　FAX 03-3237-0723
　　　　　振替 00190-4-168060

＊定価はカバーに表示してあります。
＊落丁・乱丁本はお取り替えいたします。

ISBN 978-4-8429-1565-4　Ⓒ 2012 Printed in Japan